MÉMOIRES

DE

SAMSON

De la Comédie-Française

DEUXIÈME ÉDITION

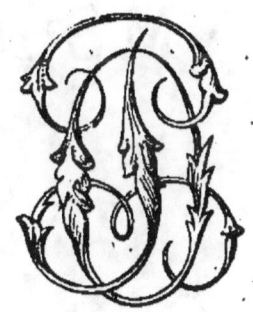

PARIS

PAUL OLLENDORFF, ÉDITEUR

28 BIS, RUE RICHELIEU

1882

MÉMOIRES

DE SAMSON

ÉVREUX, IMPRIMERIE DE CHARLES HÉRISSEY.

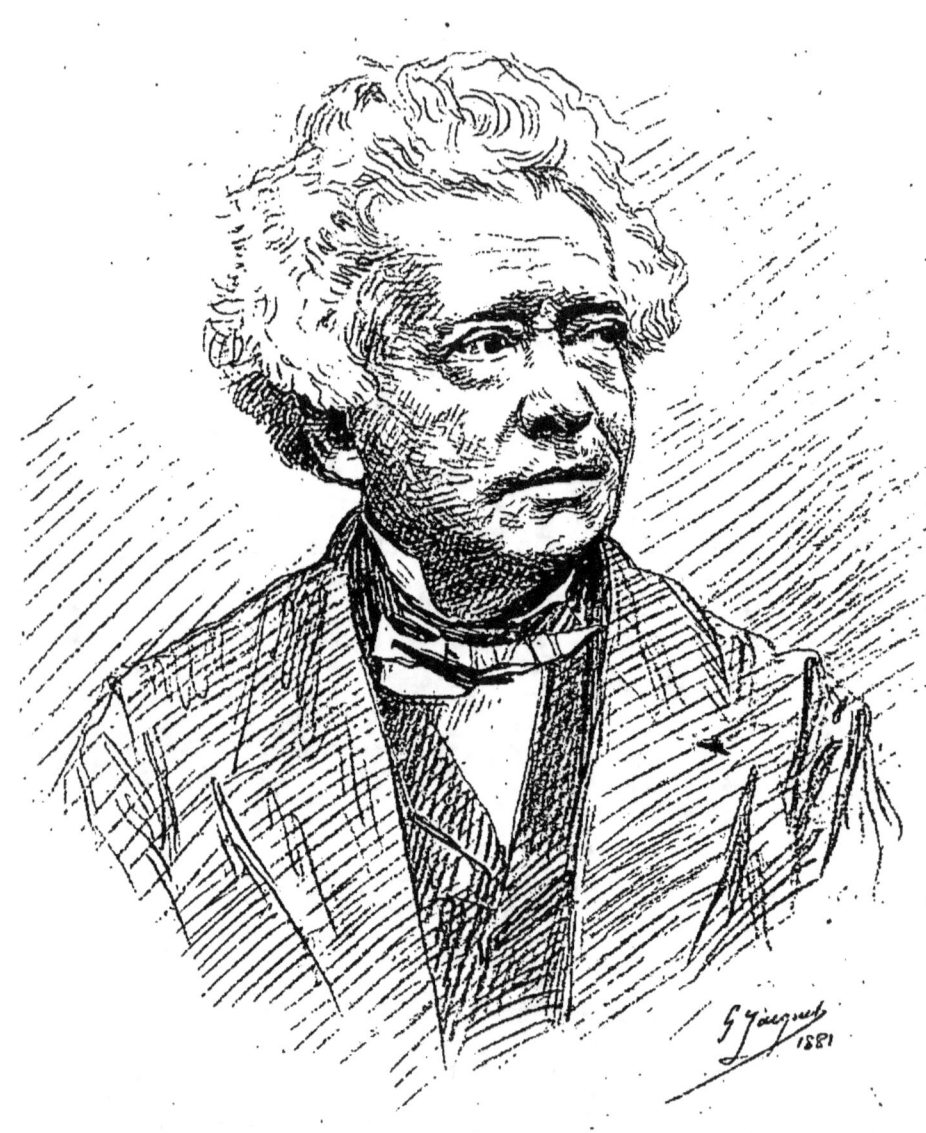

A mon Père.

Quand la mort t'est venue prendre à notre affection, le 29 mars 1871, la France traversait une horrible crise qui, certes, avait hâté le terme de tes jours, et Paris, après avoir subi les horreurs d'un siége, terrorisé par la Commune, s'était enfui presque tout entier. Les maisons étaient vides, les rues désertes. Aussi ton convoi, qui, en d'autres temps, eût été suivi par toutes les sommités littéraires et artistiques, eut-il à peine quelques camarades pour l'accompagner. Ton fils et tes deux gendres menaient le deuil, suivis de tes trois petits-fils et de moi. Une seule voiture avait été trouvée à grand'peine, car il n'y avait plus de chevaux dans la ville.

1

M. Thierry vint, au nom de la Comédie-
Française, dont il était le directeur à cette
époque, prononcer sur ta tombe un éloquent
discours dans lequel il esquissa à grands traits
le caractère de l'homme et surtout le talent
de l'artiste. Puis, M. Eugène Moreau adressa
à son tour quelques touchantes paroles d'adieu,
au nom de la Société des artistes dramatiques,
à celui qui en avait été le vice-président.
Ce fut tout. Ce n'était pas assez. Alors moi,
devant cette tombe qui allait se refermer à
jamais sur toi, mon père, je te promis de venir
dire un jour ce que tu avais été comme écrivain, comme comédien et surtout comme
homme.

Depuis, on s'est ému de ce silence fait autour
de ton nom; une généreuse initiative a évoqué
ton souvenir, et aujourd'hui tes camarades,
tes admirateurs et tes élèves viennent de
t'ériger un monument. Une touchante cérémonie a eu lieu le 18 mai 1880 pour l'inau-
guration sur ta tombe du magnifique buste
de Crauck qui va perpétuer ton image et
léguer ton souvenir à la postérité. M. Perrin,
au nom de la Comédie - Française, a pro-

noncé un éloge de toi si complet comme artiste, comme écrivain et comme homme, qu'il
reste peu de choses à dire après lui pour ceux
qui n'ont pas vécu dans ton intimité. Cependant, je veux achever le portrait qu'on a
tracé de toi, éclairer quelques coins de ta vie,
et donner des détails sur ta mort; ceci, il n'y
avait que moi qui pusse le faire. Je viens donc
remplir la promesse que je t'ai faite et essayer
d'esquisser de toi un portrait moral et physique complétant par là les *Souvenirs* que tu
n'as pu malheureusement achever.

Quoique ta fille, ou *parce que* ta fille, je ne
dirai sur toi que la vérité.

AD. TOUSSAINT-SAMSON.

AVANT-PROPOS

—

Tout le monde a connu le comédien ; il ne m'appartient donc pas de le juger. Mais ce que l'on ignore peut-être, c'est la conscience qu'il apportait dans l'étude de ses rôles, la modestie avec laquelle il se jugeait, la simplicité qu'il mettait à accepter les tâches les plus lourdes ou les plus ingrates pour rendre service à un auteur, et, surtout, l'amour ardent qu'il avait pour son art.

Comme professeur, nul ne surpassera Samson. Les élèves qu'il a laissés, en tête desquels Rachel, Mme Arnould-Plessy, Mlle Favart, et les deux Brohan sont inscrites, témoignent de la valeur de son enseignement. Le *vrai*, c'était là ce que mon père admirait le plus et tâchait de reproduire ; il ne sacrifiait jamais aux applaudissements, jamais au mauvais goût ; il voulait avant tout être *vrai*; c'était, selon lui, le dernier mot de l'art. Il a laissé sur l'art dramatique un poème résumant son enseignement et le résumant en magnifiques vers qui vivront et prendront place dans l'avenir auprès de ceux de Boileau, avec une plus large manière dans bien des morceaux : l'épisode de Garrick, par exemple, et celui de la femme de Molière. On n'a pas rendu assez de justice à l'écrivain; le temps lui donnera toute sa valeur. Jamais de cheville dans ses vers; sa rime est toujours riche et son vers châtié. Il avait écrit pour Rachel une tragédie, *Aspasie*; elle ne fut reçue qu'à correction par le comité du Théâtre-Français. Sentant que ce n'était là qu'un refus voilé, mon père n'essaya même pas de la revoir; et cependant il y avait dans cette pièce des morceaux frappés de main de maître, le plaidoyer d'Aspasie entre autres. Il est regrettable qu'elle n'ait pas été représentée, surtout avec une interprète telle que Rachel; mais, on le sait, nul n'est prophète en son pays.

Dans l'œuvre de Samson, la pièce qui survivra, à coup sûr, sera *la Belle-Mère et le Gendre*, quoiqu'elle ait déjà bien vieilli de forme; il y a là deux types excellents et tout à fait vrais; celui surtout de son placide égoïste est appelé à vivre et je ne serais pas étonnée qu'on dît plus tard : c'est un *Duchemin*, comme on dit : c'est un *Harpagon*. *La Famille Poisson* sera aussi comptée parmi les meilleurs ouvrages de mon père; elle est écrite toute de verve. Il l'a faite sans scénario, je crois, et elle est née sous sa plume. Il avait le vers très facile, et dans un petit à-propos, *la Fête de Molière*, on trouve deux scènes charmantes. Il a laissé dans ses cartons une tragédie sur Foscari, d'une grande valeur comme forme poétique. Ce qui manquait à ses pièces, c'était peut-être le mouvement scénique ; essentiellement classique de forme, mon père se plaisait dans l'unité de la scène et aurait reculé devant certains effets par trop dramatiques. Aussi a-t-on reproché à son talent littéraire d'être un peu pâle. Cela se peut ; mais on ne lui a pas assez tenu compte de la forme, qui est toujours, chez lui, concise, claire, simple et franche d'allure.

Le côté essentiel de l'esprit de mon père était l'ironie, et quand il lui est donné de pouvoir employer cette arme, il demeure maître du terrain ; témoin ce plaidoyer en vers contre Dorvo, qu'il prononça lui-même dans un procès que la Comédie-Française eut à soutenir contre cet auteur. Dès le second vers, les juges riaient ; cependant ils ne purent, malgré tout, donner gain de cause au spirituel avocat de la Comédie-Française et la condamnèrent en riant toujours. La lettre qu'il écrivit à Janin est aussi un modèle de raillerie fine du meilleur ton, où tous les arguments ne sont que des faits. Sa conversation était pleine de traits et l'on se redit encore au foyer du théâtre tous les bons mots qui s'échappaient de ses lèvres sans effort,

sans prétention : cela coulait de source. Ainsi ce
mot qui court partout aujourd'hui, *le sommeil est
une opinion,* fut dit par lui à un auteur qui venait de
lire une très mauvaise pièce refusée à l'unanimité :
— « Comment M. Samson a-t-il pu voter? s'écriait
celui-ci, il a dormi tout le temps! »

— « Pardon, monsieur, répliqua mon père, *le
sommeil est une opinion.* »

Doué d'une mémoire prodigieuse, il était le plus
charmant conteur et le causeur le plus spirituel
qu'il y eût. Une seule chose lui manquait; il ne
pouvait supporter la contradiction. Ses convictions
étaient si ardentes et si profondes qu'il ne savait pas
les défendre froidement. On le voyait d'abord rou-
gir, puis devenir plus incisif, plus mordant et,
bientôt, se livrer à des emportements généreux et
juvéniles tout à la fois. Malheur alors, malheur à son
adversaire! épigrammes et quolibets tombaient sur
lui dru comme grêle, à ce point de l'ahurir complètement et de lui faire perdre contenance. Il était
bien rare que mon père ne demeurât pas maître du
terrain. A part cette forme de discussion trop
absolue, il se montrait, dans toutes les habitudes de la vie, homme du meilleur ton. Peu
soucieux de la forme ou de la couleur de ses vête-
ments, n'attachant aucune importance à la toilette, il était cependant très soigneux de sa personne et demeura jusqu'au dernier jour d'une pro-

preté recherchée et d'une galanterie exquise avec
les femmes. Pas une qui ne dit encore de lui dans
sa vieillesse : Quel homme charmant !

Les traits fins, le regard vif et franc, le nez légèrement retroussé, la bouche essentiellement mo-
queuse, le teint coloré, les cheveux châtains, plus
tard parfaitement blancs, abondants et très frisés,
qui se groupaient d'eux-mêmes autour de son visage
sans qu'il prît la moindre peine pour les y aider ;
la physionomie spirituelle et très noble bien souvent, la main blanche et petite, le pied et la jambe
irréprochables, les bras un peu courts, qui ôtaient
de l'ampleur à sa gesticulation, l'air éminemment
distingué, voilà ce qu'était mon père au physique.

Quant au moral, je n'arriverai certes pas à le
peindre comme je l'ai dans le cœur, mais j'essaierai
du moins d'en donner une idée.

On peut dire qu'il était le type de l'honneur, voire
même de l'ancienne chevalerie, car, partout où il y
avait un être opprimé à défendre, une injustice à
réparer, un malheureux à secourir, mon père se
levait. Il allait toujours droit devant lui sans se
soucier du soin de ses intérêts, faisant ce qu'il
croyait devoir faire, disant ce qu'il croyait devoir
dire. Deux ou trois fois dans sa vie, dans des luttes
qu'il eut à soutenir contre différents ministres pour
défendre la Comédie-Française, on le vit donner sa
démission de sociétaire, sans s'inquiéter comment

il ferait vivre sa famille le lendemain. Heureusement ce lendemain le vengea toujours, et la loyauté bien connue de son caractère fit triompher sa cause, à l'heure où il la croyait perdue. Il poussait la délicatesse à un point extrême et n'était nullement *pratique*, comme on dit de nos jours.

Un exemple entre mille :

A une époque de sa vie où tous les rôles nouveaux, sollicités par ses chefs d'emploi, passaient devant lui, et où les gratifications de fin d'année passaient de même, il arriva qu'un jour, on ne sait pourquoi, on se souvint de lui au ministère des Beaux-Arts. M. Cavé lui envoie une lettre par laquelle une gratification de 1,000 francs lui est annoncée. Grande joie de ma mère à ces étrennes qui arrivent si inopinément, car nous étions quatre enfants et les sociétaires partageaient peu en ce temps-là ! Que fait mon père, lui ? il prend la plume et répond ceci :

« Monsieur,

« Je ne puis accepter la gratification que vous voulez bien m'allouer, ne l'ayant méritée en aucune façon, puisqu'il ne m'a pas été donné, malheureusement, de pouvoir rendre des services à mon théâtre pendant tout le courant de l'année. »

Ne recevoir que ce qu'il jugeait lui être dû, voilà ce que mon père appelait la probité; il a dit encore, quelque temps avant sa mort, à quelqu'un qui le

consultait sur un petit point de délicatesse :
— « Croyez-moi, il n'y a pas de demi-probité. »

Le grand artiste n'avait jamais compris qu'on
mendiât des rubans ou des cordons, et quand l'opinion publique le désigna pour la croix d'honneur,
il ne voulut pas faire la plus petite démarche
pour la solliciter. Comme il lui revenait de toute
part que la croix ne lui serait donnée que le jour
où il quitterait le théâtre, regardant cela comme
une injure pour sa profession, il prit l'engagement,
dans l'assemblée générale des artistes dramatiques, de la refuser si la condition de ne plus reparaître sur la scène y était jointe. En effet, je le
vois encore, lorsque M. Camille Doucet vint lui
annoncer sa nomination de chevalier de la Légion
d'honneur. Son premier mot fut celui-ci : « Sans
condition ? »

— « Sans condition ! » répondit M. Doucet.

Les qualités du cœur surpassaient encore de
beaucoup chez mon père celles de l'esprit, et c'est
sous ce rapport qu'on ne le connaît que fort peu.
Jamais une infortune ne vint se présenter à lui sans
qu'il la soulageât et nous ne savons pas la moitié
du bien qu'il a fait, car il s'en cachait avec soin; le
hasard nous a quelquefois, malgré lui, révélé ses
bonnes actions. Ainsi, je me souviens qu'un jour
nous entendîmes une discussion s'élever dans son
cabinet, entre lui et un monsieur qui venait d'y

entrer. Après des paroles assez vives, échangées de part et d'autre, la porte se referme sur l'individu, qui sort tout pâle, tandis que mon père, rouge de colère, nous dit : « Vous voyez cet homme? c'est le père d'un de mes élèves du Conservatoire; il vient me faire une scène parce que son fils n'a pas obtenu de pension. Je lui réponds que c'est parce qu'en effet il n'en méritait pas; là-dessus il me prend à partie, m'accuse de ne pas avoir soutenu mon élève et en arrive à me dire presque des injures. Ce que voyant : « Votre fils ne vous a donc pas parlé de ce que je fais pour lui? » « Si, monsieur, je sais que vous lui faites une pension depuis un an et c'est justement pour cela... » « Ah! c'est pour cela que vous venez m'insulter! Prenez la porte!... » Ce fut de cette façon que nous apprîmes ce que mon père nous avait caché jusque là.

Comme à tous ceux qui font le bien, les ingratitudes ne lui avaient pas manqué dans sa longue carrière, aussi lui avons-nous souvent entendu dire en parlant de gens qu'il avait obligés : « Je suis content de celui-là; il me salue encore. » Il aidait les jeunes gens du Conservatoire ou de ses leçons gratuites ou de sa bourse, soutenait de pauvres vieilles femmes, veuves d'anciens artistes, et avait sa table ouverte à tous. Il y avait, entre autres, un vieillard tombé dans une misère extrême qui avait toujours son couvert mis chez nous. Outre qu'il

était assommant, ce vieillard avait sur toutes choses
les idées les plus opposées à celles de son amphitryon, qui se contenait tout le temps du dîner et avait
coutume de dire, lorsque son hôte était parti :
« Tu es bien heureux d'être malheureux, toi! sans
cela il y a longtemps que ma porte te serait
fermée! » Travailleur infatigable, levé à cinq heures
du matin, malgré sa profession qui le forçait à se
coucher fort tard, mon père s'installait à son bureau
à l'aube du jour pour relire ses poètes latins et
français ou écrire. A huit heures commençaient
nos leçons, car il avait voulu faire lui-même notre
éducation. C'est lui qui m'enseigna le français, le
latin, l'histoire et la géographie jusqu'à l'âge de
quatorze ans, et je puis dire que ce n'est qu'à lui seul
que je dois le peu que je sais. De plus, dissertant
avec nous sur tous les auteurs à toute heure du
jour, mon père nous fit suivre, en l'écoutant, un
cours de littérature complet d'autant plus remarquable que la manière dont il interprétait les beautés
de chaque ouvrage nous les gravait dans la tête à
tout jamais. Dès qu'il avait déjeuné, ses leçons aux
artistes commençaient, puis les répétitions, les
comités, les assemblées, les rapports à faire, que
sais-je? Je ne puis comprendre où il prenait le
temps d'apprendre ses rôles et de les composer : sa
vie était un travail incessant dont il ne se plaignait
jamais et où l'on ne sentait point l'effort.

Républicain dans son extrême jeunesse, comme on peut le voir dans ses *Mémoires*, mon père était devenu juste-milieu et le gouvernement constitutionnel avait toutes ses sympathies. Il aimait même beaucoup le roi Louis-Philippe et le vit tomber avec chagrin. Aussi, lui qui n'avait jamais été courtisan de sa vie, le devint-il pour le malheur. Ayant été appelé à Londres pour y donner des représentations, il sollicita l'honneur d'aller saluer le roi déchu dans son exil, et adressa une pièce de vers à la reine Amélie, qui en fut si profondément touchée qu'elle envoya les jeunes princes le remercier eux-mêmes en son nom.

Jusqu'à l'âge de soixante-dix ans, mon père demeura beaucoup plus jeune que son âge, montant les escaliers avec la rapidité d'un jeune homme, marchant, écrivant, lisant, menant une vie des plus actives. Depuis un voyage qu'il fit en Hollande, où on le trouva un jour étendu sans connaissance au pied de son lit, il baissa sensiblement, toujours menacé de paralysie, mais, grâce à l'homéopathie, y échappant jusqu'à la fin. Seulement, lorsqu'il voulait écrire une lettre depuis cette époque, lui, habitué à manier la plume aussi rapidement que la pensée, on le voyait chercher, raturer, recommencer et s'impatienter. Il ne pouvait s'accoutumer à cette décadence morale et physique, et bien souvent je l'ai entendu murmurer : « Oh ! vieillesse ! vieillesse ennemie! » Un jour même il me dit : « Je ne veux pas le dire à ta mère, mais il est si pénible de se survivre à soi-même ainsi, ma fille, que je verrais arriver la mort comme une délivrance. »

En septembre 1870, mes parents, accompagnés de ma sœur, Mme Berton, quittèrent Paris sans prévoir encore jusqu'où pourraient aller les malheurs de la France. Ils se fixèrent à Blois.

A chacune de nos défaites, on vit pleurer mon pauvre père, et lorsque les Prussiens entrèrent à Blois, on parvint à lui épargner d'en avoir à loger, pensant qu'il en mourrait. Il demeura cinq mois entiers sans nouvelles aucunes des siens, sachant son fils et deux de ses petits-fils sous les armes. Ce sont là de rudes secousses pour tous, mais pour un vieillard déjà affaibli et dont l'âme seule est restée assez virile et assez généreuse pour souffrir, c'est plus que la nature ne peut en supporter.

J'étais demeurée à Paris pendant le siége, à mon poste de femme et de mère, et m'en fus rejoindre mes parents aussitôt que l'armistice fut signé. Ce que je souffris pendant toute cette route au milieu des troupes prussiennes, je ne puis le dire; mais il ne s'agit pas de moi ici. Je n'arrivai à Blois que le second jour de mon départ; tous les chemins de fer étaient encombrés et désorganisés. Quand je me jetai dans les bras de mon père en lui annonçant que tous les siens étaient vivants, de grosses larmes de joie tombèrent de ses yeux : « Que Dieu soit béni ! dit-il ; je veux les revoir tous et les embrasser. » Je l'engageai à ne pas retourner encore à Paris ; mais il ne m'écoutait pas. « C'est le 19 de ce mois ma fête, disait-il, je veux ce jour-là me retrouver au milieu de vous tous à la table de famille. » Rien ne put ébranler sa résolution.

Le lendemain de mon arrivée, il me demanda de lui lire la séance de la Chambre ; c'étaient, ce jour-là, les adieux de nos frères d'Alsace. Tout en m'écoutant, mon père pleurait silencieusement, puis il dit à plusieurs reprises : « Pourquoi ai-je vécu jusqu'ici ? »

Le 16 mars 1871, puisqu'il le voulait absolument, nous nous mîmes en route pour le retour, malgré la neige qui tombait et un froid glacial. Nous devions prendre le train à dix heures du matin ; mais comme les troupes prussiennes encombraient le chemin de fer, nous dûmes attendre à la gare jusqu'à trois heures pour pouvoir partir. Pendant ce temps, j'avais fait faire du feu dans une salle et servir à déjeûner près de la cheminée. Malgré tout cependant, mon pauvre père était déjà bien fatigué quand il monta en wagon. Notre voyage, toujours à cause de l'encombrement des lignes par les Prussiens, dura onze heures au lieu de quatre, de sorte que nous n'arrivâmes à la gare de Paris qu'à deux heures du matin. Quelle fatigue pour un vieillard

de 78 ans! Le froid, une nourriture insuffisante, le
petit secouement incessant du chemin de fer, tout
cela avait déterminé chez mon père une espèce de
congestion au cerveau : il ne sortait de sa somno-
lence que pour dire de temps en temps pendant
toute la route : « Pourquoi ne descendons-nous
pas? » Enfin, lorsque nous-mîmes pied à terre,
il fut pris d'un tremblement général. C'est en vain
que nous cherchâmes une voiture ; dans la terrible
crise qu'on traversait, les chevaux étaient rares, et
à cette heure avancée de la nuit personne ne nous
attendait plus. Désespérant de pouvoir ramener
mes parents à leur domicile, je me mis en quête
d'un hôtel, mais partout on nous répondait : « Il
n'y a plus un lit à vous donner, tout est plein »,
et nous reprenions notre marche à grand'peine.
Mon père pouvait à peine se traîner, nous le sou-
tenions ou, plutôt, nous le portions presque, la
vieille bonne et moi, tandis que ma mère marchait, appuyée sur mon fils, âgé de onze ans ; nous
faisions dix pas au plus en un quart-d'heure,
mon père disant : « Je ne puis plus marcher;
asseyez-moi sur le pavé! » et mon fils pleurant :
« Mon pauvre bon papa va coucher par terre! » Quelle
nuit! quelle horrible nuit! j'étais folle. Je demandais à tous une chambre, une chambre par pitié!
Enfin on nous indiqua une espèce de bouge où un
vieil homme à la figure basse et stupide dormait

dans une soupente. Sa femme, une vraie face de
mégère, nous reçut et nous fit monter par un esca-
lier-échelle dans une petite chambre ayant pour
tous meubles une couchette, une table, un tabouret
et deux chaises de paille. La physionomie de nos
hôtes m'inquiétait, ainsi que l'aspect de la maison,
et je recommandai à ma mère de cacher sa montre
et sa chaîne. Mais enfin, je pensais que mon père
allait pouvoir se reposer et cela passait avant toute
autre considération. Je fis faire une flambée dans la
petite cheminée, y chauffai de l'eau et, après avoir
installé mon père dans l'unique lit, je lui fis boire,
pour rétablir la circulation, un verre d'eau sucrée
bien chaude : je n'avais pas autre chose à lui donner.
Cela parut lui faire du bien et nous le vîmes bientôt s'endormir. Je respirai alors et crus tout sauvé.

Le lit était trop étroit pour permettre à ma mère
de s'y reposer auprès de son mari. La pauvre femme,
brisée de fatigue et d'inquiétude, dut se contenter
d'y appuyer sa tête. Je la vis bientôt céder au
sommeil à son tour. Restaient la vieille servante,
moi et mon fils. La servante s'assit sur le tabouret,
posa ses deux mains sur la cheminée, y appuya
sa tête et s'assoupit bientôt aussi. Quant à moi,
assise sur la seconde chaise de paille, je pris dans
mes bras mon fils qui s'endormit sur mon cœur
avec la confiance de son âge. Moi seule, je veillais
donc sur eux tous, écoutant les moindres bruits,

me préparant à les défendre. Je regardais ces êtres si chers confiés à ma garde et j'écoutais pour ainsi dire leur sommeil, lorsqu'au bout d'une heure à peine, en regardant ma mère, je vis s'étendre sur son visage une pâleur livide, les lèvres blêmirent, le nez se pinça, la mort passa sur elle, prête à la prendre. D'un mouvement brusque, je déposai mon fils sur la chaise et courus à elle. Elle était sans connaissance, en proie à une syncope. Si j'eusse dormi, ma mère ne se serait jamais réveillée. Je lui fis respirer de l'arnica et, aidée de la bonne, la frictionnai fortement. Enfin, au bout de huit minutes à peu près, elle revint à elle; elle était si faible que je désirais l'étendre sur le lit. Je tâchai d'éveiller mon père et de lui faire comprendre qu'il lui fallait faire un peu de place à sa femme, mais il ne comprenait ni ne bougeait. J'étais affolée entre ces deux vieillards. Enfin, après avoir administré à mon père une dose d'homéopathie, je réussis à placer ma mère sur le lit, les recommandai tous deux aux soins de leur domestique et m'en fus mettre à l'air mon fils que ce brusque réveil et ces émotions successives avaient fortement secoué et qui était pris à son tour d'un tremblement nerveux. Il était déjà cinq heures; nous nous promenâmes un peu et je m'occupai de notre bagage. Lorsque je revins, la domestique m'apprit que son maître, en voulant se

lever, était tombé de toute sa hauteur. Nouvelle
secousse ! Cependant il affirmait ne sentir aucun
mal ; je fis déjeûner tout mon monde à la hâte, et
enfin, à huit heures du matin, nous arrivions à
Auteuil, où j'eus le bonheur de voir mes parents
confortablement installés chez eux et dans leur lit.
J'espérai que cette nuit n'était qu'un affreux cau-
chemar et que nos peines étaient finies.

En effet, le 19, mon père présida pour sa fête la
table de famille où nous devions nous trouver tous
réunis pour la dernière fois. Malgré les tristes jours
que nous traversions, la joie de nous revoir, après
tant d'épreuves, rendit ce dîner plus gai qu'on n'eût
pu l'espérer. Mais le lendemain, quand il apprit
que la Commune était proclamée, on le vit pâlir.
Né en 93, bercé au milieu de la Terreur, il avait
gardé de tous les récits de son père sur cette
horrible époque un souvenir mêlé d'indignation et
d'épouvante. Il crut voir déjà la guillotine en per-
manence et demeura stupéfié, disant à plusieurs
reprises : « Fermez les portes ! fermez bien la porte
de la rue ! » Tous ces évènements ont hâté sa
mort.

Il tomba malade le 21 mars ; le médecin crut à
une fluxion de poitrine, car il toussait et se plaignait
de douleurs aiguës. Cependant on s'aperçut bientôt qu'il y avait congestion, non seulement aux
poumons, mais au cerveau. L'avant-veille de sa

mort encore, il me remercia affectueusement de mes
soins en m'embrassant, nous demandant pardon à
tous de la peine qu'il nous donnait, car l'égoïsme
n'a pas entaché une heure de sa vie. Le lendemain,
quand la paralysie commençait à glacer sa langue,
ma mère lui ayant demandé s'il la reconnaissait, il
fit signe que oui. «M'aimes-tu?» lui dit-elle encore.
Alors ce pauvre malade, faisant un suprême effort,
rassembla toutes les forces de sa volonté pour prononcer ces derniers mots qu'il accentua fortement :
«Oh! oui.» Après cela, plus une parole ne sortit de
sa bouche. Il me fit signe plus tard, en levant les
yeux au ciel, qu'il s'en allait vers Dieu. Je me jetai
sur lui en pleurant et lui dis : « Va : tes bonnes
actions te précèdent » ; il parut comprendre, car,
depuis lors, une grande quiétude se montra sur
sa figure et ne le quitta plus jusqu'à la fin.

Il mourut le 29 mars, à 7 heures du soir, entouré
de ses enfants et petits-enfants. Le vide qu'il a
laissé parmi nous est irréparable. Les années passent
sans nous consoler : elles nous montrent, au contraire, de plus en plus, la perte que nous avons
faite. Quant à moi, lorsque de grands soucis m'as-
siégent, lorsque de grandes douleurs me frappent, je
vais demander à celui qui a si bien vécu le courage
de remplir mon devoir avec l'abnégation qui dirigea tous ses actes.

AD. TOUSSAINT-SAMSON.

CHAPITRE PREMIER

SOUVENIRS

Mon enfance. — Mes premiers instincts de comédien. — Un
bourreau. — J'entre en pension. — Mes succès.

Ce que, de sa vie, le vieillard chérit le plus, c'est
le passé; aussi, en écrivant ces souvenirs, je dois
dire que j'ai cédé surtout au plaisir de remonter
avec eux le cours de mes années.

Je suis né le 3 juillet 1793, à Saint-Denis. On
sait qu'à cette époque les cérémonies du culte
furent interdites, et j'ai été, m'a-t-on dit, le dernier des enfants baptisés dans la ville.

Mon père et ma mère tenaient un café où venaient les cochers de ces petites voitures connues
sous le nom de *coucous*. Ces messieurs furent ma
première compagnie, mes premiers initiateurs à la
vie sociale; un de mes jeux favoris était de les imiter
en attachant des chaises avec des cordes qui figu-

raient les guides, puis je m'asseyais gravement sur les marches d'un escalier qui, pour moi, représentaient un siége, et, m'armant d'un bâton qui simulait un fouet, je conduisais des chevaux... absents. Un de mes autres divertissements était d'imiter le tambour de la ville en boitant comme lui.

Le souvenir de ces gentillesses s'était conservé dans la famille et, quand je fus acteur, on les cita comme une manifestation précoce de mes instincts dramatiques.

Je devais avoir quatre ou cinq ans lorsque nous quittâmes Saint-Denis. Mes parents s'établirent à Paris dans un café situé rue Montorgueil, à côté de la boutique occupée depuis par le pâtissier Lesage.

Je fus mis dans une école de la rue Saint-Sauveur et j'y devins bientôt l'aigle de la lecture. Quand un mot offrait des difficultés à un de mes camarades plus âgé que moi, le maître m'appelait, et j'étais tout fier de prononcer avec aisance le mot rebelle : ce furent là les premiers gonflements de ma vanité.

Il paraît que le café de la rue Montorgueil ne donnait pas des bénéfices suffisants, car on le vendit. Mon père et ma mère en cherchèrent un autre ; mais je ne sais comment il se fit qu'en cherchant un café, ils trouvèrent un bureau de prêts sur nantissements.

Il existait alors des maisons de ce genre qui faisaient concurrence à l'administration du Mont-de-Piété. Plus tard ces bureaux furent supprimés.

Mon père et ma mère devinrent acquéreurs d'un de ces bureaux de prêts, situé dans une impasse sur laquelle s'ouvre une des portes de Saint-Eustache. Voisin de cette église, j'y allais très fréquemment; j'y restais longtemps et, quelquefois, il fallait m'y venir chercher. J'assistais, autant que je le pouvais, à tous les offices, à toutes les cérémonies, à toutes les prédications. Rentré à la maison, je m'arrangeais une chaire avec quelques chaises et récitais toute la Passion que j'avais apprise; puis je contrefaisais de mon mieux le ton et les gestes des prédicateurs que j'avais coutume d'entendre. On me prêtait une attention qui me flattait et m'excitait; on se récriait d'admiration sur ma mémoire qui, en effet, était prodigieuse; j'aurais voulu alors devenir prédicateur; mais nous changeâmes de logement, et mes parents allèrent s'installer dans un autre bureau de prêts plus important, situé rue de la Feuillade, près du carrefour. Nous occupions, au premier, trois vastes pièces, terminées du côté du carrefour par un beau balcon que l'on voit encore et qui était, de tout le logement, l'endroit que j'affectionnais le plus.

Je changeai d'école; — la rue Saint-Sauveur était trop loin de notre nouvelle demeure, — et j'en-

trai chez un instituteur de la rue du Mail, qui ne
m'a laissé que de mauvais souvenirs. Je n'y trouvai point la bienveillance de la rue Saint-Sauveur.
Le premier jour, pendant que, les mains jointes et
à genoux, nous faisions tout bas la prière qu'un
écolier récitait à haute voix, en levant les yeux,
j'aperçus un camarade de mon ancienne école qui
me salua d'un mouvement de tête auquel je répondis de la même manière. La prière finie, le maître
m'appela : « Tu as levé les yeux, me dit-il avec une
voix et une figure froides et sévères. Ce n'est pas
ainsi qu'on doit prier. Tends la main ! » Je pensais
bien qu'il ne me la demandait pas dans une intention amicale ; cependant je la tendis sans chercher
à me justifier et il m'y appliqua quelques coups de
règle, artistement donnés ; car cet homme savait
son métier de bourreau scolaire. La douleur que
j'éprouvai fut assez vive ; cependant je ne livrai
point le nom de mon ex-camarade de la rue Saint-
Sauveur. Je n'ai jamais dénoncé un camarade. Je
retournai à ma place en refoulant les larmes qui
montaient à mes yeux ; mon cœur se révoltait
contre ce châtiment qui me semblait injuste, car je
ne le trouvais pas proportionné à ma faute. Mon
amour-propre recevait là un cruel échec. Quel début pour le brillant écolier de la rue Saint-Sauveur !
Je me gardai bien de raconter chez moi cette mésa-
venture.

Je fus un élève soumis, laborieux et silencieux. On me venait chercher à deux ou trois heures et il y avait avant cela une récréation dont j'employais le temps à lire de petits livres composés par notre instituteur, qui s'appelait monsieur Rouillé. J'ai retenu son nom qui était placé en tête de ses ouvrages. Celui d'entre eux qui me charmait le plus était un extrait des grands hommes de Plutarque, espèce de *Cornelius Nepos* français.

Je mettais, par mon zèle, M. Rouillé dans l'impossibilité de me punir et même de me réprimander, ce qui ne dut pas contribuer à m'en faire aimer ; aussi n'en recevais-je jamais un éloge ni même un encouragement ; et ma secrète haine contre lui s'augmenta encore ; cet homme se délectait dans la rigueur variée des châtiments qu'il infligeait. Il avait différents instruments de supplice, des férules de plusieurs espèces, en cuir, en bois, des verges, des martinets avec des nœuds et sans nœuds. Ce n'est pas tout : indépendamment des corrections de la semaine, il y avait le samedi une exécution générale. Ceux qui, selon M. Rouillé, avaient mérité le fouet, étaient désignés par lui ; il leur ordonnait de se déshabiller, et cette toilette de condamné ne se faisait pas sans gémissements. Pendant ce temps, les autres écoliers devaient se coucher la face contre terre ; je compte ces heures parmi les plus cruelles de mon enfance. Je ne pleurais pas moins

que les suppliciés, et il me fallait étouffer mes
sanglots pour ne pas partager leur sort. Nous les
entendions crier en pleurant, au moment de se
livrer à la verge ou au martinet : « Monsieur, par-
donnez-moi ! Monsieur, je vous demande grâce, je
ne le ferai plus ! » Le barbare ne répondait que
par ces mots : « Apprête-toi tout de suite ou tu
seras fouetté davantage et plus fort. » Et il n'y
avait aucune trace d'émotion dans cette voix impi-
toyable. Quels cris lamentables se faisaient entendre quand la flagellation commençait ! L'infâme
n'y allait pas de main morte, et les cris de douleur
de ceux qui subissaient le terrible châtiment
étaient accompagnés des cris de terreur de ceux qui
s'apprêtaient à le subir. Cet affreux concert me
poursuivait jusque chez moi ; je devenais triste,
sans oser dire la cause de ma tristesse ; mon école
m'était odieuse, et mon cœur se serrait quand
l'heure était venue d'y retourner. Enfin arriva un
moment où je ne pus contenir l'horreur et l'effroi
que m'inspirait cet infernal séjour. Un lundi, je
m'apprêtais à m'y rendre avec ma bonne, quand,
saisi d'une soudaine terreur produite par mes souvenirs, je m'arrêtai sur le seuil de la porte et je
rentrai dans l'appartement en jetant des cris de
désespoir. Aux questions que l'on me fit, je répondis par un récit qui dura longtemps, à cause des
sanglots qui m'altéraient la voix et me coupaient la

parole. Je racontai les affreuses scènes dont j'avais
été témoin. Mon père, homme d'un caractère généreux et emporté, fut saisi d'indignation en m'écoutant, et il jura qu'il ne me laisserait pas un moment de plus chez un pareil gredin ; car c'est ainsi
qu'il l'appelait dans sa fureur. « Viens avec moi,
dit-il, en me prenant la main ; n'aie pas peur que je te
laisse chez lui. Je te ramènerai et tu n'y retourneras
jamais, mais je veux que tu voies comment je vais
le traiter. » Effectivement il le traita fort mal, à ma
grande joie. Rien n'arrêtait mon père quand la colère le dominait. En entrant, il alla droit à l'instituteur qui faisait sa leçon : « Vous êtes un misé-
rable ! lui dit-il, et je viens retirer mon enfant de
chez vous. » Ces paroles furent suivies d'une véhé-
mente tirade contre sa féroce brutalité. Il écoutait,
debout, stupide d'étonnement et de peur, et n'essayait pas même d'interrompre. Le lâche n'avait de
courage que contre les enfants. Pour moi, je regardais mon père avec admiration, et je contemplais
avec satisfaction l'humiliation publique de l'odieux
flagellateur. Quelle fut ma joie quand je descendis
cet escalier que j'avais si souvent monté avec tant
de terreur !

On délibéra à la maison sur ce qu'on ferait de
moi, et pendant ce temps, je ne faisais rien. Mes
goûts de prédication étaient passés : cela tenait à
ce que je n'étais plus dans le voisinage d'une église :

2.

celle des Petits-Pères n'étant pas encore rendue au
culte. Les opérations de la Bourse y remplaçaient
les hymnes et les prières.

Je trouvai dans notre logis le roman de *Paméla*,
de Richardson, que, malgré sa longueur, je lus et
relus avec avidité. Je me mis à aimer Paméla d'un
vertueux amour. Je détestais lord Blumfeel qui
fut, chez Richardson, le précurseur de Lovelace.
Comme j'étais heureux quand la servante Paméla
devenait une lady! Il y a surtout une lettre à
laquelle je revenais souvent. C'est celle qui rend
compte d'une représentation de l'*Andromaque* de
Racine traduite en anglais. Pourtant je n'avais encore rien lu de ce poète : mais j'avais entendu parler avec admiration de ses ouvrages ; son nom m'é-
tait déjà sacré, car déjà je me sentais attiré vers tout
ce qui touchait au théâtre.

Je ne sais comment mon père devint possesseur
d'un ouvrage volumineux intitulé : *Vie des Hommes
illustres de la France*, par d'Auvigny. Cette nouvelle
lecture m'absorba entièrement. Je me passionnais
peu pour les ministres et les hommes d'Etat : je
leur préférais les guerriers : Duguesclin et Bayard
étaient mes héros, et je rêvais les périls et la gloire
de la vie militaire.

Sur ces entrefaites, on me plaça dans un pensionnat situé sur les boulevards extérieurs de Paris,
près de la barrière de Belleville. Ce fut là que je

connus Taylor, le baron Taylor aujourd'hui, et me
liai avec lui. Le maître du pensionnat s'appelait
M. Jacob. Le seul précepteur que la maison possédât
en ce moment enseignait le français et un peu de latin.
Plus tard nous en eûmes un second, appelé M. Brûlart, plus instruit, je crois, que son confrère. C'était
un Suisse, d'un caractère violent, et qui, dans ses
accès de colère, battait quelquefois ses élèves ; mais
ses rigueurs n'étaient point pour moi : je fus, au
contraire, son écolier préféré et l'objet de son affection la plus vive. Il me comblait de louanges que,
du reste, je m'efforçais de mériter par l'assiduité de
mon travail et par une docilité exemplaire. Je faisais
des progrès rapides. J'ai toujours eu besoin d'aimer
mes professeurs, et l'enseignement sévère me faisait prendre en horreur et l'étude et le maître ; tandis
que tout me semblait facile avec un maître aimé.
Qu'on juge si j'étais heureux avec M. Brûlart !

M. Jacob, notre maître de pension, céda son établissement à un nommé M. Gersin. Nous eûmes
un maître de mathématiques, qui se nommait
M. Bresson, et un maître de dessin. C'était M. Gersin lui-même qui nous enseignait la géographie.
On me fit commencer le dessin ; mais mon peu
d'aptitude découragea mon professeur et je cessai
les leçons. Il y avait encore deux autres professeurs
qui né chantaient pas mes louanges : c'étaient le
maître d'écriture et le maître d'arithmétique.

Le maître d'écriture connaissait mes parents, et
les mauvais rapports qu'il leur faisait sur ma calli-
graphie m'attiraient les gronderies de ma mère,
car elle tenait essentiellement à l'écriture et au
calcul. Mon père, qui avait fait des études au collége Montaigu, était pour le latin, et je lui donnais
des sujets de joie, car j'étais le premier en thèmes
et en versions ; un seul élève pouvait lutter avec
moi, mais non me vaincre. Il s'appelait Desfontaines. Après avoir été clerc d'avoué, il devint président du tribunal civil de Lille. Il m'est venu voir
à Paris à l'époque de la première exposition nationale, et nous avons été charmés de nous revoir, car
nous étions de bons amis au temps de nos études.

Il m'a semblé que mon cher maître, M. Brûlart,
abusait un peu de ma facilité, puisqu'à dix ans j'a-
vais expliqué l'*Epitome*, le *de Viris*, *Phèdre*, *Cornelius Nepos*, les *Églogues* de Virgile, des morceaux
des *Géorgiques* et la première *Catilinaire*. J'allais
commencer le premier chant de l'*Enéide*. Je n'avais
traduit complètement, il est vrai, que les *Fables* de
Phèdre, les *Églogues* et la *Catilinaire*. Ces travaux
développèrent en moi l'amour de la poésie et de
l'éloquence oratoire. Mon goût pour l'étude allait
jusqu'à la passion. Je fuyais la récréation pour travailler, ce qui me fit prendre en grippe par plusieurs
élèves qui voyaient là dedans une affectation pédan-
tesque. Humiliés par l'ostentation de mon zèle, ils

en soupçonnaient la sincérité. J'étais l'honneur du
pensionnat et l'on me montrait aux étrangers
comme un petit prodige. J'avais eu, à notre concours, les principaux prix, auxquels s'était ajouté le
prix de sagesse. Déjà, même, les succès dramatiques
avaient commencé pour moi, et, dans une petite
pièce donnée à je ne sais plus quelle occasion, je
m'étais fait applaudir dans le rôle d'un frotteur
qui, ce me semble, n'avait qu'une scène. On avait
remarqué la manière dont je faisais glisser mon
pied sur le parquet en parlant de mon talent pour
l'art du frottage : ma gloire était complète. L'exi-
guïté de ma taille semblait encore rehausser mon
mérite. Je suis resté petit très longtemps, et mon
orgueil souffrait d'entendre toujours dire : le petit
Samson.

Il y avait un élève qui possédait un Boileau
en un volume ; à ma sollicitation, il l'échangea
contre mon couteau ; alors je me mis à lire et à
apprendre Boileau. Je trouvai aussi dans la bibliothèque de nouvelles *Vies* de Plutarque, plus
étendues, qui firent de nouveau mes délices ; cette
lecture m'exalta prodigieusement. Je rêvais la renommée de Miltiade, surtout celle d'Epaminondas,
qui fut toujours mon héros préféré ; la mort de Léonidas me tentait et j'aspirais à la pauvreté d'Aris-
tide. Ardent républicain, je détestais les rois
oppresseurs des peuples et, plein des passions et

des doctrines de l'antiquité, l'assassinat d'un tyran me semblait l'acte le plus juste et le plus beau titre de gloire. Je me serais volontiers associé au Brutus qui tua César, et quant au Brutus qui fit mourir ses fils sous ses yeux, il y avait pour moi quelque chose de sublime et presque de divin dans sa férocité paternelle. Je confesse que mes idées se sont légèrement modifiées depuis.

Une chose m'affligeait : petit et faible de corps, me serait-il possible de servir mon pays comme soldat? Je m'essayai du moins à supporter des privations et à endurer la faim. Il m'arriva quelquefois de dire à l'heure du dîner que je n'avais pas d'appétit et me sentais un peu malade. Je restais alors à table sans manger. Je ne pouvais pas trop cependant prolonger ce jeu-là ; mais je le renouvelais de temps en temps. J'étais de mieux en mieux avec mon professeur Brûlart : son affection pour moi ressemblait à de l'idolâtrie, et la mienne avait le même caractère. Dans la récréation, nous étions toujours ensemble et nous lisions tous deux à côté l'un de l'autre.

Il quitta la pension pour je ne sais quelle cause ; j'en ressentis une douleur très vive, qui, après s'être exhalée en soupirs et en larmes, devint un chagrin sombre et silencieux. Je ne me rappelle pas combien dura l'absence de mon maître chéri; je ne crois pas devoir la fixer à moins de deux mois, et pendant tout ce temps, mes regrets et ma tristesse furent les mêmes. Enfin on le rappela : quel jour de fête pour tous deux ! Ce fut, sans doute, une des plus grandes joies de mon enfance !

CHAPITRE II.

Mes parents prennent une filature.—Ma première communion.
— Sortie du pensionnat. — Le premier Consul. — Mort
du duc d'Enghien.

Mes parents formèrent à cette époque une entre-
prise qui leur devint funeste. Ils avaient fait connaissance d'un Américain à peu près ruiné et qui
cherchait à reconstruire sa fortune en établissant
une filature de coton. Il s'appelait Calender. Il leur
persuada de s'associer à lui. Avec une intelligence et une entente spéciale de ce genre d'industrie, il n'apportait qu'une mise de fonds *à
venir* et qui devait se prélever sur sa part de bénéfices future. La suppression des maisons de prêts,
ordonnée par le gouvernement, laissant libres les
capitaux de mes parents, leur offrait malheureusement un moyen trop facile de compromettre leur
fortune dans une industrie qui leur était totalement étrangère. Plus tard, de nouveaux besoins de
fonds amenèrent un nouvel associé qui s'appelait

Lagarde, dont la personne a laissé dans mon esprit un souvenir sinistre et ineffaçable. Il devait être parvenu à l'âge de cinquante ans ; il avait une perruque qui lui couvrait à peu près tout le front et dont les cheveux étaient ras ; ses yeux étaient petits et inquisiteurs ; sa bouche ne souriait jamais ; sa voix était rude, sa façon de parler brève. Il me semble qu'il s'exprimait avec une correction laconique ; jamais un mot aimable ne lui échappait. Sa physionomie avait peu de mobilité, ses gestes étaient rares, son regard froid et sévère : tout en lui repoussait la confiance. C'est, je crois, ce qui lui attira celle de ses associés. On suppose à ces gens qui ne se donnent pas la peine de plaire, un fond de loyauté qui dédaigne les dehors aimables et le langage civil. Il était en tout point l'opposé de l'américain Calender qui était grand parleur et avait des manières gracieuses.

Ma mère me voyait avec peine faire des progrès dans la langue latine qui, disait-elle, n'était bonne à rien. Elle saisit avidement cette occasion de mettre fin à des études où j'apportais si peu d'aptitude pour le calcul et l'écriture, et il ne lui fut pas difficile de déterminer mon père, qu'elle dominait par une volonté énergique et dont elle méritait d'ailleurs l'affection par des qualités essentielles, à me retirer de pension pour m'emmener à l'abbaye d'Yères, près Paris, lieu fatal où se consomma notre ruine.

3

Un obstacle s'opposait à ma première communion; je n'avais que onze ans et l'on ne pouvait la faire qu'après douze ans accomplis. Ma mère triompha de cette difficulté. Elle alla avec mon père solliciter le curé de Belleville de m'accorder une dispense d'âge; j'étais avec eux. Ce fut surtout ma mère qui porta la parole; fille d'un pâtissier de Saint-Denis, elle n'avait pas reçu d'instruction; elle parlait sans correction, mais avec beaucoup de facilité et d'adresse : elle savait dire ce qu'il fallait pour gagner la cause qu'elle plaidait, et le curé, d'abord récalcitrant, se laissa fléchir. C'était un homme dans la force de l'âge, aux allures familières, à la voix bruyante, à la parole facilement vulgaire, et à qui manquaient la douceur et la dignité du sacerdoce. Je me souviens qu'ayant demandé le nom du prêtre qui m'avait baptisé à Saint-Denis, il fit la grimace en l'entendant. « C'était un Jacobin », dit-il, puis il reprit en souriant : « Mais le baptême n'en est pas moins bon; il a été donné au nom du Père, du Fils et du Saint-Esprit. »

Je remplis consciencieusement tous les devoirs religieux qui m'étaient imposés; j'avais la foi : avec un meilleur prêtre, j'aurais eu la ferveur. Il fallait, je l'ai dit, que j'aimasse mes maîtres et je ne me sentais ni affection ni respect pour celui qui m'instruisait. Je ne trouvais pas en lui les sentiments de paternelle bienveillance que j'inspirais habituelle-

ment. J'apprenais exactement mon catéchisme et
le récitais de mon mieux, sans recevoir le plus petit
témoignage de satisfaction ; le curé me traitait avec
un dédain brutal qui me serrait le cœur, et j'étais
indigné de lui voir préférer à tous les catéchumènes
un grand niais qui me semblait avoir de quatorze
à quinze ans, et dont la récitation bête et chantante
excitait son admiration. Il nous le citait toujours en
exemple et lui donnait la première place. Pour moi,
j'en avais une très inférieure et j'avoue que je me
sentais supérieur à ceux qu'on plaçait au-dessus de
moi. Un incident survint qui n'était pas de nature
à vaincre l'antipathie que m'inspirait le curé de
Belleville. Un jour que, dans l'église, il faisait
réciter le catéchisme en le commentant à sa manière, Desfontaines, qui, plus âgé que moi, avait
déjà fait sa première communion, était assis derrière moi. Dans un moment où le prêtre nous tournait le dos, il se pencha à mon oreille pour me réciter quelques vers de Voltaire, je ne sais plus
lesquels ; j'eus, j'en conviens, le tort de l'écouter,
mais je ne tardai pas à en être puni, car le curé m'appliqua aussitôt une paire de soufflets et me fit
mettre à genoux ; c'était une réminiscence de la rue
du Mail, et là, pas plus que devant M. Rouillé, je ne
dénonçai l'instigateur du délit qu'on venait de châ-
tier si cruellement. Quoiqu'un grand sentiment de
fierté me fît dédaigner toute justification, je n'en

étais pas moins sensible à la honte du châtiment et me regardais comme un enfant déshonoré. J'avais peur qu'on ne racontât le fait à mes parents, et, pendant quelques jours, je fus en proie à un chagrin et à des terreurs qui me rendaient très malheureux.

Enfin je fis ma première communion, et je me souviens que, ce jour-là, le curé, s'étant fait mettre un fauteuil sur les marches de l'autel, s'y assit avec un sans-façon du plus mauvais goût et y débita un discours que, malgré mes préoccupations religieuses, je ne pus m'empêcher de trouver stupide quant au fond et grossier quant à la forme.

Peu de temps après, je reçus, dans la même église, le sacrement de la confirmation, puis je sortis de mon pensionnat.

L'avouerai-je? je ne ressentis pas, en le quittant, le chagrin auquel on aurait pu s'attendre. Trois ou quatre garnements, qui s'irritaient de mes succès et de l'affection de mes maîtres pour moi, m'injuriaient et me battaient dès qu'ils me trouvaient seul ; et quand j'essayais de lutter contre eux, ma faiblesse physique leur donnait bien vite une facile victoire. J'avais alors des mouvements de rage qui me faisaient souffrir horriblement. Les coups de poing de mes camarades n'ont pas moins que les lectures de Plutarque contribué à développer en moi cette haine de l'oppression que je

garderai jusqu'à ma dernière heure. Comment
échapper à ces mauvais traitements dont je ne
voulais pas qu'on fût instruit, m'étant fait une loi
de ne jamais rien dire contre un seul élève, tant le
nom de rapporteur m'était odieux? Je crois que
mes persécuteurs auraient couru risque d'être
assommés par mon cher professeur Brûlart, si je
lui avais dit un seul mot de leur lâche méchanceté.
L'impunité que leur assurait mon silence les
enhardissait encore et je n'avais à espérer d'eux ni
trève, ni merci. Mon départ pouvait seul me
soustraire à cette situation intolérable et qui m'eût
rendu malade si elle se fût prolongée. Voilà comment
s'explique la froideur de mes adieux à cette maison
où j'avais été si aimé, si choyé, si heureux; mais je
ne me séparai pas sans larmes de Monsieur Brûlart,
qui fut aussi fort ému de se voir enlever un écolier
qu'il chérissait et dont il était fier. Qu'est-il devenu?
Je n'ai jamais rencontré personne qui pût m'en
donner des nouvelles. J'étais incapable de juger de
son instruction; mais, reconnaissant du peu qu'il
m'a enseigné, je le suis surtout du plaisir que,
grâce à lui, j'ai trouvé dans l'étude; et il m'a rendu
bien douce cette période de mon enfance. Ce n'est
qu'après lui que j'ai commencé, tout jeune que
j'étais, à connaître les nécessités et les amertumes
de la vie.

Quels événements politiques avaient passé sur la

France pendant ce temps? Quel était alors son gouvernement? C'étaient là des choses dont je me préoccupais fort peu. Absorbé dans l'admiration des grands hommes de l'antiquité, je n'avais que du dédain pour l'histoire contemporaine; elle offrait cependant des hommes et des faits dignes, tout à la fois, de fixer l'attention des esprits sérieux et d'enflammer les jeunes imaginations. Je me rappelle qu'à l'âge de sept ans, en 1800, des noms fameux, à des titres différents, frappaient souvent mes oreilles; j'entendais parler de Robespierre avec horreur et de Bonaparte avec admiration. C'était l'époque où celui-ci venait de battre les Autrichiens à cette célèbre bataille de Marengo qui coûta la vie au brave et loyal Desaix. J'ai entendu, quelques mois après, l'explosion de la machine infernale; nous demeurions alors près de Saint-Eustache, et le lendemain j'allai avec mon père voir les dégâts produits dans la rue Saint-Nicaise par cette effroyable explosion à laquelle échappa si miraculeusement le premier Consul. Cette rue semblait avoir été bouleversée par un tremblement de terre; une grande quantité de maisons avaient été ébranlées; huit personnes avaient péri et plus de quarante étaient grièvement blessées. L'horreur qu'inspirait un pareil attentat rendait encore plus chère à la nation la personne du jeune héros que le ciel semblait couvrir de sa protection.

Le vainqueur de Hohenlinden était, après le vainqueur de Marengo, la plus grande renommée du pays ; tant de gloire au pied d'un tribunal avait ému tous les cœurs, et, parmi les amis de la liberté, un grand nombre partageaient la haine de l'illustre accusé pour l'homme du 18 brumaire. La grandeur naissante de ce dernier les inquiétait ; ils le soupçonnaient d'aimer la liberté à la manière de César dont il avait le génie, le bonheur et la popularité. Un jour fatal arriva où tant d'éclat fut terni par une tache de sang.

L'année 1804 fut féconde en événements fameux. Des conspirations se tramèrent contre Bonaparte, à qui l'on avait décerné le consulat à vie. Des procès politiques, qui passionnaient le public, se terminèrent par l'exécution de Georges Cadoudal et le suicide de Pichegru, qui, à en croire les ennemis du premier Consul, aurait été étranglé dans sa prison. Le général Moreau, que l'on regardait comme le plus digne émule de Bonaparte, fut condamné à deux années de prison, bientôt commuées en un bannissement de deux années aux États-Unis. Un crime vint alors souiller celui qui était en ce moment l'idole de la France : le dernier des Condé, le jeune duc d'Enghien, fut, contre le droit des gens, arrêté en pleine paix dans le grand duché de Bade comme conspirateur, conduit dans le château de Vincennes, condamné sans preuves par une commission mili-

taire et fusillé, la nuit même de son arrivée, dans
les fossés du château. Je me souviens parfaitement
d'avoir entendu mes parents et quelques personnes
qui venaient chez nous parler de ce meurtre d'un
prince français, avec un étonnement honorable
pour les antécédents de Bonaparte : on ne l'eût pas
cru capable d'un tel acte. Dans la même année,
(1804) la République expira, et le premier Consul
fut proclamé Empereur des Français sous le nom de
Napoléon Iᵉʳ. Un an plus tard, il était roi d'Italie.

Voilà certainement des pages d'histoire d'un
puissant intérêt, et peu d'époques ont offert une
succession aussi rapide de grands événements.
Comment se fait-il qu'ils n'aient pas eu le pouvoir
de me distraire de l'histoire ancienne, et que cette
France, ma patrie, dont le monde entier s'occupait,
ne m'ait pas semblé digne de mon attention ? Je ne
sais de quelle façon expliquer cette singularité de
mon esprit.

CHAPITRE III.

J'aimais passionnément le spectacle. Après avoir, comme tous les enfants, débuté par *Séraphin*, j'étais allé au théâtre du Palais-Royal. Brunet y avait alors une vogue extraordinaire, et, à côté de lui, se faisait remarquer Tiercelin, qui jouait les rôles d'homme du peuple avec un très grand naturel.

Je me rappelle parfaitement la physionomie du Palais-Royal à cette époque; je vois encore ce qu'on appelait la Galerie de bois, où Cambacérès se promenait, escorté de Ville-Vieille et d'Aigrefeuille. Le monde s'y pressait le soir, et des filles, en toilette de bal, y agaçaient les promeneurs. Elles se montraient jusque dans le foyer du théâtre. Je les regardai d'abord avec étonnement et bientôt elles cessèrent d'attirer mon attention.

Mon père me conduisit aussi dans plusieurs cafés, parmi lesquels se distinguaient le café des Aveugles, le café Borel et celui du Sauvage, où un soi-disant sauvage, orné de plumes sur la tête, venait d'un air terrible jouer des timbales en roulant des yeux effrayants.

On me mena aussi à l'Opéra. — C'était au moyen de billets gratuits qu'on me procurait ce plaisir, pour moi le plus grand de tous. — *Les Mystères d'Isis* sont le premier opéra que j'aie entendu. C'est le sujet de *la Flûte enchantée* de Mozart qu'on a repris avec tant de succès au Théâtre Lyrique. Mon plaisir fut incomplet parce que je ne comprenais pas bien l'action. Je me rappelle cependant Laïs dans le rôle de Bocchoris; il faisait un grand effet quand il chantait :

> Soyez sensible à nos peines :
> Rendez-nous la liberté.

On lui faisait bisser le morceau. J'ai vu, à cette époque, *l'Iphygénie en Aulide* de Gluck, où Mlle Maillard jouait Clytemnestre et Lainé Achille. J'avoue, à ma honte, que j'étais peu sensible à la musique; l'action était la seule chose qui m'intéressât et elle me semblait ralentie par le chant qui

répétait plusieurs fois les mêmes phrases; souvent
aussi elle devenait obscure pour moi par la mauvaise prononciation des chanteurs. D'ailleurs l'illusion ne pouvait être produite à mon sens par des
personnages qui s'expriment en chantant. Ce défaut de vraisemblance choquait trop ma raison.
J'étais moins blessé du silence des acteurs dans les
ballets pantomimes, et le ballet de *Psyché* était un
de mes préférés. C'était Mᵐᵉ Gardel qui faisait Psyché; l'œuvre était de son mari qui fut, pendant
quarante ans, maître de ballet à l'Opéra et y fit
représenter toutes ses compositions, parmi lesquelles
figuraient plusieurs ballets mythologiques. J'avais
vu aussi à l'Opéra-Comique *Azemia ou les Sauvages*,
mais je crois que j'étais très jeune, car il ne m'est
resté de la pièce qu'une impression confuse. Ce qu
m'avait le plus frappé, c'était d'avoir entendu le
public demander à l'orchestre un air qu'il applaudissait avec transport; j'ai su depuis que c'était le
Réveil du peuple. J'avais à peu près neuf ou dix ans,
quand deux de mes oncles me menèrent aussi au
Théâtre Louvois, situé sur la place de ce nom.
Picard était directeur de ce théâtre à cette époque
et s'y faisait applaudir comme acteur et comme
auteur; j'y vis représenter deux de ses comédies:
Duhautcours et la *Petite Ville.* Dans la première
pièce, Picard faisait un personnage secondaire;
mais dans la seconde, qui avait eu un grand succès,

il jouait un des rôles les plus importants. Un brou-
haha flatteur l'accueillait à son entrée.

Un autre théâtre est encore resté gravé dans ma
mémoire. C'était le Théâtre Molière, situé rue Saint-
Martin, où je m'amusai beaucoup au *Château du
Diable*, dont j'ignore l'auteur, et où je vis représenter les *Folies amoureuses* de Regnard.

Plus tard, ce fut surtout aux mélodrames que je
dus mes plus grandes jouissances dramatiques. Je
ne sais comment il se fait que nos professeurs nous
conduisaient quelquefois le dimanche au théâtre,
et j'ignore sur quels fonds ils prélevaient l'argent de
ces spectacles. Nous allions aux placés d'en haut. Nos
théâtres habituels étaient l'Ambigu et la Gaîté, tous
deux placés à côté l'un de l'autre sur l'ancien boulevard du Temple. J'ai vu à cette époque : *Victor ou
l'Enfant de la forêt*, *Tékéli ou le Siège de Montgatz*,
la Forêt périlleuse, *le Jugement de Salomon*,
l'Homme à trois visages, etc... Je me rappelle qu'à
une représentation de cette dernière pièce, je lisais
un vieux volume de Molière, dans lequel se trouvaient
le *Misanthrope* et le *Médecin malgré lui*. Le personnage d'Alceste me plaisait beaucoup; j'aimais ses
boutades contre le genre humain, mais je ne comprenais rien à son amour pour Célimène. Ce qui
me charmait surtout, c'était la scène du sonnet que
je ne me lassais pas de relire. Plus tard, j'ai revu
d'autres mélodrames, mais quelque plaisir qu'ils

m'aient fait, mon admiration est restée fidèle à *Té-kéli* et à *l'Homme à trois visages*, qui me semblaient les chefs-d'œuvre du genre. Il y avait dans ces deux pièces un acteur que je préférais à tous ; il se nommait Tautin. On m'a dit depuis qu'en effet, il était doué d'un instinct dramatique qui, malheureusement dépourvu d'étude et de réflexion, ne le conduisit à aucun succès de bon aloi. Il parlait avec une extrême volubilité, et son bredouillement, loin de déplaire, semblait une qualité de plus; j'en étais charmé autant que le public du boulevard. J'allais souvent autour des théâtres et des cafés pour en voir sortir les acteurs, et quand j'apercevais Tautin, je le suivais avec respect, en formant tout bas l'orgueilleux souhait de l'égaler un jour. Je le perdis de vue un peu plus tard et j'appris qu'il était allé en province. Quand il revint à Paris, les spectateurs, déshabitués de l'entendre, sifflèrent ce qu'ils avaient jadis applaudi. Le pauvre Tautin mourut dans la misère, et l'Association des artistes dramatiques dut pourvoir aux frais de son enterrement.

Au temps de mon admiration pour Tautin, j'étais un des flâneurs les plus assidus du boulevard du Temple, où florissaient plusieurs parades dont j'étais le spectateur habituel. A peine un paillasse avait-il terminé la séance, qu'un autre paillasse me voyait accourir à ses lazzis, et je dois dire que ces

représentations en plein vent n'étaient propres à
former ni l'esprit ni le langage des assistants ; il s'y
disait des choses et des mots assez peu convenables
pour de jeunes oreilles. Je m'étonne, en y songeant, de la tolérance de la police d'alors. D'abord,
l'élève de Plutarque fut effarouché de cette grosse
licence ; mais il n'eut pas le courage de fuir ; il revint une fois, puis deux et devint enfin un des plus
fidèles habitués de ces tréteaux où la bouffonnerie
passait trop souvent les bornes et le César menaçait
de tourner au Laridon.

Plus tard, quand je fus élève du Conservatoire,
(j'avais dix-sept à dix-huit ans) j'assistais souvent
avec mon camarade Perlet à des parades sur la
place du Louvre. Il y avait là un paillasse dont
nous faisions grand cas. Un jour, m'étant arrêté
devant la parade qui venait de commencer, je vis
avec peine notre paillasse remplacé par un nouveau
venu, qui ne me sembla pas à la hauteur de sa difficile mission. Les maçons dont j'étais entouré n'en
étaient pas plus contents que moi, et l'un d'eux, qui
me reconnaissait comme un habitué, formula ainsi
son opinion : « Il n'est pas assez *couenne* », me
dit-il à demi-voix. Je demande pardon pour le réa-
lisme de l'expression. Cela signifiait qu'il ne le
trouvait pas assez plaisant.

C'est ainsi que les loisirs qu'on me laissait me
devenaient funestes. J'avais pourtant en ma posses-

sion quelques livres que je relisais souvent. C'étaient
ceux dont j'ai déjà parlé, les prix obtenus à ma pension ; savoir : la *Henriade* de Voltaire, la *Vie de*
Charles XII, les chefs-d'œuvre de Corneille et un
volume de mythologie par demandes et par répon-
ses. Ces lectures, en dépit des parades, empêchaient
ou du moins retardaient ma décadence intellec-
tuelle. On m'avait donné un peu d'argent que j'employais à l'achat de mélodrames à trois sous pièce.
Quand je devins apprenti comédien, j'achetais
même à ce prix, sur les quais, toutes les tragédies
et comédies dont j'avais besoin pour mes études.

Par mes lectures dans la bibliothèque de M. Gersin, je connaissais Corneille, Molière, Racine, La
Fontaine, *Télémaque*, le *Don Quichotte* de Florian,
sa *Galatée* et son *Estelle*. On m'avait fait des dic-
tées d'histoire ancienne qui, jointes à mes traduc-
tions du *de Viris*, du *Cornelius Nepos*, de quelques
morceaux du *Selectæ profanis*, avaient fait entrer
dans ma mémoire, qui était excellente, les faits les
plus remarquables jusqu'au règne d'Auguste inclu-
sivement. De l'histoire de France je ne savais que
les noms de quelques rois appris dans la *Vie des*
Hommes illustres de la France, ouvrage que j'avais
lu et relu. Je ne savais pas un mot des premiers
temps de mon pays et des premières races royales ;
les rois mérovingiens m'étaient tout à fait inconnus.
Je ne datais guère en histoire de France que du

règne de Jean II, dont je connaissais par la *Vie de
Duguesclin* les guerres malheureuses. Mon savoir
historique n'allait pas au delà de Louis XV. Quant
à Louis XVI, j'avais entendu parler de sa bonté et
de sa mort sur l'échafaud : c'est tout ce que je savais
de lui. J'ignorais complètement qu'il y eût des
princes français vivant en pays étranger. Le nom
du duc d'Enghien ne m'avait été révélé que par sa
déplorable fin. J'avais appris aussi qu'un jeune enfant de Louis XVI était mort en prison, victime des
plus odieux traitements ; mais les frères et les ne-
veux du roi, son père, n'existaient pas pour moi ;
je n'avais même jamais entendu prononcer leurs
noms. Je crois qu'une crainte, sans doute exagérée,
ne permettait pas aux bouches prudentes de rappeler ces souvenirs d'une dynastie proscrite.

C'est en 1804 que je quittai Paris, à peine âgé
de 12 ans. Mes études si incomplètes, mes lectures
si diverses, avaient fait de ma cervelle d'enfant un
chaos où brillaient, à ce qu'il me semble, quelques
heureuses lueurs d'intelligence et quelques saines
idées qui ont résisté à l'influence des passions et
des événements. Jamais l'amour du bien ne s'est
éteint en moi depuis cette époque ; les notions du
juste et de l'injuste me sont toujours demeurées
présentes. Pendant tout le cours de ma vie, mes
opinions littéraires, morales et politiques ont toujours été pures d'intérêt personnel. Jamais l'exem-

ple des succès et des positions obtenus par des moyens qui répugnent à la délicatesse n'a été dangereux pour moi. J'ai pu me tromper en défendant telle ou telle cause ; mais mon erreur était sincère, et les désapprobations dont j'étais quelquefois entouré m'affligeaient sans doute et ne m'ébranlaient pas. Ma conscience et l'estime de quelques honnêtes gens suffisaient pour me rassurer, et je puisais à cette source la fermeté dont j'ai fait preuve si souvent. Après cette longue digression dont je demande pardon au lecteur, je reviens à mon enfance.

Mes parents avaient donc acheté une filature de coton qui se trouvait établie dans les anciens bâtiments de l'abbaye d'Yères, située entre le village d'Yères et celui de Brunoy. Avec quelle joie j'appris que Dazincourt, célèbre acteur du Théâtre-Français, possédait une maison de campagne à Yères, et qu'un autre acteur plus célèbre encore (c'était Talma), en avait une aussi à Brunoy !

O bonheur ! je me trouvais ainsi entre la tragédie et la comédie. J'espérais bien rencontrer un jour ces deux hommes sur mon chemin et les deviner à leur seul aspect. Ma mère avait entendu dire que le jardinier de Dazincourt vendait quelques produits du jardin. Elle alla chez lui en compagnie de mon père et de moi. « Dazincourt y sera peut-être », me disais-je. Hélas! il n'y était pas. Le jardinier nous conta comme quoi son maître ne venait pas souvent et le laissait libre, en son absence, de disposer comme il l'entendait des fruits et des légumes de la propriété : « Pourvu que je trouve une salade quand je viens ici, lui avait-il dit, c'est tout ce qu'il me faut. » J'enregistrai ces belles paroles dans ma mémoire où je les retrouve après plus de soixante ans écoulés. Mon espoir ne fut pas réalisé. Dazincourt mourut sans que je l'eusse jamais vu à la ville ou au théâtre. On disait qu'il avait acquis sa propriété d'Yères avec le produit d'un quaterne. La *Galerie du Théâtre-Français,* ouvrage de Lemazariot, qui fut secrétaire du comité d'administration de ce théâtre, cite les numéros gagnants de ce fameux quaterne, que je transcris ici : 11, 12, 47 et 50.

Il en fut pour moi de Talma comme de Dazincourt : lui que j'ai vu si souvent depuis, je ne pus jamais, à cette époque, parvenir à l'apercevoir. Un jour, un ancien confrère de mon père vint chez nous, accompagné d'un oncle de Talma qui nous proposa de nous conduire chez son neveu. « Je ne « crois pas que Talma y soit, ajouta-t-il, mais vous « visiterez son habitation. J'y suis comme chez « moi : il y a toujours là quelqu'un pour garder la « maison, et on nous donnera à dîner. » Mon père avait l'habitude de m'emmener partout avec lui. Qu'on juge de ma joie ! aller chez Talma ! je me berçais de l'idée que nous le trouverions. Les enfants espèrent avec tant de foi ce qu'ils désirent ! Ce fut une nouvelle déception. Nous ne vîmes pas même les appartements qui se trouvaient fermés. La propriété était divisée en deux parties par un chemin qu'il fallait traverser ; depuis, Talma fit creuser une voie souterraine qui relia le tout. Pour en revenir à mon histoire, nous ne vîmes que le concierge du grand tragédien, lequel concierge nous régala de poisson pêché par lui à l'épervier dans la rivière qui bornait alors le domaine. Plus tard, l'illustre artiste y joignit, je crois, le terrain qui était au delà de la rivière. Je ne fis, je l'avoue, à ce moment, aucune attention au lieu où j'étais. Tout à la pensée de Talma, je tournais sans cesse les yeux vers l'entrée de l'habitation, espérant toujours le voir arriver. La maison était trop petite, selon moi, pour un si grand talent, surtout auprès de celle de Dazincourt qui offrait une façade deux fois plus étendue. On disait que Talma dépensait beaucoup d'argent pour l'embellissement de cette demeure, ce qui, du reste, le popularisait parmi les ouvriers du pays. Il était d'ailleurs très aimé à Brunoy à cause de ses manières simples et de son aimable bonhomie : on était surpris et charmé de ne pas rencontrer en lui ces allures théâtrales que quelques autres comédiens avaient le tort de conserver en dehors de la scène.

Je revins de ma promenade tout désappointé,
mais comptant cependant toujours qu'un hasard
prochain me permettrait de connaître enfin l'aigle
de la tragédie contemporaine. Quant à Dazincourt,
je ne perdais pas non plus l'espoir de le rencontrer. Je le guettais sur la route et croyais reconnaître, dans toutes les physionomies qui me plai-
saient, celle du brillant Figaro de cette époque.
Sans connaître la Comédie-Française, j'avais pour
elle une passion et comme une espèce de culte.
J'allais, dans mon secret enthousiasme, jusqu'à
croire qu'on y pouvait jouer mieux encore que
Tautin. Je ne puis rien dire de plus fort. Mon
père m'avait parlé avec admiration d'une représentation de *l'Abbé de l'Épée*, à laquelle il avait
assisté; tous les acteurs l'avaient ravi. Il avait été
surtout émerveillé de l'action simple et pathétique
de Monvel. « Avec quelle onction cet homme-là
prie Dieu ! disait-il ; il convertirait les plus en-
durcis. » J'ignore s'il a fini par se convertir lui-
même.

Quoi qu'il en soit, et pour en revenir à mon récit,
me voilà à douze ans dans une filature de coton
avec les hommes et les femmes qui la remplissaient,
au milieu du fracas confus produit par le jeu de ces
machines diverses, cardoirs, laminoirs, boudinoirs,
mules-jenny (ces derniers étaient une invention
anglaise dont notre industrie s'emparait). Il y avait,

auprès des mules-jenny, de jeunes garçons occupés, lorsque le fil cassait, à le rattacher lestement
pour que la marche du chariot n'en fût point ralentie. Ce spectacle m'amusa; je me mis à essayer
mon adresse, je réussis et je devins, en peu de
temps, un *rattacheur* assez passable. Je remplissais
ces fonctions au métier du contre-maître qui, plein
d'égards pour le fils d'un des chefs de l'établissement, m'éclairait de ses conseils tandis que son
rattacheur me formait par ses exemples. Ce rattacheur, qui avait peut-être dix-sept ans, était un
vrai enfant de Paris, pas méchant, mais malin,
railleur et babillard. Il avait le genre d'esprit de
cette race vraiment curieuse qui, pleine de bravoure
et d'audace, a fourni son contingent dans nos
émeutes. Ce qui contribua surtout à nous lier ensemble, ce fut notre amour pour les mélodrames.
Nous en parlions continuellement; les noms de
MM. Guilbert de Pixérécourt et de Coigny, qui
étaient les maîtres du genre, étaient prononcés par
nous avec vénération; nous redisions avec enthousiasme ceux des acteurs : comme moi il adorait
Tautin, et nous nous plaisions à réciter des passages de ses rôles en imitant son débit bref et saccadé, qui était pour nous le comble du beau. Mon
nouveau compagnon avait fréquenté plus que moi
tous les spectacles des boulevards. L'ouvrier parisien a toujours été passionné pour le théâtre ! aussi

complétait-il mon éducation en me racontant les
pièces que je n'avais pas vues et en me donnant, par
ses imitations, une idée du jeu de ceux qui les
représentaient. Moi aussi, j'étais en mesure de lui
réciter des tirades. J'avais retenu des morceaux de
Tékéli, de *l'Homme à trois visages* et de *la Forêt
d'Hermanstadt*. Je me gardais bien de lui parler des
héros de Plutarque et des *Églogues* de Virgile ; j'aurais craint qu'il ne se moquât de moi. Il faut dire
cependant à sa louange qu'il acceptait avec docilité
mes observations sur ses incorrections de langage
et qu'il en profitait ; mais il corrompait mon imagination par des propos d'une licence à laquelle je
n'étais pas accoutumé, et qui avaient pour moi l'at-
trait du fruit défendu. Involontairement je m'appro-
priais ses tons de voix et ses gestes. Quant aux
mots par trop populaires dont il faisait usage, je
ne les lui empruntais pas : la grossièreté de langage
ne m'a jamais tenté.

On voit que mes parents me laissaient jouir d'une
liberté dangereuse. Absorbés par le soin de leurs
intérêts qui, bientôt, se trouvèrent gravement compromis, cherchant à conjurer une ruine qui devenait inévitable, ils ne s'occupaient pas assez de
moi ; je n'apprenais rien que le métier de rattacheur dont je finis par me lasser. Ma vie devint
triste ; j'étais témoin de scènes de ménage qui me
navraient le cœur. Quand la pauvreté entre dans

un logis, elle en chasse la paix. Mon père et ma
mère, dans leurs querelles assez fréquentes, se re-
prochaient mutuellement la folle confiance à laquelle
ils devaient la perte de leur fortune, et, ce qui était
plus douloureux encore, l'impuissance où ils se
trouvaient de rendre les fonds empruntés pour sub-
venir aux frais énormes de leur malheureuse entre-
prise. Mon père était violent ; ma mère ne cédait
jamais et lui lançait de ces mots qui attisent et
augmentent la colère. J'allais de l'un à l'autre,
cherchant à les apaiser par mes prières et mes sanglots ; mais je n'obtenais rien, et si, par malheur,
on avait quelque chose à me reprocher, c'était sur
moi que se tournait l'irritation commune. « A quoi
étais-je bon ? » disaient-ils. Hélas! à quoi pouvais-je
l'être ? les épithètes de flâneur, de paresseux, de
sans cœur, tombaient sur moi comme de la grêle.
Quelquefois même mon père me frappait. Pauvre
père ! lui, si bon et qui m'aimait tant ! je ne lui en
ai jamais voulu d'une injustice à laquelle l'entraî-
nait sa position désespérée, et en recevant ses coups,
je les lui pardonnais. Il ne se passait pas de semaine
où quelqu'un ne vînt de Paris pour demander un
argent que le mauvais état de nos affaires mettait
dans l'impossibilité de donner. C'étaient alors des
reproches, des injures, des scènes effroyables. Ma
mère fermait toutes les portes avec soin afin que
tout ce fracas ne s'entendît pas au dehors. Mon père

allait se cacher, les larmes aux yeux ; moi, je pleurais aussi dans un coin de la chambre. Ma mère
seule, avec un courage vraiment héroïque, affron-
tait toutes ces tempêtes et finissait toujours par les
apaiser : il est vrai que c'était souvent au prix d'engagements qu'on savait bien ne pouvoir tenir ou,
d'autres fois, par l'abandon de quelques objets. Nous
avions conservé rue de Vendôme un petit appartement pour les jours où nous serions forcés de coucher à Paris. J'y fus envoyé un jour pour livrer
une pendule à un de nos plus impitoyables créanciers.

CHAPITRE IV.

Enfin il fallut s'occuper de moi ; je n'étais qu'un
embarras dans la maison. Mon père se souvint qu'il
avait autrefois prêté à un de ses amis je ne sais
plus quelle somme qui ne lui avait jamais été rem-
boursée. Cet ami était devenu avoué à Corbeil, et
l'on forma le projet de me placer chez lui en qualité de clerc : je devais être logé et nourri par lui,
pendant combien de temps ? Je l'ignore.

Je partis donc à pied avec mon père et nous tra-
versâmes la forêt de Sénard. Arrivé à Corbeil, mon
père fit ses arrangements avec son ami, dîna, m'embrassa et repartit en me laissant dans mon nouvel
asile.

J'avais le cœur gros. C'est une chose triste
pour un enfant (je n'avais pas treize ans) de se

4

trouver loin de sa famille, seul, chez des gens qu'il
ne connaît pas !

L'avoué, M. Martin, était un homme jeune encore,
gai, trop gai peut-être ; il avait un rire perpétuel ;
c'était un conteur de drôleries, un diseur de gau-
drioles, un pourchasseur de femmes de tout étage,
aimant la table et laissant quelquefois au fond de
son verre la raison et le respect des convenances :
il avait quelque esprit, mais un esprit vulgaire et
sans grande portée. L'intelligence des affaires ne
lui manquait pas, et, au moment où j'entrai chez
lui, son étude commençait à prospérer. Sa négli-
gence la fit déchoir plus tard. On sait que, dans
les petites villes, les avoués font l'office d'avocats.
J'ai à peine entendu plaider mon patron, mais il ne
me semblait rien moins qu'orateur. Tel qu'il était,
je l'aimais parce qu'il me témoignait une sincère
affection d'abord et puis parce qu'il était si gai et si
bon qu'on ne pouvait lui garder rancune de ses
défauts. Quant à Mme Martin, c'était une honnête
femme, digne d'un mari plus sérieux, et qui se montrait aussi excellente pour moi.

Il n'y avait dans l'étude avec moi qu'un seul clerc :
c'était un grand et fort garçon plus âgé que moi de
quatre ou cinq ans. Il s'appelait Jubier et était fils
d'un cultivateur de Montgeron. Doué d'un excellent
caractère, il m'accueillit très bien et nous fûmes
en peu de temps bien unis. Il avait fait, comme

moi, quelques études très incomplètes. Je lui récitais des tirades de mélodrames, le récit de Théramène, celui de la mort d'Etéocle et de Polynice dans *les Frères ennemis*, qu'on nous avait dicté une fois et que j'avais retenu, des vers appris dans mon Boileau, etc. Lui, qui ne savait rien par cœur, était confondu de ma mémoire. Quand ma timidité fut passée, ce qui ne tarda pas, je devins causeur; il prenait plaisir à m'écouter, et cette étude où il s'ennuyait auparavant s'égaya de nos causeries, car le travail ne prenait pas tous nos moments. En qualité de *saute-ruisseau*, je faisais de nombreuses courses dans la ville qui, heureusement, n'était pas grande : il me fallait perpétuellement aller chez notre huissier qui s'appelait Guillemot, et dans les bureaux de M. Grou, qui était à la fois conservateur des hypothèques et directeur de l'enregistrement. Le pont de Corbeil était chaque jour traversé par moi, et souvent deux et trois fois dans la journée. Je me fis aisément à ma vie de clerc : j'avais dans l'étude un excellent camarade; M. et Mme Martin étaient très bons et semblaient me prendre en affection. Je copiais donc des exploits, des requêtes et des jugements sans trop d'ennui et n'avais pas sans cesse à la bouche ces mots que j'entends trop souvent répéter à des jeunes gens à propos d'un devoir à remplir : *Ce n'est pas amusant!* Je savais déjà que le plaisir ne peut être une des plus constantes habitudes de la vie. Je me trouvais mieux nourri qu'au logis paternel. J'avais été élevé dans une maison où se pratiquait la plus sévère économie. Je crois qu'à déjeuner nous n'avions que du fromage ou du lait ; à dîner, la soupe grasse et le bouilli ; jamais de dessert et une demi-bouteille de vin pour trois. Je vois encore ma mère, quand le repas était près de finir, plaçant le bouchon sur la bouteille, la retournant en mettant son pouce au milieu pour s'assurer qu'on en avait bu la moitié, puis frappant à petits coups sur le bouchon pour l'enfoncer ; ce qui voulait dire : c'est assez, on ne boira plus. Dans ma première enfance, on faisait quatre repas chez nous. Il y en avait un (le goûter sans doute) où ma mère, après m'avoir coupé un morceau de pain d'une dimension ordinaire, m'en coupait un autre bien plus petit : « Tiens ! me disait-elle, en me mettant le « second sur le premier, tu te figureras que c'est « du fromage, et après avoir mangé un peu de l'un, « tu mangeras de l'autre. » Et je me résignais silencieusement à l'illusion qui m'était imposée. Sans doute j'eusse souhaité quelquefois une nourriture moins frugale et mon père pensait tout bas comme moi : mais il craignait des luttes sans cesse renaissantes. D'ailleurs ses colères, qui étaient excessives comme celles des esprits faibles, altéraient sa santé. Il se dédommageait avec moi des jeûnes de la maison en me menant de très loin en très

loin chez un traiteur établi au coin de la cour Mandar, rue Montmartre. C'était une espèce de cabaret-
restaurant .Nous y restions assez longtemps, pareils
à des écoliers qui prolongent la récréation, et,
comme il n'y avait personne dans la salle où l'on
nous mettait d'habitude, mon père s'amusait là à
me faire jaser. Heureux de ma liberté et de l'approbation paternelle, je me livrais bientôt à toute
ma verve ; j'avais une fécondité variée ; tour à tour
gai ou sérieux, je faisais le profond et le moraliste.
Je parlais de tout, de mon histoire ancienne, de
mes grands hommes grecs et romains. Je citais
avec un accent et des poses dramatiques les mots
célèbres des héros spartiates : *nous souperons chez
Pluton, nous combattrons à l'ombre, viens la prendre!*
J'étendais ma main sur un brasier comme Mucius
Scevola, en déclarant à Porsenna que trois cents
jeunes Romains avaient juré de le tuer. Je mêlais
Socrate et Caton, dont j'admirais les derniers ins-
tants, avec mes mélodrames et mon cher Tautin ;
j'imitais aussi la voix singulière d'un comique de
l'Ambigu qui se nommait Raffile. Je récitais la satire sur l'homme, de Boileau, le passage de la mol-
lesse dans *le Lutrin*, la mort de Coligny dans *la
Henriade*, le début de la *première Catilinaire* que
j'adorais : *Quousque tandem, Catilina*, etc. Je disais
que j'aimerais être un acteur comme Tautin, ou un
Cicéron, un Socrate ou un Léonidas. Il me semblait

que j'avais en moi l'étoffe de tous ces hommes.
Dieu! que d'intempérance de langue, que de vanité,
que d'exaltation et de bonheur! La parole m'appartenait pendant toute la séance, et mon père semblait
n'être là que pour me donner la réplique. Mais,
dès que nous dirigions nos pas vers la rue de la
Feuillade, notre gaîté s'effaçait peu à peu et, arrivés
au bas de notre escalier, je crois que mon père était
encore moins rassuré que moi, car toute la responsabilité de notre escapade retombait sur lui. Moi,
je m'affligeais de l'orage qui le menaçait et que pré-
sageait l'accueil froid et silencieux que nous rece-
vions au retour. Mon père disait ordinairement
qu'il avait rencontré son frère Bienvenu, lequel l'a-
vait mené dîner au restaurant. Justement ma mère
n'aimait pas ce frère-là, dont l'humeur goguenarde
n'épargnait pas les quolibets sur la rigoureuse économie de notre maison et les privations forcées de
son frère Isidore. Mme Samson fronçait le sourcil
dès les premiers mots de l'histoire dont elle ne
croyait pas un mot, à ce qu'il me semblait, car elle
était fine et défiante. Quant à moi, je courais vite
me coucher pour ne pas assister à l'explication.

On ne m'a jamais acheté ni un joujou ni un gâteau. Ce luxe de l'enfance m'a complètement manqué, mais je me suis félicité plus tard de ces privations qui m'ont préparé à en supporter de plus
sérieuses. On apprend tout aux enfants, excepté à

être pauvres : ce serait cependant, à mon sens, l'apprentissage le plus utile. On me l'a fait faire, et je n'ai eu que trop tôt l'occasion de mettre à profit les leçons de mon premier âge.

Je retourne à Corbeil où je devais être bientôt séparé de mon ami Jubier. A l'époque dont je parle, toute la jeunesse, enivrée de la gloire de la grande armée et du héros couronné qui la commandait, fière de la terreur qu'inspirait aux ennemis le nom seul de la France, ne demandait qu'à se battre contre le monde entier : tous ces hommes, sortis des rangs les plus humbles de la société et parvenus par leurs hauts faits aux grades les plus éminents et aux premières dignités de l'empire, ces fils d'aubergistes, de fruitiers, de maçons, de garçons d'écurie, devenant ducs, princes et même rois, donnaient à la nouvelle génération de belliqueux vertiges qui faisaient pleurer les mères. Napoléon avait créé un nouveau corps de cavalerie qu'on nommait les vélites et dans lequel venait de s'engager le fils d'un vieil avoué de Corbeil qui s'appelait Dancourt. Préférant le sabre à la plume, le jeune homme désertait l'étude paternelle et venait se pavaner avec orgueil de porte en porte dans son costume guerrier. O puissance de l'uniforme ! Jubier n'y résista pas : il déclara qu'il voulait aussi partir pour l'armée, et, quelque temps après, il nous quittait ; je ne l'ai jamais revu. Comme tant d'autres, sans doute, il a

payé de son sang la gloire du pays. Une mort sans
renommée aura été sa récompense. Quant à Dancourt, s'il n'a conquis ni un nom dans l'histoire ni
un duché sous l'empire, il a du moins gagné la glorieuse épaulette de colonel ; le champ de bataille ne
l'a point dévoré ; il habitait, il y a peu de temps,
auprès de sa fille, à Saint-Valery-sur-Somme, où il
est mort plus que septuagénaire. C'est dans cette
ville que nous avons renouvelé connaissance.

Son père était bien le véritable type du praticien
de l'ancien régime : je l'aimais beaucoup pour l'inté-
rèt qu'il me témoignait. Il prétendait que je pourrais
faire mon chemin au barreau, et, pour suppléer aux
études qui me manquaient, il me prêtait des cahiers
manuscrits contenant les *Instituts* de Justinien que
je lui rendais après les avoir copiés. Je savais assez
de latin pour les traduire en m'aidant un peu du
dictionnaire. Le père Dancourt était grand et maigre, il portait encore une queue et des ailes de
pigeon sur lesquelles la poudre n'abondait pas. Sa
physionomie était à la fois rude et maligne ; il était
pied-bot comme Talleyrand. S'il n'avait pas la distinction et la finesse de l'illustre diplomate, il était
loin de manquer d'esprit ; sa mémoire était pleine
d'anecdotes du vieux barreau qu'il racontait plai-
samment. Il avait la parole sèche et on eût pu lui
souhaiter plus de charme et d'éloquence en l'entendant plaider, mais il était dialecticien et très fort

sur le droit. En somme, c'était un homme qui savait
son métier et qui l'aimait.

Près de nous, rue de la Percherie, demeuraient,
dans une jolie maison entre cour et jardin, un vieux
garçon et une vieille fille dont la loi et l'église
n'avaient pas sanctionné l'union. Tous deux paraissaient avoir un grand âge, et l'homme était atteint
d'une maladie que la mort allait bientôt terminer.
Quant à la femme, elle était aveugle et d'autres
infirmités encore la clouaient toute la journée sur
son fauteuil. Tous deux firent avec mon avoué je ne
sais quels arrangements d'où il résulta que, quelque
temps après la mort du vieillard, nous nous instal-
lâmes dans sa maison, modifiée par des travaux
nécessaires pour la transformer en une demeure
d'avoué. On coupa, par exemple, le salon, au rez-de-
chaussée, en deux parties inégales dont la plus
grande devint une salle à manger et l'autre l'étude
de l'unique clerc de M. Martin. Au bout de mon
étude était un corridor qui conduisait au cabinet
de mon patron : toutes ces pièces avaient vue sur un
petit jardin bordé d'un parapet d'où l'on apercevait
la Seine et les maisons situées au delà ; l'eau coulait
au pied de notre mur.

L'événement le plus important pour moi dans
notre changement de domicile fut une bibliothèque
considérable provenant sans doute de la succession
de l'ancien propriétaire : les livres tapissaient le ca-

binet, le corridor et l'étude. Ce fut certes un des plus heureux moments de ma jeunesse que celui où je découvris ce trésor que je m'appropriai bientôt par la lecture et le travail. Il y avait là des ouvrages de toutes sortes, toutes les grandes œuvres du xvii° et du xviii° siècle. Ce fut par le théâtre que je commençai : j'eus bientôt dévoré Corneille, Racine, Molière, Regnard, Destouches, Crébillon, Piron, Lachaussée, Beaumarchais, Dancourt. Dufresny et Marivaux manquaient. Il n'y avait de Le Sage que *le Diable boiteux*, *Gil-Blas* et *le Bachelier de Salamanque : Gil-Blas* me fit un plaisir extrême, à part toutefois les pages où les comédiens sont si maltraités. Je devins furieux contre l'auteur quand j'appris qu'il avait eu un fils, honnête et excellent homme, qu'il avait banni de sa famille parce qu'il était devenu un comédien distingué. Je comprenais mieux Brutus mettant ses fils à mort pour avoir trahi la république que Le Sage proscrivant un de ses enfants pour être monté sur la scène. Il fallait que le roman de *Gil-Blas* eût beaucoup d'attraits à mes yeux pour me faire surmonter le chagrin que me causaient tant d'épigrammes cruelles contre la race chérie à laquelle je pressentais sans doute que j'appartiendrais un jour. Quoi qu'il en soit, *Gil-Blas* est un des livres que je me plaisais à relire. Je ne sais ce qu'on pense de cet ouvrage aujourd'hui : on l'estimait fort autrefois. J'ai vu certaines personnes sourire de dédain, depuis, devant l'éloge que j'avais l'habitude d'en faire. La critique moderne est si sévère pour ce qu'elle appelle les vieilleries littéraires que c'est à peine si j'ose hasarder mes opinions : est-ce qu'il serait convenu que *Gil-Blas* n'est pas un bon ouvrage?...

Je lus à peu près tout Voltaire, une grande partie de J.-J. Rousseau, les *Contes* de La Fontaine, dont je ne connaissais que les *Fables*, ceux de Grécourt, J.-B. Rousseau, y compris ses *Épigrammes licencieuses*, le *Compère Mathieu*, un des ouvrages les plus dangereux pour de jeunes esprits. J'ouvris aussi des livres de droit, et le *Traité des obligations* de Pothier me donna l'intelligence du for intérieur et du for extérieur. Je parcourus les *Plaidoyers emphatiques* de Lemaitre, les *Mémoires* de Cochin, où je cherchai en vain de l'éloquence ; mais ce qui m'intéressa le plus vivement, ce fut un amas poudreux de brochures judiciaires qui avait été publiées dans des procès célèbres comme celui du *Collier de la Reine*, celui de Beaumarchais contre Goezman. J'avais entendu parler de la première affaire d'une manière peu favorable à la reine ; je lus donc avec une grande avidité et une profonde attention ce qui formait pour moi le dossier de cette cause et qui se composait des *Mémoires de Mme de Lamotte*, du *Cardinal de Rohan*, de *Cagliostro*, et de la *Demoiselle Oliva*, et je m'indignai des préventions qui pesaient encore sur la mémoire de la reine. Mais

comment rendre les transports d'admiration que
me causèrent les *factums de Beaumarchais !* Mon
impression fut si vive qu'arrivé à la dernière page,
j'en recommençai immédiatement la lecture. Le
Mariage de Figaro, que je connaissais déjà, m'avait
moins amusé. Cette discussion si nette, si logique,
si accablante pour les adversaires, ce merveilleux
talent de narration qui éclate d'une manière si brillante dans les *Épisodes de Clavijo* et de *M. de Nico-
laï*, et où la forme dramatique employée par le
spirituel accusé révèle l'auteur de théâtre, cette
présence d'esprit qui lui inspire des traits si heureux devant ses juges et ses accusateurs, cette verve
qui ne l'abandonne jamais, jusqu'aux lazzis et aux
calembours dont il se plaît à défigurer son œuvre,
tout cela m'attachait, me ravissait, m'enthousias-
mait ; j'étais ému, diverti, indigné. La lutte, soutenue avec courage contre un plus puissant que soi,
a toujours obtenu mes sympathies.

Je ne donnerai pas ici le catalogue des livres nombreux qu'offrit à mon insatiable curiosité la nouvelle bibliothèque de mon patron. Je faisais des
extraits des ouvrages que je croyais utiles à mon
instruction. La génération voltairienne qui m'a
précédé avait peu de goût pour les œuvres animées
d'un esprit religieux ; aussi brillaient-ils par leur
absence dans la bibliothèque dont je parle et ce
n'est guère qu'à vingt ans que j'ai lu Bossuet et

Massillon. J'avoue en toute humilité que j'ignorais
jusqu'aux noms de ces grands orateurs sacrés ; je
les appris dans le *Cours de littérature* de Laharpe.

La lecture muette ne me suffisait cependant pas.
J'aimais à faire partager à des oreilles complaisantes
le plaisir qu'elle me procurait. Mme Martin avait
paru assez satisfaite de l'audition de quelques pièces
de théâtre ; mais les soins de sa maison ne lui permettaient pas de m'entendre aussi souvent que je
l'eusse voulu. J'avais auprès de moi, heureusement,
le dévouement qui m'était nécessaire, dans la personne de la vieille locataire de notre nouvelle maison. Privée de la vue et presque impotente, entendre
lire était pour elle la plus grande, ou, pour mieux
dire, la seule félicité qu'elle pût goûter encore.
Enchantée de son lecteur, elle me recommandait,
quand je la quittais pour le travail, de revenir dès
que je serais libre. Cette femme était une voltairienne enragée ; elle avait une vieille servante qu'elle
rudoyait et qui, à bout de patience quelquefois, ne
se gênait pas alors pour lui reprocher son hargneux
despotisme ; mais elle était toujours charmante pour
moi, et les éloges que lui inspirait ma manière de
lire chatouillaient d'autant plus ma vanité qu'ils
me venaient d'une femme d'esprit et de goût, ce
qu'attestaient les remarques qui lui étaient inspirées
par les ouvrages que je lui lisais, et qu'elle écoutait
avec une religieuse attention. Mes succès de lecteur

développaient donc insensiblement en moi le goût
du théâtre. Cependant, quand j'avais entendu plaider, je ne rêvais plus que les triomphes de l'éloquence judiciaire. Je composais en cachette des plaidoiries pour quelques causes dont nous étions
chargés. J'allais, dans l'absence de Mᵉ Martin,
prendre sa robe noire et, me plaçant devant la cuisinière : «Écoutez moi ! lui disais-je. Voyez comme
je plaiderais bien ! » et alors, m'adressant à elle en
lui disant : «Messieurs ! » je débitais mon improvisa-
tion apprise, en gesticulant et en frappant sur la table
de cuisine, comme j'avais vu les avocats de Corbeil
frapper sur la barre pour animer leur parole. La
servante, oubliant son ouvrage, demeurait en extase.
Elle ouvrait de grands yeux en répétant de temps
en temps : « C'est vrai, ma foi, que vous plaideriez
joliment bien ! »

La loi du divorce était à cette époque en pleine
vigueur. Deux avocats de Paris vinrent plaider à
Corbeil pour deux époux dont l'un s'opposait à la
séparation demandée par l'autre. Ces deux avocats
s'appelaient MM. Devèze et Gautier. J'ignore quel
rang ils occupaient dans le barreau, mais je les
écoutai avec plaisir ; surtout Mᵉ Gautier, qui avait la
parole mordante et épigrammatique. Me voilà donc
pendant quelque temps, dans mon enthousiasme
pour l'avocat Gautier, mettant le barreau au-dessus
du théâtre.

Pendant mon cléricat de Corbeil, je vis s'accomplir une importante réforme judiciaire : c'est à cette époque que fut promulgué le Code de procédure civile ; une taxe de frais fut imposée aux avoués et aux huissiers. On y régla le nombre de lignes et de syllabes dont devaient se composer les requêtes grossoyées. Il est certain qu'il y avait là d'énormes abus. Je me souviens que dans les requêtes où il s'agissait simplement de déclarer qu'on s'en rapportait à la justice, nous prodiguions une éloquence qu'on nous força de resserrer dans six rôles de grosse. Nous faisions des pages de sept ou huit lignes et des lignes de quatre à cinq syllabes.

Mes parents, pendant ce temps, avaient quitté Yères, dépouillés de tout ce qu'ils possédaient tant en argent qu'en meubles, et mon père venait d'obtenir, grâce aux démarches de son frère aîné, un modeste emploi dans les bureaux de l'administration de la loterie. Ce frère et sa digne femme étaient regardés comme la providence de toute la famille.

Ils ont laissé parmi nous une mémoire toujours honorée et des regrets qui durent encore. L'oncle dont je parle exploitait à Ville-Evrard, près de Neuilly-sur-Marne, une ferme considérable, appartenant au baron Talbot, administrateur de la loterie. Il usa donc en faveur de mon pauvre père du crédit que lui donnait auprès du baron l'estime si bien méritée dont il jouissait.

Au milieu de notre détresse, ce modeste emploi donné à mon père fut comme un coup du ciel et l'arracha au désespoir. Le pain, du moins, était assuré, et cependant ils devaient encore prélever chaque mois une certaine somme pour les quelques créanciers qui restaient à solder : quelle somme, bon Dieu ! pouvaient-ils prélever sur 125 francs par mois ?... Ce fut pourtant à cette époque qu'ils me retirèrent de mon étude de Corbeil. Quand, plus tard, j'ai réfléchi sur le parti qu'ils avaient pris de me rappeler près d'eux, je n'ai pu me l'expliquer. C'était une bouche de plus à une table si indigente ! tandis qu'en me laissant à Corbeil, ils n'avaient point à s'occuper de ma nourriture que je gagnais amplement par mon travail. Mon habillement était donc la seule dépense à laquelle ils dussent pourvoir, dépense fort modeste, comme on peut le penser. Mes patrons étaient contents de moi, j'étais aimé des avoués de la localité. M. Dancourt même, qui s'intéressait toujours à moi, prédisait que je serais un jour une des gloires du barreau de Corbeil ; aussi mon départ le chagrina et l'irrita presque. Mᵉ Martin et lui ne purent s'empêcher de blâmer mon père qui, selon eux, m'enlevait à un avenir certain et honorable. J'étais un peu de leur avis ; mais je ne disais mot. L'idée de revoir mes parents adoucit même bientôt le regret que j'avais de quitter mes amis de Corbeil, son barreau et ma bibliothèque.

Depuis quelque temps déjà, je ne voyais plus Mlle Bertaut ; elle était alitée. Je tombai malade à la même époque, et j'appris bientôt la mort de ma vieille amie, mort qui m'affligea vivement. Je me suis toujours rappelé avec plaisir le temps passé près d'elle ; mes lectures dans sa chambre pendant la mauvaise saison, et, pendant les beaux jours, sur un balcon qui dominait la Seine. Ce fut peu de temps après sa mort que je me mis en route pour Paris.

CHAPITRE V.

Mlle Leriche; mes premières études théâtrales. — J'entre commis dans un bureau de loterie. — Le Théâtre-Français, Fleury, Baptiste, Cadet, Mlle Mézeray, Saint-Fal. — Ma présentation à Mlle Berville. — Mon admission au Conservatoire.

Mon père demeurait rue de Malte, derrière le boulevard du Temple; il allait à son bureau à neuf heures du matin, en revenait à quatre heures, et passait la soirée à copier des cahiers de franc-maçonnerie; c'était pour l'aider dans cette tâche qu'il m'avait appelé auprès de lui : je crois que ce travail nous rapportait fort peu. Ma mère cousait des gants pour un magasin de ganterie. Ma nouvelle besogne m'ennuyait profondément. Mes distractions ont toujours fait de moi un détestable copiste; heureusement, il m'était permis de m'aller promener sur les boulevards, où je redevins un spectateur assidu des nombreuses parades qui y florissaient à cette époque. Ne pouvant voir mes

acteurs chéris sur le théâtre, je me donnais le plaisir de les regarder vêtus comme de simples mor-
tels et de les suivre comme par le passé. Je pouvais
souvent contempler Tautin : c'était bien quelque
chose! Il y avait aussi, dans notre maison, une ac
trice, que je n'ai jamais vue jouer; mais je l'aper
cevais quelquefois dans l'escalier ; enfin, bonheur
plus grand! mon père avait fait la connaissance
d'une demoiselle d'un âge mûr, appelée Mlle Leriche.
et coupable d'un mélodrame en trois actes qui avait
eu du succès à l'Ambigu-Comique. Il s'était procur
la pièce et me l'avait fait apprendre. Elle vint che
nous, ce que je regardai comme un honneur inouï
pour notre maison, et, domptant ma timidité naturelle, augmentée encore par la présence de la muse
mélodramatique, je lui récitai, à sa grande satisfaction, les belles scènes de *l'Hermite du mont
Pausilippe* : c'était le titre du chef-d'œuvre qu'il me
fut bientôt donné d'aller applaudir, grâce à un billet
que m'octroya généreusement l'auteur. L'hermite
était représenté par un nommé Vignoux, dont la
voix était affligée d'un enrouement perpétuel, ce
qui, peut-être, me le rendit plus cher encore; aussi,
après l'avoir vu, m'efforçai-je, en répétant le rôle,
de reproduire cet enrouement qui me semblait une
beauté dramatique. Il n'est pas inutile de remarquer en passant que de jeunes acteurs se livrent
souvent à des imitations semblables, dans toute

l'inexpérience de leur art, et arrivent quelquefois au talent des meilleurs modèles, en se faisant les singes de leurs défauts.

Mlle Leriche complimenta mes parents sur ma vocation théâtrale, ce qui les charma ; car ils souriaient à l'idée de me faire embrasser une carrière où l'on peut de bonne heure suffire à ses besoins. Ma mère avait fait la rencontre de Mlle Elisa Jacob, fille de mon premier maître de pension ; celle-ci lui avait parlé du Conservatoire de musique et de déclamation, où l'on formait gratuitement des jeunes gens pour le Théâtre-Français, et cette demoiselle devait venir chez nous compléter ses renseignements, lorsqu'un incident fit ajourner mes études dramatiques. La titulaire d'un bureau de loterie situé faubourg Saint-Germain, à la Croix-Rouge, ne se trouvant pas en règle avec l'administration, on plaça près d'elle un employé chargé de la gérance du bureau, jusqu'à ce que le déficit fût comblé. Mon père fut chargé de cette fonction un peu rigoureuse. Il la remplit avec une courtoisie dont la buraliste lui fut très reconnaissante. Elle avait pour premier commis une femme très entendue, mais qui ne pouvait venir qu'à de certaines heures. On me donna la place de second commis à demeure, chargé d'ouvrir et de fermer le bureau, aux appointements de vingt-cinq ou trente francs par mois. J'avais un dimanche de congé par quinzaine, je crois, et ne revenais au quartier de la Croix-Rouge que le lundi matin.

Les commencements de mon nouvel état me furent pénibles. Quant à tirer les verroux, ouvrir et fermer la porte, mettre et retirer les planches qui formaient la clôture du bureau, malgré mon peu de goût pour ces fonctions, je m'en acquittais assez passablement, mais ma capacité de comptable n'était pas à l'abri de reproches. J'étais dans une horrible contention d'esprit quand il me fallait calculer ce que j'avais à réclamer pour le prix des billets que je délivrais au public. Obligé d'expédier promptement ceux qui s'adressaient à moi, je suais sang et eau, le cœur me battait, et la crainte de me tromper ne faisait que multiplier mes erreurs. J'en étais responsable sur mon modique traitement. A la longue pourtant, mes terreurs se calmèrent; je ne parvins jamais à être un comptable des plus habiles ; mais, encouragé par la bienveillance de ma patronne, femme aimable et spirituelle, soutenu des instructions et des conseils de ma voisine le premier commis, qui était aussi une très bonne femme, je fis quelques progrès, et mes erreurs devinrent plus rares. On était du reste si content de moi sous le rapport du zèle et de la bonne conduite, qu'on ne m'a jamais fait expier mes délits de comptabilité.

Mme M..., qui connaissait mon goût pour le

théâtre, le favorisait de tout son pouvoir. Elle me
disait de lui porter en compte le prix de mes parterres au Théâtre-Français ou à l'Odéon. La première fois que j'allai au Théâtre-Français (c'était
un dimanche), je vis *Britannicus* et demeurai plus
étonné que charmé. Mes grandes impressions tragiques ne vinrent que plus tard. Je me souviens d'un
spectacle qui me fit grand plaisir. Il se composait
de *la Femme jalouse* de Desforges, et du *Conteur ou
les Deux Postes* de Picard. Je me rappellerai toujours l'effet que me produisit Fleury par la perfection de son naturel. Dès la première scène, un
vieux serviteur le remerciait de sa bonté dont il
venait de lui donner une nouvelle preuve, et Fleury
lui répondait :

> Eh ! mon pauvre Gervais,
> Je m'acquitte bien mal ; je te dois davantage.
> Sur ton sein, mon ami, tu portas mon jeune âge.
> Songe, qu'étant enfant, je t'avais pour appui.
> Te voilà vieux. Eh bien ! c'est mon tour aujourd'hui.

Je fus frappé de la simplicité touchante avec laquelle il disait ces vers et surtout le dernier. Il semblait qu'il cherchât à diminuer la valeur du bienfait.
Il parlait avec une gracieuse bonhomie qui me fit
comprendre ce que c'était que le naturel et combien
Tautin et ses émules en étaient éloignés. De ce moment, je n'eus plus que du mépris pour mes pre-

mières idoles ; je me passionnai pour la Comédie-Française et laissai là tous les autres théâtres.

Une autre représentation qui m'enchanta se composait du *Philosophe sans le savoir* et du *Barbier de Séville*. C'était un dimanche où l'Empereur avait passé en revue un régiment'de lanciers polonais, que les Parisiens voyaient pour la première fois. Il n'était question au parterre que de leurs uniformes, de leur belle tenue, de leur valeur. J'entendais tout cela sans l'écouter ; je me tournais sans cesse vers la toile qui ne se levait pas assez tôt à mon gré ; j'enviais le sort des acteurs que j'allais voir paraître. C'était pour moi des espèces de demi-dieux. Ah ! que Tautin était loin de ma pensée en ce moment ! Enfin le rideau se lève : un homme et une femme entrent en scène. Un frémissement de plaisir court dans le parterre ; on répète à demi voix : « Mars, c'est Mars ! » C'était elle, en effet, avec ses beaux yeux noirs, sa voix délicieuse, sa grâce si décente, et ce charme qui ne l'abandonnait jamais et dont j'essaierais en vain de donner une idée... Comment définir le charme?... Elle se montrait ce jour-là dans un de ses meilleurs rôles, car c'est dans Victorine du *Philosophe sans le savoir* et dans Araminte des *Fausses Confidences* qu'elle a pour moi réalisé la perfection. Celui qui l'accompagnait était Baptiste cadet, qui remplissait le personnage d'Antoine. Très aimé du public, il n'avait pourtant pas la rondeur et la sensibilité qu'exigeait ce rôle. Excellent dans le comique charge et les rôles de caricature, ses efforts pour toucher le spectateur n'aboutissaient qu'à les faire rire. Michot, que je vis plus tard, jouait ce rôle d'une tout autre manière et y déployait une bonhomie tout à la fois comique et attendrissante. L'œuvre de Sedaine était certes une des pièces que les comédiens français représentaient le mieux. Baptiste aîné, à mon avis, était complet dans le rôle de Vanderk père ; son jeu était noble, vrai, pathétique, et semé de traits fins et de nuances délicates. Le *Barbier de Séville* me divertit beaucoup. C'était Mlle Mézeray qui jouait Rosine. Cette actrice, une des plus jolies du Théâtre-Français, avait, au commencement de sa carrière, donné de brillantes espérances qui ne s'étaient pas tout à fait réalisées. Trop adulée d'abord, elle eut à subir plus tard la froideur et quelquefois la sévérité du public : sa tête se balançait perpétuellement, ses inflexions manquaient de franchise, elle avait de la manière et de l'afféterie, et ses défauts semblaient croître avec les années. Quand je la vis elle avait à peu près trente-sept ans. On apercevait encore dans son jeu les traces d'un talent dont la paresse et la dissipation avaient hâté le déclin. Son jeu était spirituel et, effectivement, elle passait pour une femme d'esprit. Le public la vit toujours avec plaisir dans

l'Anglaise du *Conteur*, de Picard, dans *la Fausse
Agnès*, et dans Rosine du *Barbier de Séville*.
Mlle Mars lui était réellement inférieure dans ces
deux derniers rôles. Je me souviens que le troisième acte du *Barbier* m'égaya tellement que, dans
l'entr'acte, je mis mon mouchoir sur ma bouche
pour étouffer mes éclats de rire qui duraient encore.

J'eus quelquefois aussi de cruelles déceptions au
Théâtre-Français. Ainsi un jour où l'on donnait *le
Joueur* et *les Étourdis*, mon aimable patronne
m'ayant demandé si je désirais voir ce spectacle, j'avais répondu en rougissant de plaisir : « Oh !
oui, madame ! » J'avais lu et relu tout Regnard,
et je brûlais de voir *le Joueur*, qui passait pour
son chef-d'œuvre. L'autre pièce, que je ne connaissais pas, me promettait sur le titre une œuvre
pleine de gaîté. « Quelle foule il y aura ce soir
au Théâtre-Français ! » me disais-je, en me hâtant
de fermer le bureau. A peine cette besogne terminée, je m'élance dans la rue, je franchis au pas
de course la distance qui me sépare de la rue
Richelieu, j'arrive tout haletant pour me mettre
à la queue. Il n'y en avait pas. — « Tout le monde
est entré, le bureau doit être fermé et je ne
trouverai plus une place », pensai-je avec douleur. —
Je m'approchai en tremblant, mes 2 fr. 25 c. à la
main. « Y a-t-il encore des parterres ? » balbutiai-je

avec émotion. La buraliste n'eut pas l'air de m'entendre ; elle prit mon argent sans se presser et me délivra silencieusement le carton désiré. Je me précipite alors dans la salle, monte rapidement l'escalier... Me voici enfin à la porte du parterre ; je l'ouvre... j'entre... ô déception ! j'aperçois vingt spectateurs à peu près, dispersés sur les banquettes et cinq ou six à la galerie. Quant aux loges, elles étaient entièrement vides. Cette solitude m'indigna. Un chef-d'œuvre de Regnard ainsi abandonné ! J'arrivai à conclure que si le public manquait, c'est qu'apparemment l'ouvrage n'avait pas pour interprètes les artistes aimés. En effet, c'était Saint-Fal, comédien estimé, qui remplissait le rôle du joueur et dont l'âge et la tournure ne convenaient plus au personnage de Valère. Il avait alors à peu près cinquante ans. Il est vrai que Fleury, plus vieux que lui, osait encore se faire applaudir dans de jeunes rôles, tels que Clitandre des *Femmes savantes*, Moncade de *l'École des bourgeois*, et, chose plus audacieuse encore ! dans *l'Homme à bonnes fortunes*. J'ajoute qu'aucune illusion n'était possible, et que Fleury apportait sur la scène la figure d'un vieillard. Il avait dans la main droite une raideur causée, selon quelques-uns, par la goutte dont il ressentait de fréquents accès. Mais quelle distance de Fleury à Saint-Fal ! c'est-à-dire du talent au métier ! Au gracieux laisser-aller de l'un, à son natu-

rel charmant, l'autre substituait une attitude raide
et un débit saccadé. Il montait sa voix jusqu'à
l'octave le plus haut. Là il s'arrêtait, affectant, pour
se donner un air de naturel, une sorte de bégaie-
ment, puis il faisait redescendre sa voix aux notes
les plus graves de l'octave d'en bas, et c'était là son
moyen le plus sûr de se faire applaudir. Il avait
eu dans sa jeunesse, me disait-on, un succès que
je ne m'expliquais pas, les rôles de père me semblant mieux appropriés à ses moyens. La bonté et
l'honnêteté étaient peintes sur sa figure, et c'était,
en effet, un excellent homme. Il avait pour frère
Ménier, qui eut de la réputation comme peintre et
dont l'éducation artistique s'était faite à ses frais.
Ses meilleurs rôles étaient ceux du *Distrait*, du
Vieux Célibataire, du *Bourru bienfaisant* et de
La Fontaine dans *Molière à Auteuil*, pièce d'Andrieux. Le rôle de Meineau, dans *Misanthropie et
Repentir* lui avait fait beaucoup d'honneur. Il avait
de la sensibilité et une voix touchante, mais il lui
manquait l'impétuosité si nécessaire dans *le Joueur*.
La pièce ne me fit donc par ressentir tout le plaisir
que je m'en étais promis, et *les Étourdis*, tout en
m'amusant, ne remplirent pas non plus mon attente. Enfin, je rentrai au logis sans mon enthousiasme habituel.

On voit combien la gérante de mon bureau de
loterie était bonne pour moi ; grâce à sa complai-

sance, je ne puis pas compter parmi les mauvais
jours ceux que je passai dans le quartier de la
Croix-Rouge. Aussi, reconnaissant envers elle, fai-
sais-je tous mes efforts pour la contenter. A force
de zèle, j'étais devenu un commis assez passable.
Le feu sacré me manquait pour arriver au premier
rang, mais je pouvais aspirer à être classé dans les
intelligences de second ordre. Je me levais de bonne
heure, à la condition toutefois d'être éveillé par la
domestique. J'ouvrais et je fermais le bureau assez
lestement; poli avec le public qui se composait de
toutes les commères du quartier, j'avoue que ma
politesse était un peu froide. Je ne savais pas causer avec la cuisinière qui venait, son panier au
bras, me consulter sur les numéros qui devaient en
faire une maîtresse de maison, écouter avec intérêt
les plus petits détails des rêves qui m'étaient racon-
tés. Elle me disait, par exemple, qu'elle avait rêvé
chat.—Mais de quelle espèce était ce chat? aurais-je
dû lui demander. Etait-ce un angora ou un simple
chat de gouttières? Quelle était la couleur de son
poil ? Ce poil se hérissait-il dès qu'on voulait le toucher, ou bien la physionomie de l'animal paraissait-
elle débonnaire?—Combien d'autres nuances encore
étaient nécessaires à connaître, pour arriver à rencontrer les numéros gagnants ! Elles étaient toutes
énumérées dans un petit livre placé à côté de moi
et dont je négligeais, hélas ! la précieuse étude pour

lire les brochures de théâtre cachées dans mon
tiroir. Forcé par la curiosité de mes clientes de consulter devant elles cet oracle qui les avait si souvent
trompées sans diminuer pour cela leur robuste
croyance, je le lisais avec distraction et en m'effor-
çant d'étouffer les nombreux bâillements qui venaient m'écarter les mâchoires. Je répondais aux
questions qui m'étaient faites avec une brièveté qui
mécontentait ces stupides rêveuses ; je le sentais ;
mais la meilleure volonté du monde ne saurait
remplacer la vocation absente. Je ne savais point
mettre à profit les beaux exemples qui m'étaient
donnés par ma voisine. Comme elle écoutait !
comme elle interrogeait ! comme elle savait cares-
ser la crédulité en semblant la partager ! quelle
patience ! quel air de conviction ! Il n'y avait pas
un de ces vatels féminins qui ne là quittât avec la
certitude d'un terne ou d'un quaterne prochain. Le
quine avait été supprimé, et quelques-unes se plai-
gnaient de cette lésinerie du gouvernement. Je ne
sais comment ces fidèles servantes expliquaient, en
rentrant au logis, la longueur de leur absence ;
toutes pratiquaient sans doute plus ou moins cette
danse du panier traditionnelle dans la cuisine française. C'est ainsi qu'elles savaient faire payer à
leurs maîtres ce que leur coûtaient des espérances
de fortune trop souvent déçues.

J'étais chargé de faire un tableau des lots les plus

forts gagnés dans notre bureau. On y faisait figurer des ternes imaginaires qui tentaient l'avidité
des passants. Ce tableau était orné de rubans de
diverses couleurs, et une musique où dominaient
les cimbales et la grosse caisse fêtait ces prospérités
supposées. Les domestiques trompaient leurs
maîtres et nous trompions les domestiques : ainsi va
le monde.

La première fois qu'on me confia ce travail, ma
loyauté en souffrit ; puis j'en pris l'habitude et finis
par m'en amuser. La corruption marche si rapidement ! D'ailleurs je me consolais de mes mensonges
en songeant qu'ils ne me rapportaient rien.

Cependant mes parents s'occupaient sérieuse-
ment de me faire entrer au Conservatoire. Mlle Jacob se chargea de m'y conduire et de me présenter
à Mlle Berville, fille d'un ex-comédien du Théâtre-
Français qui en avait été congédié à cause de la
médiocrité de son talent. Sa fille, jeune encore,
mais dépourvue des dons physiques exigés pour la
scène, avait une intelligence théâtrale qui la rendait propre à enseigner l'art qu'elle ne pouvait
exercer, et on lui avait donné dans l'école une
classe préparatoire des demoiselles. Mlle Jacob, son
élève, lui parla de moi et m'obtint la faveur d'être
entendu par elle. J'entrai donc dans ce gynécée
dramatique plein de trouble et de crainte, car ma
timidité était extrême et je ne pouvais aborder une

femme sans que le rouge me montât au visage.
J'avais alors seize ans ; mais, avec ma petite taille,
ma figure d'enfant, amoindrie encore par l'épaisse
chevelure dont elle était chargée, et mon air embar-
rassé, je paraissais n'en avoir que douze ou treize.
Mlle Berville me reçut avec beaucoup de politesse.
Je lui répétai des scènes de l'Hippolyte de *Phèdre*
et d'une comédie intitulée *le Parleur contrarié*, que
j'avais vu jouer justement à la suite de *Phèdre*.
Enthousiasmé du jeu de Damas qui remplissait
dans la même soirée les rôles d'Hippolyte et du *Parleur contrarié*, je mettais tous mes soins à le copier,
ce qui devait me rendre fort ridicule ; car la qualité
dominante de cet acteur était une chaleur désor-
donnée, qui faisait pardonner l'incohérence de son
débit, parce qu'elle échauffait le public et surtout
la jeunesse, dont Damas était l'idole. Qu'on juge
comme l'imitation de ce bouillant acteur, plein de
force, et toujours animé d'une fiévreuse exaltation,
me convenait, à moi dont une insurmontable timidité paralysait la voix et les mouvements ! Je ne me
souviens pas du jugement porté sur moi par
Mlle Berville, ce qui prouve qu'elle ne s'extasia pas
sur mes dispositions. Sinon, charmé de ses louanges,
je n'eusse pas manqué de les retenir. Je crois
qu'elle se borna à ne point me détourner du
théâtre, ce qui fit que je pus, sans mentir, affirmer
à mes parents qu'elle n'avait pas été mécontente

de moi. Ils me retirèrent donc de mon bureau de loterie et je me présentai à l'examen qui eut lieu au Conservatoire dans la salle où j'ai donné mes leçons pendant vingt-sept ans, salle qui servait alors aux concours et aux distributions de prix, car la grande salle actuelle n'existait pas encore et ne fut ouverte qu'au mois de décembre 1812. Je me rappelle que Grandmesnil, qui était encore au théâtre, assistait à cet examen en qualité de professeur honoraire. Encore plus tremblant que devant Mlle Berville, je répétai Hippolyte d'une façon déplorable et ne dus mon admission sans doute qu'à l'indulgence de mes juges.

CHAPITRE VI.

Lafon, mon professeur. — Michelot. — Mes amis Perlet et Raymond. — L'orthographe de Fleury. — Mot de Mlle Contat. — Leçons de Talma. — Mort de ma mère. — Ce qu'elle était.

Le Conservatoire avait alors comme professeurs Fleury, Talma, Lafon et Baptiste aîné, mais ce dernier donnait surtout des leçons de déclamation lyrique. Je fus placé dans la classe de Lafon, qui avait de très grands succès et que, dans les rôles d'Achille, d'Orosmane et de Tancrède, une partie du public préférait à Talma.

Lafon jugea que je devais renoncer à la tragédie et me livrer à l'étude des comiques, c'est-à-dire des valets de l'ancien théâtre. Je vis le concours de 1810. Mlle Demerson, qui venait de faire de brillants débuts à la Comédie-Française, jeta beaucoup d'éclat sur la séance en disant une scène du *Cercle*, de Poinsinet, et une autre de *Démocrite amoureux*. C'était une élève de Baptiste aîné. Elle eut, comme on s'y attendait, le premier prix de comédie. Le second fut adjugé à Mlle Ménétrier, si connue depuis au Vaudeville et au Gymnase sous le nom de Minette. On décerna le troisième prix à Mlle Devin, qui, après avoir joué en province, fut Mme Menjaud, et montra sur notre première scène un véritable talent, auquel on ne rendit pas assez de justice.

Mon père, je l'ai dit, était employé dans les bureaux de l'administration de la loterie où il parlait souvent de moi et de mes dispositions pour l'état de comédien. Un de ses camarades l'engagea à me présenter à Coupigny, qui, disait-il, pourrait sans doute m'être utile par ses relations et son influence. Coupigny, après avoir été employé au ministère des cultes, s'était fait un nom comme auteur des paroles de plusieurs romances alors à la mode ; car, au sortir de la Révolution, la romance sentimentale ou précieuse était en faveur. C'était une revanche de la *Carmagnole*. Je me rappelle que ma mère, qui avait, à ce qu'il me semble, une voix très agréable, en chantait une qui avait joui de la plus grande vogue, et qui s'appelait *Bouton de rose* ; j'en ai retenu le couplet suivant :

> Bouton de rose,
> Tu seras plus heureux que moi,
> Car je te destine à ma Rose,
> Et ma Rose est, ainsi que toi,
> Bouton de rose.

J'étais encore bien enfant quand cela se chantait, et je répétais ces paroles sans les comprendre, tout en les trouvant fort jolies.

Mon père me mena donc chez Coupigny, qui avait été prévenu de notre visite. Il nous reçut avec une froideur protectrice, me fit répéter je ne sais plus quelle scène, m'encouragea peu et finit par dire qu'il me recommanderait à Michelot, alors jeune pensionnaire du Théâtre-Français. Il le fit, et ce fut un signalé service qu'il me rendit. Michelot nous fit un très aimable accueil, m'entendit, me trouva des dispositions, et m'engagea à venir tous les matins chez lui. Il me faisait répéter, excepté quand il était forcé de sortir de bonne heure, ce qui était rare. Il me disait d'apprendre dans chaque comédie tous les rôles de comiques qu'elle contenait. Ainsi dans *le Joueur*, je savais Hector et le Marquis, et, dans *le Festin de Pierre*, Sganarelle et Pierrot, dans *Amphitryon*, Sosie et Mercure, etc... Ce travail n'était qu'un jeu pour moi, grâce à ma merveilleuse mémoire. Michelot causait très amicalement avec moi et me témoignait un affectueux intérêt dont il me donna plus tard des preuves encore plus significatives. Il parvint, par ce travail quotidien, à me rendre moins timide et à m'inspirer un peu de cette confiance en soi sans laquelle tout progrès est impossible.

Mon père et moi, nous allâmes remercier Coupi-

gny des heureux résultats de sa recommandation.
Celui-ci nous reçut avec la même froideur et parla
du talent de Michelot avec une espèce de dédain
qui me blessa. Coupigny n'était cependant pas une
nature malveillante; il était, au contraire, bon et
serviable, et l'avait prouvé en m'envoyant à Michelot; mais il avait dans l'air et le ton une certaine
importance qui rebutait ceux dont il n'était pas
connu. La devait-il à ses succès de poète romancier, ou à ses relations avec de hauts personnages
de son époque? Il contait agréablement et avait
une réputation d'homme d'esprit, soutenue par
quelques bons mots qu'il ne renouvelait peut-être
pas assez. Commensal de Mars et de Talma, il savait quand celui-ci devait partir pour la campagne
et, au moment du départ, arrivait armé d'un petit
paquet contenant le linge nécessaire à son séjour
extra-muros, et, de plus, d'un assortiment de lignes
de toute espèce, car il avait aussi une réputation de
pêcheur dont il ne s'enorgueillissait pas moins que
de celle de romancier. Il faisait d'interminables dis-
sertations sur l'art de la pêche qui, disait-on, se
répétaient trop souvent au gré de Talma, lequel
ne goûtait pas beaucoup ce sujet de conversation.

Je retourne au Conservatoire qui fit, à l'examen
dont j'ai parlé, l'acquisition de deux élèves remarquables. L'un d'eux était Perlet, qui fut longtemps
un des acteurs les plus aimés du Gymnase; l'autre

se nommait Raymond et eût été un de nos plus
brillants artistes, si la mort ne l'eût enlevé à vingt-
deux ans.

Perlet se fit entendre dans une scène de Crispin
du *Légataire*. Son admission ne fut pas douteuse.
Il provoqua le rire de son auditoire, qui se composait
des professeurs présidés par M. Sarrette, directeur
de l'école, du secrétaire, des élèves admis, et des
nouveaux candidats. Le père de Perlet avait été
comédien avant de devenir correspondant des
théâtres, et Fleury lui écrivit : « Ton fils jouera très
bien les *Poisons*. » Il voulait parler des Crispins auxquels on donnait le nom de *Poissons*, parce que ce
fut Raymond Poisson qui, sous le règne de
Louis XIII, joua le premier ce genre de rôles dans
lesquels son fils et son petit-fils lui succédèrent
avec avantage. Fleury, qui parlait avec toute la
grâce d'un marquis, avait l'orthographe d'une cuisinière. On raconte que Grimod de la Reynière lui
ayant reproché dans son journal, *le Censeur dramatique*, d'avoir abusé de son crédit pour faire entrer au Théâtre-Français un comédien tout à fait
nul, Fleury lui écrivit ces mots : « Vous en *n'avez
menti*. » Ici c'était une lettre de trop ; dans l'autre
cas, il y en avait une de moins. On disait qu'a-
moureux de Mlle Contat, il avait eu l'imprudence
de lui déclarer sa passion par écrit. Quand elle le
revit, la maligne actrice, une des plus spirituelles

qu'ait possédées la Comédie-Française, lui dit avec
son plus gracieux sourire : « Mon cher Fleury, vous
ressemblez à une gravure ; vous êtes charmant
avant la lettre. »

Pour en revenir au Conservatoire, que je m'accuse
d'abandonner à tout moment, Talma prit le jeune
Raymond dans sa classe et Perlet entra dans celle
de Baptiste aîné, qui était l'ami de son père. Je ne
tardai pas à me lier avec les deux nouveaux venus
qui promettaient du talent et qui avaient de l'esprit. A la gaîté de leur âge, ils joignaient un bon
cœur, le discernement du bien et du mal et l'enthousiasme pour tout ce qui était beau. C'étaient,
en un mot, de bons sujets et des natures d'élite.
Perlet avait un penchant à la plaisanterie, très précieux pour l'emploi auquel il se destinait. Sa
figure, sa manière de parler, le sang-froid avec
lequel il débitait les choses les plus bouffonnes,
tout, chez lui, provoquait le rire. Quant à Raymond,
il possédait déjà cette distinction si nécessaire à
l'emploi de *premier rôle* qu'il étudiait. Il avait
dans la voix et dans le regard un charme irrésistible ; sa gaîté était de meilleure compagnie que la
nôtre, et il était le gentilhomme de notre triumvi-
rat. Unis d'un nœud sympathique, nous recher-
chions toutes les occasions d'être ensemble et nous
avions de la peine à nous quitter. On nous appelait
les trois inséparables. De quel ardent et sincère

amour nous aimions le théâtre ! avec quel bonheur
nous en parlions ! Quand ces entretiens me re-
viennent à la pensée, il me semble que nous en
parlions déjà en véritables connaisseurs. Nous ne
nous en laissions point imposer par les applaudissements, et Damas, ce dieu du parterre, n'avait pas
notre encens. Ses cris, son hoquet, sa gesticulation
maniérée, sa marche en zigzag, ses brusques tran-
sitions de voix, rien n'obtenait grâce devant nous. Il
y avait cependant deux rôles où nous l'applaudis-
sions de grand cœur : c'était Delainville des *Deux*
Gendres et Bégears de *la Mère coupable*. Il y déployait une intelligence que nous ne retrouvions
pas ailleurs. On ne peut nier que ce comédien ne
fût précieux aux auteurs les jours de première représentation. Il communiquait sa flamme aux spectateurs et les étourdissait, par sa parole bruyante et
l'impétuosité de son action, sur les défauts de l'ouvrage, dont il sauvait ainsi les passages dangereux.
C'était, comme Saint-Fal, un singe des défauts de
Molé ; car le troupeau servile des imitateurs ne sait
guère ordinairement emprunter que cela aux grands
modèles.

Talma s'était attaché à notre ami Raymond, et
lorsqu'il allait donner des représentations en province il l'emmenait avec lui. C'était là pour l'élève
un enseignement plus précieux encore que celui du
Conservatoire. Il pouvait, sous les yeux mêmes du

grand tragédien, mettre en pratique les leçons qu'il en recevait et, enhardi par les encouragements de son maître et les applaudissements du public, il acquérait une habitude de la scène qui hâtait ses progrès.

Talma donnait ses leçons chez lui plus souvent qu'au Conservatoire ; quand il y venait, nous allions tous l'entendre, car il était aussi admirable dans la classe qu'au théâtre. Il parlait sans aucune prétention et, quand les mots ne lui venaient pas, il finissait sa phrase en disant : *comme ça.* Alors sa belle et mobile physionomie terminait sa pensée avec une éloquence que la parole n'eût pas égalée, et quand il joignait l'exemple au précepte, nous étions, pour ainsi dire, haletants d'admiration. Il nous fallait faire de grands efforts pour retenir nos applaudissements. Il joignait à une distinction parfaite une bonhomie charmante ; il était doux et patient envers les natures rebelles. Il ne lui échappait jamais un mot qui pût les aigrir ou les décourager. Il n'épargnait pas l'éloge quand il lui semblait mérité, et peut-être péchait-il même par excès d'indulgence. Quoique je ne fusse pas de sa classe, chaque fois qu'il m'entendait, il m'adressait quelques mots aimables dont j'étais d'autant plus touché que les autres professeurs n'avaient pour moi, les jours d'examen, qu'un froid silence ou des observations sévères ; car je fus longtemps à con-

quérir la bienveillance de mes juges. Aussi étais-je
bien heureux quand je voyais Talma parmi eux.
Nous l'aimions tous. La seule qualité du professeur
qui lui manquât, c'était l'exactitude. Distrait et
flâneur, il oubliait l'heure de la leçon. Quand les
élèves arrivaient chez lui, ils le trouvaient souvent
avec des personnes auxquelles il avait donné un
rendez-vous dont il ne s'était plus souvenu, et la
classe était ajournée, ou bien il se mettait à causer
avec ses élèves jusqu'à ce qu'un autre devoir l'obli-
geât à sortir. Mais, quand il les donnait, ces leçons
malheureusement trop rares, quelles heures à la
fois délicieuses et profitables pour ses jeunes auditeurs ! Je le vois, je l'entends encore. Dépourvu de
tout moyen d'illusion, sans costume de théâtre,
une chaise entre les jambes et un lorgnon à la
main, il était aussi tragique que sur la scène et nous
faisait frissonner en nous disant des vers d'*Andromaque* ou de *Phèdre*. Dans la déclaration de Phèdre
à Hippolyte, je l'entends détaillant avec passion ces
mots :

Mais fidèle, mais fier, et même un peu farouche.

La manière aussi dont il disait :

Cette noble pudeur colorait son visage

faisait ressortir ce vers et lui donnait une grâce
inexprimable ! « Pas de force ! que la trace ne
« s'en aperçoive pas ! disait-il à une Phèdre de

« sa classe, qui ne paraissait pas le comprendre ;
« songez que Phèdre, consumée depuis long-
« temps par sa passion, a passé trois jours sans
« manger et trois nuits sans dormir. Ænone ne
« lui dit-elle pas :

> Les ombres par trois fois ont obscurci les cieux
> Depuis que le sommeil est entré dans vos yeux,
> Et le jour a trois fois chassé la nuit obscure
> Depuis que votre corps languit sans nourriture.

« Phèdre vit de la fièvre qui la brûle et du rêve qui
« la poursuit ; elle n'est pas sur terre : elle est dans
« les nuages », et l'organe du grand professeur se
voilait ainsi que son regard, quand il faisait parler
l'épouse de Thésée. Je me rappelle l'impression
qu'il produisit sur nous en enseignant la dernière
scène du premier acte de *Polyeucte*. Au moment
d'aller renverser les idoles dans le temple, Néarque
est retenu par une crainte qu'il cherche à communiquer à son ami. A ce vers :

> Mais dans le temple, enfin, la mort est assurée :

Polyeucte répond :

> Mais dans le ciel déjà la palme est préparée!

Cette palme, Talma semblait la voir ; ses yeux et
ses mains s'élevaient vers le ciel ; il y avait dans le
son de sa voix un mélange d'attendrissement et

d'exaltation qui pénétrait nos jeunes cœurs et nous arrachait un pieux frémissement.

S'il oubliait l'heure quand il s'agissait de venir à la classe, il l'oubliait aussi quand il y était, et prolongeait ses leçons bien au delà de la durée habituelle : nous étions loin de nous en plaindre.

Un jour il enseignait à Raymond, son plus cher et son meilleur élève, le rôle de Séïde dans *Mahomet*. Il en était au moment où le jeune fanatique vient d'égorger Zopire ; succombant sous l'horreur que lui inspire son crime, il tombe en disant :

Je sens que mes genoux s'affaissent.

Arrivé à cet endroit, l'élève s'arrête en regardant le maître. — « Allez donc ! dit celui-ci, qui vous retient ? »—« C'est, répond le jeune homme, que je ne sais comment m'y prendre ; j'ai peur d'être trop gauche. » Et il implorait du regard le maître vénéré. — « Il faut essayer », réplique le grand professeur. Alors il se lève de son siège et notre attention redouble. Talma était mis ce jour-là avec assez de recherche : il avait une cravate blanche avec un nœud fort coquet, un habit bleu à boutons de métal, recouvert d'une houppelande de beau drap *jaune* à plusieurs collets qu'on appelait un carrick, et une culotte, aussi de couleur *jaune*, descendant beaucoup au-dessous du genou. Pour chaussures, des bottines noires à retroussis *jaunes* au-dessus desquelles flottait

un amas de rubans *jaunes* aussi, car cette couleur
dominait dans tout son costume. Je ne me rappelle
pas le gilet. Le carrick se portait rejeté en arrière
afin de découvrir l'habit. Talma se conformait à
cette mode. Comme on était en hiver et que notre
poèle ne donnait qu'une très faible chaleur, il n'a-
vait pas quitté son carrick, qu'il portait du reste
avec une aisance parfaite. Il n'avait pas l'habitude
d'une toilette si élégante pour la leçon et nous nous
disions tout bas : « Le grand tragédien va en conquête ! »

Talma donc, s'étant levé, se rapproche du théâtre
où était Raymond, mais sans y monter. Il lui donne
ses indications, lui montre comment il doit préparer sa chute, puis, regardant le vieux paillasson
étendu dans notre classe et qui, je crois, n'avait
jamais été battu : « Je ne peux pas, dit-il, me jeter
« à terre, parce que je me salirais, mais vous com-
« prendrez bien sans cela. Quand il a commis son
« crime, il en sent l'horreur. Troublé, égaré, il ne
« voit pas Palmire à ses côtés et l'appelle. Bientôt
« à la fureur succède l'accablement; il chancelle,
« ses jambes refusent de le soutenir, il tombe... »
Et Talma, en disant cela, tombe sur le paillasson, puis se relève en époussetant avec ses mains
la poussière qui le couvre. Raymond ne réussissant
pas à reproduire la pantomime de son maître, celui-ci la recommença par trois fois sans omettre

jamais de faire précéder chacune de ses chutes de
ces mots : « Je ne me jette pas à terre, parce que
je me salirais. »

Fleury n'apportait pas dans sa classe l'indulgente
patience de Talma. Dès qu'il s'asseyait sur son
siége de professeur, adieu l'amabilité qu'il déployait
ailleurs ! Il avait la figure et la parole sévères, souvent même ironiques ; il s'abstenait de l'éloge. Son
silence en tenait lieu. Quand la leçon était finie, le
sourire revenait sur ses lèvres, et il causait quelquefois avec ses élèves le plus gracieusement du monde.
J'ai entendu Klein, qui appartenait à sa classe, lui
adresser des questions peu convenables auxquelles
Fleury répondait avec une bonhomie charmante.
Klein, plus âgé que nous, et qui jouait depuis plusieurs années sur les théâtres de mélodrame, prenait avec nos maîtres un ton de familiarité qui
nous scandalisait un peu. Un jour il dit : « Mon-
« sieur Fleury, on prétend que, dans votre jeunesse,
« le public vous a sifflé. Est-ce vrai ? Vous pouvez
« bien en convenir avec nous. » Fleury répondit
avec un peu d'hésitation : « Sifflé ? non ; mais je
« jouais souvent de mauvais rôles et j'ai eu le sort
« des jeunes pensionnaires d'alors. » Par l'embarras
de la réponse, il était évident que la question lui avait
été peu agréable. Il y eut un moment de silence,
puis Klein reprit : « Avez-vous lu ce que Geoffroy
« dit de vous dans son dernier feuilleton ? Il vous

« trouve mauvais dans *le Misanthrope*! » — « Il en
« est le maître, repartit Fleury avec beaucoup de
« douceur. Ne trouve-t-il pas aussi que M. Talma
« est mauvais dans *Hamlet*, qu'il joue cependant
« avec un grand talent?... » Puis il regarda sa montre, et Klein, qui s'occupait d'horlogerie, lui fit remarquer qu'elle allait mal : l'ayant prise dans ses
mains, il la lui rendit après l'avoir remise à l'heure.
Fleury l'en remercia et prit congé de nous en nous
saluant avec sa courtoisie habituelle.

Fleury n'aimait pas Talma ; il ne lui pardonnait
pas, sans doute, d'avoir été une cause de discorde
dans la société des comédiens français ; car c'était
lui qui, profitant de la liberté des théâtres dé-
crétée par l'Assemblée nationale, avait levé le drapeau de la révolte, et, suivi de plusieurs *défection-
naires* célèbres par leurs talents, avait porté la tragédie et la comédie sur la scène de la rue Richelieu,
jusque-là consacrée à des œuvres d'un ordre inférieur. Les anciens sociétaires avaient été jetés en
prison sous le règne républicain de Robespierre,
dont la chute put seule les sauver de cet échafaud
où tous les Français montaient avec courage, faute
de courage pour l'abattre. L'opinion publique reprochait aux artistes déserteurs d'avoir contribué,
par leur crédit sur les membres du gouvernement,
à l'incarcération de leurs anciens camarades. Or,
comme Talma avait provoqué la scission, il était

en butte à des accusations très imméritées. Un journaliste ayant dit dans sa feuille qu'il appartenait à Fleury, à Larive et à Mlle Contat de s'expliquer sur de pareils bruits, Larive et Mlle Contat s'empressèrent de leur donner un démenti formel dans deux lettres qui furent publiées. Fleury seul se tut, et son silence blessa avec raison le grand tragédien. Ce fut sans doute ce souvenir qui le rendit toujours injuste envers le digne successeur de Molé, dont il n'apprécia pas assez le rare talent. Attaché aux anciennes formes, non moins fidèle aux traditions administratives qu'à celles de l'art, Fleury, de son côté, ne pardonna jamais complètement aux sociétaires qui avaient, en passant à l'ennemi, contribué à la ruine de ce vieux et cher théâtre qui était pour les anciens une seconde patrie. Il faut ajouter à cela aussi la différence des opinions politiques, les préventions et les haines qu'elles engendraient. Ce fut tout cela qui, plus tard, fit de la reconstitution de notre première scène littéraire un pénible et laborieux enfantement.

Malgré sa sévérité comme professeur, Fleury était aimé et respecté par nous.

Baptiste aîné était peut-être le plus zélé et le plus consciencieux de nos maîtres. J'ai dit qu'il enseignait la partie dramatique des opéras et des opéras-comiques. Cependant il enseignait aussi la

tragédie et la comédie. Dans ce dernier genre, Perlet fut, de mon temps, son meilleur élève.

J'avais été placé, on s'en souvient, dans la classe
de Lafon. La première fois qu'il m'entendit, ce fut
dans une scène d'Hippolyte de *Phèdre*. Il trouva
avec raison que mon physique et ma voix n'avaient
rien de tragique : « Ta voix est trop faible, me dit-
« il, ton corps trop grêle. Avec ton nez retroussé, tu
« ne peux représenter des héros. Crois-moi, re-
« nonce à la tragédie et mets-toi à étudier les co-
« miques. Tu me remercieras plus tard du conseil
« que je te donne. » Ensuite il me demanda si j'a-
vais fait des études. — « Fort peu », lui répliquai-je
avec timidité. — « Connais-tu au moins les *Buco-*
liques de Virgile ? » et il me dit les premiers mots
de la première *Églogue* :

> Tityre, tu patulæ. . . . .

O bonheur ! c'était justement celle que je savais
le mieux. Aussi, oubliant tout à coup ma timidité,
je l'interrompis pour continuer la citation, et me
voilà récitant avec une certaine volubilité :

> . . . . recubans sub tegmine fagi, etc.

Il m'arrêta par ses éloges et bien lui en prit, car
il aurait sans doute dû subir l'églogue tout entière.
Le hasard m'avait admirablement servi, et Lafon

me prodigua des louanges que mon érudition était loin de mériter. La bonne opinion qu'il conçut de moi me protégea dans son esprit contre la faiblesse de mes essais comiques ; car, je dois l'avouer, mes progrès furent lents. La faute n'en était pas toute à ma timidité. Apparemment il y avait en moi une nature rebelle qu'il fallait dompter et transformer. Je ne retrouvais pas, pour mes études du Conservatoire, la facilité dont j'avais fait preuve dans ces ébauches d'études littéraires qui m'ont laissé de si profonds regrets. Mais on ne peut nier que la peur ne soit un grand obstacle aux progrès de l'étudiant dramatique et du comédien ; or, la peur fut longtemps mon état habituel. A la classe, chaque fois qu'on m'appelait pour répéter, mon cœur battait à se rompre, ma voix s'étranglait dans mon gosier, mes membres demeuraient comme paralysés. Cependant je ne refusais ni n'hésitais jamais ; jamais je ne disais un mot de cette peur que je m'efforçais de vaincre. J'obéissais sans hésitation ; mais si l'on eût pu lire au dedans de moi, on n'eût pu s'empêcher d'admirer les efforts de mon impuissant courage.

Ce fut à cette époque que ma mère tomba dangereusement malade. J'étais seul à son chevet quand elle mourut ; mon père, fatigué, était allé se jeter sur un lit. J'allai l'éveiller et mes sanglots lui apprirent la fatale nouvelle. Ma mère, toujours

7

préoccupée de mon avenir, était pénétrée de reconnaissance pour les bontés que Michelot avait pour
moi; aussi son nom fut un des derniers mots qu'elle
prononça. dans le court délire qui précéda sa
mort.

Nous sentîmes vivement, mon père et moi, la perte
que nous faisions. Ma mère était une honnête
femme, pleine d'intelligence, d'activité, de courage.
Dans les cruels jours de misère qu'il nous avait fallu
traverser, jamais du moins, grâce à elle, le pain ne
nous avait manqué. Toujours elle avait trouvé un
moyen pour empêcher son mari et son enfant de
mourir de faim. Quand je me rappelle notre position désespérée, je ne m'explique pas même comment
elle put faire, et je ne puis m'empêcher de l'admirer. Dans les jours de prospérité, peut-être avait-
elle poussé trop loin l'économie : mais elle avait
conservé les mœurs de la petite bourgeoisie sous
l'ancien régime, auxquelles répugnait toute dépense
qui dépassait le strict nécessaire. Elle n'aimait ni
le repos ni le plaisir, et la sévérité qu'elle avait pour
elle, elle l'imposait aux siens. Ses moments de gaîté
étaient rares, car elle était toujours assiégée des
soucis de l'avenir. Sa parole manquait de douceur
et de tendresse, et jamais, je crois, je n'ai obtenu
d'elle ces mots et ces caresses de mère qui m'eussent
donné tant de bonheur. Elle avait été élevée rudement et croyait devoir m'élever de même. Et puis,

je n'étais pas le fils de ses rêves. La partie littéraire
des études lui semblait absurde et inutile ; elle ne
prisait que le calcul et l'écriture, pour lesquels justement j'avais une inaptitude remarquable. Elle
prenait grand soin de moi et me tenait parfaitement
propre, mais son excessive économie me condamnait
à des tenues dont je rougissais un peu, en dépit de
mon amour pour la simplicité antique. Ainsi elle
m'obligeait à changer mes souliers de pied tous les
jours et, à l'époque de ma croissance, il me fallut user
jusqu'au bout des habits dont les manches laissaient
le poignet à découvert, et des pantalons qui ne couvraient pas la cheville, ce qui me donnait l'air d'un
grand nigaud. Sous tous ces rapports, il y avait un
abîme entre ma mère et moi. Nos cœurs s'aimaient
et nos goûts étaient en complet désaccord. Les
miens lui déplaisaient et je ne pouvais m'accoutumer aux siens. Jamais pourtant je ne lui ai déso-
béi. Ce qu'elle voulait, je le faisais, mais souvent
avec une gaucherie qui l'irritait. J'avoue, à ma honte,
que je ne lui tenais pas assez compte en mon cœur
des soins vraiment maternels qu'elle me prodiguait
quand j'étais malade, parce que j'eusse préféré encore un mot affectueux que j'attendais toujours et
qui ne vint jamais. Ma susceptibilité croissait chaque
jour sous ce manque de tendresse. Je me souviens
qu'une fois quelqu'un ayant dit devant elle que je
grandissais, ma mère répondit un peu sèchement :

Mauvaise herbe croit toujours. Sans doute ce n'était
de sa part qu'une plaisanterie, mais je ne le pris
pas ainsi, car je me mis à fondre en larmes, ce qui
m'attira des duretés que ne méritait pas certes le
sentiment qui les faisait couler. Je me figurais toujours que ma mère ne m'aimait pas, et cette pensée
qui ne me quittait guère jeta de la tristesse sur
ces jours de l'enfance, d'ordinaire si pleins de
joie.

Depuis, j'ai mieux jugé ma mère. C'était une
digne et honnête femme dont le cœur était bon
sous cette rude écorce, et qui a bien rempli tous ses
devoirs. Elle a courageusement supporté le malheur
et veillait sans cesse sur son mari et sur son fils
avec un amour très réel, que son visage et sa parole
dédaignaient de manifester. J'honore profondément sa mémoire et je regrette les sujets de mécon-
tentement que je lui ai donnés, bien malgré moi,
je le jure.

CHAPITRE VII

J'étais entré en 1810 au Conservatoire, peu de
temps avant le concours où je ne fus point admis.
Je ne parus pas non plus à celui de 1811 et, l'a-
vouerai-je ? je ne me chagrinais pas de ces exclu-
sions que je trouvais justes et qui m'épargnaient
des terreurs invincibles. Quand je songe à mon
amour du théâtre, à mon ardent désir de m'y faire
un nom, je m'explique mal ces lâchetés, et, le plus
triste pour moi, c'est que je les ai eues pendant
une grande partie de ma carrière théâtrale. J'ai
presque toujours manqué mes débuts; je ne com-
prends pas comment j'ai pu obtenir des succès
dans les pièces nouvelles. J'étais le plus malheureux des hommes quand j'avais un rôle à créer, et,
huit jours au moins avant la première représenta-

tion, mon humeur s'assombrissait; je ressentais
déjà les tortures de la peur. Je n'ai jamais volontairement retardé une première représentation ;
mais j'ai souvent désiré qu'on ajournât les heures
de mon supplice; je suis allé parfois jusqu'à me
souhaiter un accident, une maladie. Enfin, quand
arrivait le jour fatal, j'étais absolument insociable.
Je ne voulais recevoir aucune visite, me livrer
à aucune causerie. Je restais dans mon cabinet
où ma famille craignait d'affronter mon humeur
farouche. Tantôt je dinais seul, tantôt j'allais dans
des restaurants éloignés où je fusse sûr de n'être
pas connu. Qu'on juge en quel état j'arrivais à ma
loge ! quelles angoisses quand je descendais sur le
théâtre, quand j'entendais frapper les trois coups
et lorsque, enfin, le rideau se levait! Qui n'a point
passé par ces terribles épreuves ne peut se les figurer. Heureux l'acteur qui ne connait pas la crainte !
L'assurance plait au public; elle hâte le succès, elle
le double ; elle permet de frapper fort, ce qui, pour
la multitude, vaut généralement mieux que de frapper
juste. Pour moi je ne frappais ni fort ni juste;
mais la fidélité de ma mémoire, le zèle consciencieux avec lequel je m'acquittais de mes rôles, m'ont
tenu lieu, en partie, de cette assurance qui m'a si
longtemps fait défaut et je ne pense pas avoir nui
souvent aux auteurs qui m'ont confié une part
dans l'exécution de leurs œuvres.

J'allais tous les matins répéter chez Michelot et, le soir, il me faisait entrer dans les coulisses quand il jouait ; mais, n'étant pas sociétaire encore, il se trouvait que sa recommandation échouait souvent contre des mesures prohibitives décrétées par le comité d'administration. Il y avait à cet égard une sorte de lutte entre le Comité et les autres membres de la Comédie. On signifiait au concierge de la porte des acteurs de ne laisser entrer personne, et au Suisse d'expulser du théâtre quiconque s'y serait introduit. Cela durait quelque temps ainsi ; mais quand les puissances du lieu, Fleury, Raucourt, Mars, Talma, donnaient des ordres contraires en faveur de leurs protégés, le concierge et le Suisse oubliaient leur consigne ; peu à peu la sévérité faisait place à l'indulgence, jusqu'à ce qu'une nouvelle défense du Comité rétablît le système de rigueur qui ne durait encore qu'un certain temps, et c'était toujours à recommencer. Quand j'avais franchi l'entrée et monté l'escalier, je traversais le théâtre, descendais quelques marches conduisant à l'orchestre des musiciens, et je prenais place sur une petite banquette placée à la gauche des spectateurs et qui pouvait contenir deux ou trois personnes. Il fallait venir de très bonne heure pour s'emparer d'une de ces places. Là, se trouvait encore un Argus à endormir. C'était un vieux bonhomme chargé de placer les morceaux de musique

sur chaque pupitre et de les en retirer. Les jours où
les musiciens étaient obligés de céder leurs places
à la foule, il enlevait aussi les pupitres. Ces jours-là
m'étaient funestés, car le bon vieux me priait alors,
assez poliment, je dois le dire, d'aller chercher une
place ailleurs. Alors je remontais silencieusement
au théâtre et j'allais, pour échapper aux regards,
me cacher dans la première coulisse, près de ce
qu'on appelle le Manteau d'Arlequin. Un soir, (c'é-
tait vers la fin de décembre) on donnait *Tartuffe* et
la Gageure imprévue ; Mlle Devienne, que sa mauvaise
santé avait éloignée de la scène, y faisait sa rentrée,
après une absence assez longue, dans le rôle de
Dorine et dans celui de Gatte, dont le nom fut
changé plus tard dans *la Gageure* pour celui de
Julie. Le vieux gardien de l'orchestre, en me voyant
arriver, s'empresse de me dire que je n'y puis
prendre place, car, vu la foule, tout l'orchestre sera
livré au public. Je m'en allais le cœur gros, quand
apparemment ma figure piteuse toucha le cœur du
bonhomme. Il me rappela en me disant : « Ecoutez :
je vous laisserai entrer ce soir ; mais c'est bientôt
le jour de l'an ; souvenez-vous de moi ! » Je m'empressai de lui en faire la promesse, ne sachant trop,
hélas ! comment je pourrais la tenir, et je fus heureux encore ce soir-là. Mlle Devienne me fit moins
de plaisir dans *Tartuffe* que dans *la Gageure*, où
elle faisait valoir avec un art parfait jusqu'aux

moindres choses du rôle peu important de la soubrette. Les plus petits mots étaient dits par elle
avec un esprit et une grâce dont on ne peut se faire
une idée. Mlle Mars eut beaucoup de succès dans
Mme de Clainville où on la voyait pour la première fois; mais, ce qui me ravit surtout, ce fut le
jeu de Fleury dans M. d'Etiollettes. Quel ton! quelle
finesse! quelle raillerie de bon goût! Le rôle n'est
pas long ; mais le charmant comédien en tirait un
parti merveilleux. Je me rappelle la manière dont
il sortait du cabinet et la moquerie respectueuse
avec laquelle il répondait à ces mots de la mar-
quise : « J'étais donc votre dupe, monsieur?»— par
ceux-ci : « Non, madame, mais je n'étais pas la
« vôtre. » Ce sont là de ces délicatesses qu'il faut
renoncer à bien faire comprendre. Baptiste aîné
produisait, à juste titre, beaucoup d'effet dans
M. de Clainville, et je passai une délicieuse soirée.
Comme ces talents d'élite me rendaient cher l'art
que j'étudiais en m'en faisant toutefois apercevoir
les difficultés! C'étaient de belles leçons que je tâ-
chais de mettre à profit et qui, tour à tour, me
donnaient et m'ôtaient le courage.

Le jour de l'an arriva et je n'osai affronter les
regards de mon bienfaiteur : car il n'eût pas manqué de réclamer les étrennes promises que le
vide habituel de ma bourse me mettait dans
l'impuissance de lui offrir. Je restai donc dans les

7.

coulisses où mes jouissances artistiques étaient souvent troublées par le Suisse qui, posant sur mon
épaule sa lourde main, me disait d'une voix sévère:
« Vous ne pouvez pas rester là. » Je ne faisais pas
de résistance et partais le cœur rempli de tristesse
en maudissant ma pauvreté qui, en me fermant
les portes de la salle, m'exposait à ce que je regardais comme de cruelles humiliations. La mort du
vieux garçon de l'orchestre me permit cependant
de retourner quelquefois à ma place habituelle.
Oserai-je avouer que le funèbre événement qui me
libérait envers mon créancier me causa une joie
barbare. Elle dura peu cependant et pour m'en justifier vis-à-vis de moi-même, je me répétais : « Il
était bien vieux. »

Les liens d'amitié qui m'unissaient à Raymond
et à Perlet se resserraient de jour en jour à ce point
que nous ne pouvions nous passer de nous voir.
Quand la classe était finie, nous retardions l'instant de nous quitter par des promenades sans fin
et nous nous demandions s'il ne nous serait pas
possible de dîner ensemble. Mais hélas ! la rapide
inspection de nos bourses nous en ôtait bientôt l'espoir. Cependant il y eut des jours, (jours rares et
cent fois bénis !) où, en réunissant nos indigences,
nous pouvions aspirer à un dîner de vingt-deux
sous par tête. Alors nous parcourions le Palais-
Royal pour y lire les affiches des restaurants. Mes

deux compagnons m'impatientaient souvent par leurs hésitations car, soit que j'eusse un goût moins délicat ou un appétit plus insouciant, moi, je me décidais sur-le-champ pour le premier établissement qui se présentait. Si je me sers du mot *établisse-ment*, c'est que c'était celui qu'employaient alors tous les nouveaux restaurateurs sur leurs pompeuses affiches, et que nous l'avions adopté entre nous. « Cherchons un établissement », disions-nous, quand nous parlions d'aller au restaurant.

Nous étions tous les soirs à peu près, Raymond, Perlet et moi, dans les coulisses du Théâtre-Français. Quand le spectacle ne nous attachait pas, nous nous interrogions sur nos ressources financières qui nous permettaient quelquefois de nous livrer à une orgie fort peu coûteuse qui consistait en ceci : nous allions chez un marchand de vin où nous commandions une omelette avec le pain et le vin, accessoires obligés. Ces repas étaient toujours assaisonnés de réflexions sur le théâtre et de discussions, fort vives parfois, dont notre amitié ne souffrait pourtant pas. Nous nous quittions le plus tard possible avec des soupirs de regret et des promesses de nous revoir le lendemain aussitôt que nous le pourrions. Bons et chers amis ! Vous avez quitté cette terre, mais vous vivez en moi ; je me sens toujours uni à vous par les liens sacrés du passé. O douce puissance du souvenir ! je vous vois, je vous

entends, je vous parle. Tant que je vivrai, il me
semble que vous n'appartenez pas tout entiers à la
mort, puisqu'il me reste de vous le souvenir ; le
souvenir, cette joie mélancolique du vieillard qui
amène tout à la fois le sourire sur ses lèvres et les
larmes dans ses yeux.

Cependant les malheurs de l'empire avaient
commencé. Napoléon était revenu à Paris et je me
rappelle que, le lendemain de son retour, me rendant de la rue Saint-Germain-l'Auxerrois, où je
demeurais, chez Michelot, qui habitait rue du Hazard,
je lus sur un mur ces mots : *A bas le lâche tyran
qui abandonne son armée !* Arrivé chez Michelot, je
racontai le fait. Il était avec deux ou trois de ses
amis, et il y eut dans mon auditoire comme un
mouvement d'effroi. On me fit recommencer mon
récit en me demandant si je ne m'étais pas trompé.
Je répétai ce que j'avais lu. On se regarda, puis on
se tut, et, après un silence, on se mit à parler d'autre
chose.

A force de travailler, il vint enfin un moment
pour moi, où, moins timide, je commençai à fixer
l'attention des professeurs. A partir de là, mes progrès furent assez rapides. Il y avait au Conservatoire
tous les dimanches, vers deux heures, des séances
où l'on offrait au public les meilleurs élèves de l'é-
cole ; un dimanche était spécialement consacré à la
musique vocale et instrumentale, et le dimanche

suivant à des scènes de tragédie et de comédie. Mes amis Perlet et Raymond étaient les étoiles des exercices dramatiques; Perlet surtout; il était l'enfant gâté du public et, dès qu'il paraissait, les rires et les applaudissements éclataient dans toute la salle. Je me suis toujours su gré d'avoir compris qu'il les méritait et de ne m'être pas senti humilié par une supériorité que j'aimais à reconnaître. Je me souviens qu'à un de ces exercices, je me trouvais assis au parterre à côté d'un jeune homme qui devint plus tard un de nos plus célèbres compositeurs. A l'époque dont je parle, il était accompagnateur dans la classe lyrique. Perlet, ce jour-là, jouait Gros René du *Dépit amoureux*. Comme je mêlais mes applaudissements à ceux que lui prodiguait le public, le jeune accompagnateur se retourna vers moi avec étonnement : « Est-ce que vous ne jouez pas les mêmes rôles que Perlet » ? me dit-il. — « Si vraiment. » — « Alors pourquoi l'applaudissez-vous ? » — « Parce que je trouve qu'il mérite des applaudissements. » Nouvelle surprise de mon interlocuteur qui termine enfin l'entretien par ces mots : « Je ne ferais pas comme vous, moi. »

Il est généralement convenu que le succès d'un rival doit affliger, et j'avoue que j'ai cédé quelquefois à ce mauvais sentiment; mais, c'est quand le succès ne me semblait pas légitime. Je me suis toujours incliné devant ceux qui m'étaient supérieurs. Perlet avait deux titres sacrés pour moi ; il avait du talent et il était mon ami.

Un jour que les professeurs étaient rassemblés, je ne sais pour quelle cause, chez le directeur, M. Sarreste, Lafon, qui depuis quelque temps était plus content de moi et me prenait en amitié, m'envoya chercher pour faire remarquer mes progrès à ses collègues. Je répétai Carlin, *du Distrait*. Il y avait là, si ma mémoire est fidèle, Talma, Fleury et Baptiste aîné. Talma me dit des choses très aimables, mais il me reprocha de ne pas parler plus souvent dans le medium. C'est la première fois que ce mot frappa mes oreilles. Fleury me mena dans un coin de l'appartement et me lut toute la scène. Après ces encouragements qui hâtèrent mes progrès, je parus dans les exercices, où le public me fit bon accueil et j'y pris rang immédiatement après Perlet et Raymond. Nous étions les trois premiers élèves de la déclamation. Ces deux bons amis paraissaient charmés de mes succès : ils avaient compris qu'il y avait en moi quelque chose qui ne se révélait qu'à grand'peine à cause de mon excessive timidité ; mais, dans nos entretiens sur le théâtre, ils faisaient cas de mon opinion. Quant à mon professeur Lafon, il commençait à être fier de moi. J'allais toujours à la classe de Baptiste aîné pour entendre les leçons si consciencieuses qu'il donnait

à Perlet et dont je tirai un grand profit. Flatté de
cette assiduité, le professeur de mon ami me prenait en affection et me faisait quelquefois répéter,
quoique je ne fusse pas de sa classe. Bien qu'il
aimât beaucoup la jeunesse, il lui arrivait assez souvent d'adresser aux élèves des railleries qui les
blessaient d'autant plus qu'elles faisaient rire leurs
camarades. Quand c'était sur moi qu'elles tombaient, loin de m'en laisser accabler, je ripostais
avec une hardiesse dont il ne s'offensait pas. Je
dois dire qu'avec des cheveux très épais qui cachaient
une toute petite figure, un corps très grêle, une
mise des plus pauvres, j'offrais un ensemble grotesque. Or un jour que Baptiste enseignait le rôle
de Zémire dans *Zémire et Azor*, le jeune élève ne
pouvant parvenir à exprimer l'effroi que doit lui
causer la vue d'Azor, Baptiste lui dit : « Figurez-
vous donc que vous voyez quelqu'un de très
laid », et m'apercevant, il ajoute : « Samson, par
exemple. » Grands éclats de rire dans la classe.
Pour moi, rouge de honte, je me retourne vers lui,
et, le regardant audacieusement bien en face, j'ose
lui dire : « Pourquoi cherchez-vous si loin, monsieur? »
Il me regarda, se mit à sourire et me frappa amicalement sur l'épaule. Une autre fois qu'il m'engageait à ne pas garder au théâtre mon nom qui pourrait m'attirer de mauvaises plaisanteries : « On dira
peut-être, ajouta-t-il, que tu n'es pas fort comme

Samson. »—« Qu'on dise ce qu'on voudra, lui répondis-je, je m'en soucie peu et, sur ce point, je su is tranquille comme Baptiste. » Ces réparties ne lu i déplaisaient pas, et il semblait aimer mon carac-tère.

Cependant, au milieu de mes préoccupations d'artiste, il m'avait fallu faire acte de citoyen. J'avais tiré à la conscription et un numéro fatal m'était échu. Mon père s'en tourmentait fort et, ne sachant comment me faire exempter de la gloire militaire qu'il était loin de rêver pour son fils, il s'efforçait du moins d'obtenir des délais. Nous allâmes ensemble place Vendôme chez le directeur de la conscription : c'était alors une importante fonction que celle-là, et dont le titulaire ne manquait pas d'occupation. Il y avait foule à sa porte. On vous donnait des numéros pour être introduit à votre tour, et nous fîmes queue assez longtemps. Ce que dit mon père, ce que le directeur répondit, je l'ignore, car j'étais sur ce point d'une insouciance que je ne m'explique pas. Plus épris du théâtre que jamais, je répétais toujours quelques rôles mentalement, et j'attribue à cette cause la distraction que j'apportai à la conversation. Toujours est-il que nous obtînmes le délai demandé, dont je ne me rappelle pas la durée.

Je voyais peu mon père. Comme il avait senti le besoin de se faire un intérieur, il s'était remarié deux fois depuis la mort de ma mère, ce qui m'avait

fait de la peine. Sa première femme me plaisait
peu. Quant à la seconde, j'avais de la répugnance
pour elle. J'habitais, rue Saint-Germain-l'Auxerrois, une chambre fort modeste de l'appartement
qu'il y avait occupé. Je pouvais aller dîner avec lui
chez sa seconde femme ; mais le sentiment de
répulsion qu'elle m'inspirait rendait mes visites
fort rares. Je voyais d'ailleurs que cette seconde
belle-mère ne me rendait pas mon père favorable:
On me reprochait de ne pas savoir encore gagner
mon pain quotidien. Cependant je touchais un peu
d'argent en remplissant dans des bureaux de loterie
l'emploi de clôturier, c'est-à-dire de commis allant
travailler dans les bureaux les jours de clôture,
les 5, 15 et 25 de chaque mois pour le tirage de
Paris, de six heures du soir jusqu'à une heure du
matin. Je donnais aussi à la concierge d'un grand
hôtel des leçons d'écriture dont j'aurais eu grand
besoin moi-même et, de plus, je copiais, assez mal je
dois le dire, vu ma mauvaise écriture et mes distractions perpétuelles, des manuscrits de toute
sorte. C'était mon père qui m'avait trouvé tous ces
moyens d'existence, et qui payait le loyer de ma
chambre. J'allais, pour éviter de me trouver avec
ma belle-mère, dîner à vingt-deux sous par tête, mais
il y avait des mois dont j'attrapais difficilement la fin
parce que je diminuais mes revenus par des achats
de brochures dont le prix, cependant, ne dépassait

guère huit sous. Pourtant, sans m'inquiéter du déficit qui m'attendait, j'achetais d'autres fois des livres
qui me coûtaient beaucoup plus cher. Alors, pour
rétablir l'équilibre dans mes finances, je me voyais
forcé de dîner dans ma chambre avec un petit pain
de deux sous et un cervelas de trois sous. J'avais une
fontaine dont l'eau servait à arroser ces somptueux
repas. Il y eut même des jours où je ne pus atteind-
dre à ce luxe du cervelas et où je dus me contenter
d'un simple pain de seigle d'un sou pour tout dîner.
Encore souvent était il rassis et devais-je, me sou-
venant de Melchior Zupata de *Gil-Blas*, tremper gaiment ma croûte dans un verre d'eau.

Le délai accordé par le directeur de la conscription
allait expirer. Mon père me dit d'en aller demander
un nouveau ; je le promis et n'en fis rien. J'aimais
bien mieux passer avec mes amis le temps qu'il
m'eût fallu consacrer à cette ennuyeuse démarche.
Alors je reçus une lettre qui me prescrivait de me
rendre à la Place Royale pour y prendre mon équipement de soldat. J'y allai, et quand je parlai d'un
nouveau délai que je me proposais de solliciter, je
fus traité assez rudement par un monsieur de fort
mauvaise mine qui m'annonça qu'il fallait me préparer au départ. Mon père me gronda de ma négli-
gence et parvint cependant encore à obtenir un
nouveau délai. Mais comment arriver à me faire
exempter ? C'était là la question insoluble. Il crut

voir dans mon admission à un théâtre impérial une chance de salut, et me mena chez Duval, l'heureux auteur des pièces en vogue à la Comédie-Française et à l'Opéra-Comique, qui était alors directeur de l'Odéon. Duval était au lit. Il nous reçut assez bien, mais mon physique ne le prévint pas favorablement. Il me trouva trop jeune, me dit qu'il n'avait pas besoin de moi et, pour me consoler, me donna des entrées à son théâtre.

L'époque du concours approchait et je fus désigné pour concourir. On croyait que le premier prix serait un titre à l'exemption militaire, et, dans cette occasion, Perlet se conduisit très généreusement envers moi. Il était sûr d'obtenir à ce concours le premier prix de comédie et, pour me le laisser décerner, il prétexta une indisposition qui l'empêchait de concourir. Tout alla donc comme on le pensait, et j'obtins le premier prix. Mais mon triomphe me fut inutile. Le premier prix ne me privait pas de l'honneur de mourir sur un champ de bataille. Mon pauvre père se désolait à l'idée de me voir partir. A cette époque nos victoires étaient si effrayantes et les espérances de paix si loin de tous les cœurs ! La guerre semblait se perpétuer jusqu'à l'extinction totale des races européennes. Pour moi, les inquiétudes de mon père ne parvenaient pas à m'émouvoir. Je ne sais pourquoi j'avais l'idée fixe que je ne serais point soldat. L'événement, en effet, me donna raison.

Le 15 octobre 1812, Napoléon Ier décréta, au quartier impérial de Moscou, l'établissement dans le Conservatoire d'un pensionnat pour dix-huit élèves du Théâtre Français, neuf de chaque sexe. J'étais assuré d'en faire partie avec mes amis Raymond et Perlet. Qu'on juge de notre joie ! Mon père, en apprenant cette nouvelle, fut le plus heureux des hommes et c'est à ce moment là seulement que je compris le danger que j'avais couru. Mais hélas ! il fallait un trousseau et nous étions hors d'état de le fournir. Heureusement M. Sarette, toujours si bon pour moi, n'en exigea que la moitié et, avec d'autres élèves qui nous furent adjoints, nous nous réunîmes aux pensionnaires du chant. Ce furent encore d'heureux jours que ceux que je passai au pensionnat du Conservatoire, jours sans souci du présent et sans crainte de l'avenir.

CHAPITRE VIII

Ponchard, Levasseur, Mme Rigault, Menjaud. — La déroute
de Moscou. — Brunet. — Ma première campagne et ma
retraite. — Les ennemis à Montmartre.

Ponchard, ce chanteur d'élite et cet excellent
homme, n'était plus au Conservatoire quand j'y entrai comme pensionnaire. Il l'avait quitté peu de
temps avant pour l'Opéra-Comique, mais il y venait
encore suivre les leçons du grand artiste Garat.
Elèves et professeurs, tout le monde l'aimait et tous
le reconnaissaient pour le premier sujet de l'école.
La mort, en le frappant dernièrement, est venue
rompre des relations d'amitié qui m'étaient chères.

C'est au Conservatoire aussi que j'ai connu Levasseur, qui demeura toujours le fidèle ami de Ponchard, Levasseur dont le talent a été si souvent
applaudi sur notre première scène lyrique et qui a
créé, entre autres, Bertram dans *Robert le Diable*
d'une manière inimitable. Il est devenu mon collè-
gue dans cette école où jadis nous fûmes condisci-
ples.

A la même époque que moi, se trouvaient au Con-

servatoire aussi Mlle Callaut, devenue Mme Ponchard,
dont la méthode et l'expression étaient si bien ap-
préciées par les vrais amateurs de l'art; Mlle Pal-
las, qui fit les délices de l'Opéra-Comique et qui,
plus tard, s'appela Mme Rigault. J'ai été bien heureux de la revoir à Fontainebleau il y a quelques
années, avec son mari, musicien distingué qui
a été attaché à la chapelle de Louis XVIII et qu'un
excès de timidité a seul éloigné du théâtre. Il y
avait encore Mlle Chomel qui possédait une voix de
contralto splendide. Elle est aujourd'hui la veuve
du célèbre chanteur Rubini; puis Charles Duvernoy, de l'Opéra-Comique, dont l'affection n'a pas
vieilli en dépit des années qui ont blanchi nos
cheveux, et qui conserve toujours sa jeunesse de
caractère et de cœur. Il étudiait alors le violon dans
la classe de Baillot. Aujourd'hui il est le surveillant
de ce pensionnat où il venait nous visiter chaque
jour et où nous avons ri de si bon cœur. Menjaud
était aussi des nôtres. C'était un garçon d'un caractère doux et timide qui ne manquait pas de talent et
qui a laissé au Théâtre-Français, où nous fûmes plus
tard sociétaires en même temps, d'honorables souvenirs. Il s'est retiré au moment où, ayant vaincu
sa timidité excessive et la gaucherie qui en résultait, il marchait dans son art à pas de géant. On
se le rappelle dans sa création de Bolingbroke dans
le Verre d'eau; il a laissé bien des regrets aux

amateurs. Il est mort récemment. Damoreau, le mari de la célèbre cantatrice dont le talent revit chez sa fille, Mme Vekerlin, était notre camarade ainsi que Tulou, la divine flûte qui charma si longtemps le Conservatoire et le Grand Opéra. Lui aussi est parti depuis peu pour l'éternel voyage. Hélas! parmi mes compagnons de jeunesse, combien nous ont quittés pour ce monde inconnu où ils nous attendent! Quel vide dans nos rangs! C'est une raison pour aimer mieux encore ceux qui nous sont restés.

L'année suivante (1813), mon ami Perlet reçut le premier prix de comédie dont il s'était si généreusement privé pour moi, et Raymond le deuxième prix. Celui-ci avait obtenu l'année précédente le premier prix de tragédie.

Les événements politiques se pressaient pendant ce temps. Moscou avait été le terme des conquêtes de Napoléon. Je ne rappellerai pas les affreux revers qui le ramenèrent en France. Ils sont, hélas! trop connus. Ces étrangers dont nous avions envahi le territoire entrèrent sur le nôtre. C'est alors que s'éveilla chez moi le sentiment patriotique, jusque là endormi. Les victoires et les conquêtes de l'Empereur m'avaient laissé assez froid. Ses défaites m'émurent profondément, et, cessant d'être Grec ou Romain, je me sentis alors Français. Les ennemis s'approchaient de la capitale; nous entendions parler de combats livrés à peu de distance de Paris, et

comme la discipline était fort relâchée à notre
pensionnat à cette époque, je sortais avec quelques
camarades pour avoir des nouvelles. Nous allâmes
jusqu'au camp de Pantin. C'était là un spectacle
que les circonstances rendaient émouvant. On ne
pouvait s'empêcher de penser que, bientôt peut-être,
la plupart de ces braves n'existeraient plus. Des officiers qui allaient rejoindre leurs régiments di-
saient adieu à leurs camarades. A l'émotion de leurs
voix, à la chaleureuse tendresse avec laquelle leurs
bras se serraient et leurs lèvres se collaient sur les
lèvres de l'ami, on sentait le baiser de la dernière
heure. Paris voyait défiler à tous moments des-ban-
des de jeunes paysans, pauvres conscrits enlevés
avant l'âge, dont la faiblesse et la fatigue inspiraient
une trop juste compassion. « Voilà donc nos défenseurs! disait-on. Pauvres enfants! Ce n'est pas le
canon qui les tuera : ils mourront en route. »

On doit penser qu'en un pareil moment nos études
de déclamation se trouvaient presque suspendues.
Nous avions cependant huit professeurs : Talma,
Saint-Prix, Lafon, Fleury, Saint-Fal, Baptiste aîné
et Michelot, mais aucun ne venait faire sa classe.
Le père de mon ami Perlet, correspondant des théâtres, avait été acteur autrefois au théâtre de la Cité
où il avait eu pour camarade Brunet, qui jouit d'une
si grande vogue dans les Jocrisses. Or, cette niaise-
rie qui le faisait applaudir si fort au théâtre, Bru-

net l'avait aussi à la ville. Sa voix, ses gestes, sa
figure, tout en lui sentait le Jocrisse. Il l'était jusque dans le zèle consciencieux qu'il apportait à
l'exécution de ses rôles. Chargé de représenter un
valet qui, après avoir dérobé une pomme, se cachait
derrière un fauteuil pour la manger, Brunet la
mangea toujours scrupuleusement, quoique personne ne pût le voir et quoiqu'un meuble le cachât
aux yeux du public. Il aurait cru manquer à son
devoir de comédien s'il n'eût chaque soir croqué la
pomme jusqu'aux pépins. Dans une pièce où jouait
le père de Perlet, celui-ci avait à donner un coup
de pied à son camarade Brunet. Or on sait que de
temps immémorial les coups de pied lancés dans
une certaine partie du corps ont le privilége d'exciter l'hilarité du parterre; mais Brunet n'était pas
satisfait. Selon lui, on ne riait pas assez, parce que
Perlet le ménageait trop.

— Donne-moi un bon coup de pied qui m'enlève
de terre et m'envoie dans la coulisse, lui disait-il.

— Je te ferais du mal, répondait l'autre.

— Mais non, insistait Brunet, qu'est-ce que ça
peut te faire puisque je te le demande ?... Ce n'est
pas toi qui reçois le coup de pied... Tu peux bien me
rendre ce service-là.

— Calme-toi, tu seras content, reprit le père
Perlet, qui était d'une force peu commune; je te
promets de faire de mon mieux.

8

Ainsi fut fait. Quand le moment arrive, il prend
son élan pour envoyer son pied à l'endroit convenu,
et le pauvre Brunet, qui était petit et fluet, est enlevé de terre et s'en va retomber dans la coulisse.
Le succès fut prodigieux et Perlet fut effrayé. Crai-
gnant d'avoir passé la mesure, il jeta un regard inquiet sur son camarade qui, frottant la partie offensée,
offrait sur sa physionomie le mélange le plus singulier de joie et de douleur, la joie de l'effet produit
et la douleur du coup de pied trop accentué. Il faisait
signe de la tête que c'était très bien comme cela et
continuait à se frotter en donnant des marques du
plus grand contentement !

Je m'étais lié avec le fils de Brunet qui s'appelait Mira, Brunet n'étant qu'un nom de guerre.
C'était lui qui me mettait au courant des événements qui se succédaient avec une funeste rapidité.
Je lui dis que si la garde nationale sortait de Paris
pour se battre, je marcherais avec elle. « Malheureusement, ajoutai-je, je n'ai pas d'armes ». Il m'engagea
à venir coucher chez son père dont je prendrais le
fusil. Nous devions après partir tous deux, car il
partageait mon ardeur martiale et nous voulions
vaincre ou mourir. Donc le 29 mars, vers la fin du
jour, Mira vint me chercher et nous allâmes du
côté des barrières Clichy et Montmartre. Nous
interrogeâmes là un factionnaire qui nous dit qu'à
en juger par les récits qui arrivaient de toutes parts;

on avait dû se battre à une distance très peu éloignée, et que les troupes ennemies étaient tout près
de Paris. Nous allâmes raconter cela dans les coulisses du théâtre des Variétés, où l'on nous rit au
nez en nous plaisantant, car, en dépit des échecs
successifs de l'Empereur, la confiance en son génie
et en sa fortune était si grande encore que cet inves-
tissement de Paris par les armées étrangères était
imputé à sa stratégie : « Il les pousse sous nos murs
pour mieux les envelopper », répétait-on, et nos récits
semblaient inspirés par la peur. Honteux de l'accueil
qu'on avait fait à nos nouvelles, nous allâmes chez
Brunet, qui demeurait, si je me souviens bien, au faubourg Montmartre. Après le spectacle, il vint nous rejoindre. Bien entendu il ne fut question que des terribles événements qui se préparaient pendant tout
le souper, mais nous espérions cependant que
le lendemain une victoire du grand homme viendrait mettre fin à nos anxiétés.

Le lendemain, de très bonne heure, nous nous
mettions en route, Mira et moi, armés chacun d'un
fusil, et nous nous dirigions vers la place Vendôme.
Il y avait là beaucoup de gardes nationaux et nous
nous nous plaçâmes dans leurs rangs, attendant des
ordres. Il n'en venait pas. L'impatience nous prit et
nous résolûmes d'aller à la barrière Clichy. Quand
nous y arrivâmes, on nous dit que le roi Joseph,
après avoir encouragé les gardes nationaux en leur

promettant de ne point quitter Paris, venait de
s'enfuir ; ce qui avait jeté le plus grand découragement parmi le petit nombre de défenseurs de la
barrière. C'était le maréchal Moncey qui commandait. Il faisait appel en ce moment au courage de
la garde civique et engageait les hommes à sortir.
« Qu'on voie, disait-il, que les Parisiens veulent se
défendre, afin que, s'il nous faut capituler, nous
obtenions au moins une capitulation honorable ! »
Mira, moi et une quarantaine d'hommes, nous sor-
tîmes. M. Odiot, colonel, était à notre tête.
Les obus commencèrent à tomber autour de nous.
Les tambours les ramassaient en riant, mais eux
seuls avaient le courage de rire. Les rangs n'étaient
plus gardés et on n'entendait que ces mots : «Je
suis père de famille, après tout. Pourquoi irais-
je me faire tuer ? Que pouvons-nous faire contre
l'artillerie ennemie qui va nous foudroyer ? » M.
Odiot faisait d'inutiles efforts pour retenir ses hommes et faire garder les rangs. Les obus tombaient
plus nombreux et la frayeur s'emparait de chacun.
On nous commanda d'aller occuper une maison qui
était à notre droite, de nous y barricader et d'y attendre l'ennemi. Au moment où nous nous dirigions
de ce côté, voici les dragons de l'Impératrice qui
accourent bride abattue chercher un refuge derrière
les murailles de Paris. Alors il ne fut plus possible
de retenir les gardes nationaux. Ce fut une déban-

dade générale. On avait élevé en dehors de la barrière des charpentes qu'on appelle, je crois, des chevaux de frise, mais qui étaient un bien impuissant rempart. Au milieu, un intervalle étroit où se pressaient hommes et chevaux pour rentrer dans la ville. Ne pouvant y pénétrer par cet endroit, je m'efforçai de monter par dessus les charpentes. Alors je me sentis poussé par quelqu'un qui, sans doute, voulait prendre le même chemin. Arrivé tout en haut, j'étais gêné par mon fusil. Quelqu'un encore me le prit, qui me le rendit quand je fus descendu. Dans cette retraite, un peu précipitée, j'avais trouvé deux auxiliaires bien précieux, sans lesquels je restais peut-être dehors, exposé aux canonnades ou aux fusillades russes. Quels étaient ces généreux sauveurs? Je ne cherchai pas à le savoir et ils ne reçurent pas même mes remerciements. Mon salut était alors ma seule préoccupation.

Il y avait dans le faubourg, non loin de la barrière, un corps de garde occupé par des débris d'infanterie française, de braves soldats de la ligne qui venaient de se battre et avaient encore la bouche noircie de poudre. En nous voyant fuir, ils nous montrèrent le poing et nous dirent des injures, mais rien ne put arrêter notre course. Les obus pleuvaient déjà dans le faubourg et nous craignions de voir arriver la cavalerie ennemie à la poursuite

de la nôtre. Cependant, à un carrefour, nous
nous arrêtâmes devant un homme vêtu en garde
national, sans sabre ni fusil, une canne à la main,
qu'il agitait.; il cria d'une voix fièvreuse et reten-
tissante : Français ! vous fuyez devant une poignée
d'hommes ! vous n'avez affaire qu'à une colonne
russe que l'Empereur a séparée du reste de l'armée pour la prendre entre deux feux. Lui-même
s'avance pour l'anéantir. Vous allez le voir paraître. Restez donc où vous êtes. Qu'on entre dans
les maisons, qu'on en apporte ici les meubles,
qu'on prenne les voitures, tout ce qui peut servir
à faire des barricades derrière lesquelles nous
fusillerons les misérables qui osent s'attaquer à
nous ! Allons, Français ! du courage et nous serons
vainqueurs ! » Tout cela était accompagné de terribles jurons que je passe sous silence. L'aspect et la
voix d'un homme de cœur ont de l'ascendant sur
les plus faibles mêmes. On alla frapper aux portes
cochères pour chercher dans chaque maison des
éléments de barricade. Tout ce qu'on put trouver,
ce fut une brouette qu'on plaça au milieu du carrefour. Quand nous vîmes tout notre salut reposer
sur cette brouette, cela ne servit qu'à augmenter
notre découragement et chacun s'esquiva de droite
et de gauche le mieux qu'il put. Mon compagnon
me quitta en route pour aller raconter à la maison
paternelle à quoi s'étaient bornés nos faits d'armes.

Quant à moi, je m'en retournai au Conservatoire, mais auparavant je voulus parcourir les boulevards. Je vois encore les longues files de fourgons qui attendaient là le signal du départ et les soldats qui devaient les escorter, couverts de grands manteaux blancs. Un silence sinistre planait sur la ville. Je rentrai le cœur serré. Le jour tombait et l'ombre commençait à envelopper Paris. Dans la soirée, nous vîmes, des fenêtres de nos chambres, les feux ennemis allumés sur les buttes Montmartre. Quelle nuit !

CHAPITRE IX

Entrée des alliés. — Le roi Louis XVIII et la duchesse
d'Angoulême. — Le pensionnat est supprimé. — Les émigrés. — Retour de l'île d'Elbe. — Je m'enrôle parmi les
volontaires royaux. — A quoi tenait l'opinion politique
des actrices de la Comédie-Française. — Les Cent-Jours. —
Ma seconde campagne, plus rapide encore que la première. — Rentrée de Napoléon et de notre directeur
Sarrette. — Mon refus de signer l'acte additionnel. —
Waterloo.

Le lendemain, mon père vint me chercher. Il était
en proie à la plus grande agitation et avait passé
la nuit sur pied. Nous allâmes déjeuner dehors et
vimes défiler sur le boulevard du Temple l'infanterie russe, qui était formidable. Leurs soldats,
d'une très haute stature, étaient commandés par de
tout jeunes officiers, d'assez petite taille, qui avaient
l'épée à la main, l'estomac très bombé, une ceinture
à bouts flottants, les sanglant fortement, puis
une casquette laissant voir de chaque côté des
touffes de cheveux blonds. L'un d'eux, plus jeune
et plus fluet encore que les autres, saluant avec
son épée les femmes qui étaient aux fenêtres, dit en
souriant, avec une voix très douce : « Eh bien ! Mes-

dames, les voilà ces barbares du Nord ! » Au boulevard des Italiens, les troupes russes furent reçues
avec enthousiasme par des Françaises du beau monde
qui n'avaient de français que le nom, et l'on dit que
les officiers russes ajoutèrent à leurs conquêtes militaires plus d'une conquête galante. Quelle honte !
Je m'en retournai la mort dans l'âme, et cette journée ne s'effacera jamais de mon souvenir ; mais il
n'entre pas dans mon sujet de raconter les événements politiques de cette époque ; ce sont mes souvenirs d'artiste surtout que j'écris : j'y reviens.

Il y eut à peu de temps de là, à notre Conservatoire, un exercice d'élèves auquel assistèrent les
souverains étrangers. Les détails n'en sont pas présents à ma mémoire, car je fuyais le plus possible
l'aspect de nos vainqueurs. Seulement je sais que
l'empereur Alexandre y fut reçu avec des transports d'admiration par les dames, qui se précipi-
taient sur son passage avec une remarquable incon-
venance. O Parisiennes ! Vous êtes de bien
charmantes femmes ! Mais l'amour de la patrie et
la dignité qui convient à votre sexe, sont choses
trop sérieuses pour votre aimable frivolité.

Monsieur, frère de Louis XVIII, était à Paris et
l'on y annonçait la prochaine arrivée du roi et de
sa nièce, Mme la duchesse d'Angoulême. J'avais,
je l'avouerai, peu de sympathie pour cette race
royale, venant à la suite de l'étranger et s'imposant

à nous par nos revers. Je voulus cependant la connaître et m'en allai jusqu'à Saint-Ouen, où résidait le
roi. Je trouvai sur la route un grand nombre de
curieux, de gardes d'honneur, puis des débris de la
vieille garde impériale qui inspiraient à tous un
profond sentiment de respect. Des cris de : Vive la
vieille garde ! se mêlaient aux cris de : Vive le roi !
Celui-ci entra dans Paris avec la duchesse d'Angou-
lème au milieu des plus bruyantes acclamations.
De vieux royalistes fondaient en larmes en revoyant
l'auguste et malheureuse fille de Louis XVI. Je
partageai cette émotion tout en me la reprochant, car
l'humiliation de la France était mon unique pensée.

Le 28 décembre 1814, notre cher directeur,
M. Sarrette, qui avait été le fondateur du Conserva-
toire, en fut chassé sans égards, honteusement.
Voici la lettre qu'il reçut :

« Monsieur, je vous préviens que j'ai donné des
ordres pour que l'hôtel des Menus-Plaisirs et toutes
ses dépendances soient mis de suite à la disposition
de M. le comte de Blacas, ministre de la maison du
Roi.

« Vous devez, Monsieur, quitter sans délai l'appartement que vous occupez et vous regarder, dès
ce moment, comme n'ayant plus la direction du
Conservatoire.

« Je suis, Monsieur, très parfaitement serviteur,

« L'ABBÉ DE MONTESQUIOU »

Cette épitre administrative est curieuse par l'absence des formules de la plus simple politesse. On la remarque jusque dans l'omission volontaire du pronom *votre* avant le mot serviteur, ce qui rend la phrase assez niaise, car on ne comprend pas ce que signifie : *Je suis très parfaitement serviteur.* Serviteur de qui ? Enfin, un abbé s'occupant des menus plaisirs du roi, cela couronne le tout !

Le pensionnat de la déclamation fut donc supprimé et je me trouvai rejeté dans la triste situation d'où le décret de 1812 était venu me tirer. Comment pourvoir à mon existence ? L'affection de Michelot me vint en aide heureusement. Il enseignait la déclamation théâtrale et oratoire, et comme il ne pouvait, avec ses occupations au théâtre, prendre tous les élèves qui se présentaient, il m'en donna plusieurs. Malheureusement mon physique me faisait paraître encore plus jeune que je ne l'étais et inspirait peu de confiance aux personnes à qui il m'adressait. De sorte que j'étais souvent éconduit. D'autres fois, c'était mon caractère qui nuisait à mes intérêts. Ainsi un jour que j'allais remettre à un jeune homme une lettre de Michelot pour me servir d'introduction auprès de lui, ce jeune homme commença par me dire qu'il avait pris des leçons d'un ancien comédien de province appelé Lasozelière : « C'était un excellent professeur, continua-t-il; il ne pouvait pas sentir Talma, et il avait bien raison. J'espère que vous ne m'apprendrez pas à dire comme cet homme-là. » — « Malheureusement non, répliquai-je, indigné de l'outrage fait à mon idole. Je voudrais bien savoir dire comme lui ! » — « Je le trouve absurde, moi ! » — « C'est que vous ne vous y connaissez pas apparemment », répliquai-je avec vivacité ; et, tout rouge de colère, je m'en fus pour ne plus revenir, laissant l'élève de M. Lasozelière tout stupéfait. Il m'attend encore.

Ce fut à cette époque que je m'aperçus de la transformation de mon esprit et de mes pensées, transformation que beaucoup trouveront peut-être bizarre. Mes souvenirs grecs et romains avaient fait germer en moi un vif amour de la liberté. Or, sous un gouvernement où la presse enchaînée ne pouvait que louer et admirer, où l'Empereur seul usait avec excès de la liberté ravie à la nation, je m'étais en quelque sorte réfugié dans cette antiquité qui m'était si chère, et n'avais pour toutes nos gloires militaires qu'une profonde indifférence. Tous ces peuples soumis et ces trônes abattus n'étaient rien à mes yeux auprès de Miltiade, vainqueur à Marathon, auprès de Léonidas, auprès d'Epaminondas, délivrant son pays du joug de Lacédémone. Ce titre d'empereur, déshonoré par les tyrans de la vieille Rome, sonnait mal à mes oreilles, et je fus séduit par cette liberté politique qu'un roi rapportait à la France. Je lisais avec avidité tous les

journaux. La diversité de leurs opinions, la hardiesse de quelques-uns, ce réveil de l'esprit français, si longtemps comprimé sous une main de fer,
tout cela m'étonnait et me charmait tout à la fois.
Mon antipathie pour les Bourbons cessa. Quand on
me rappelait que c'étaient nos malheurs qui les
avaient ramenés parmi nous, je répondais que nos
défaites n'étaient pas leur ouvrage, qu'eux aussi
avaient souffert, qu'ils avaient vu monter sur l'échafaud un des leurs et étaient demeurés en exil pendant de longues années, et qu'enfin cette dynastie,
qui avait régné si longtemps sur la France, devait
réconcilier notre malheureux pays avec l'Europe
tout entière. Je voyais avec peine cependant les
insultes que leurs journaux prodiguaient aux héroï-
ques débris de notre grande armée et leur mépris
mal dissimulé pour cette charte donnée par
Louis XVIII, qui avait rallié cependant tant de Français autour de son trône. Rabaisser et injurier même
souvent la gloire militaire d'un peuple qui s'en était
enivré, c'était plus qu'une faute, c'était une mala-
dresse. Ces vétérans de l'émigration, si dignes d'intérêt cependant, qui nous revenaient avec leurs
costumes et leur coiffure d'une autre époque, semblaient solliciter le ridicule, si funeste dans notre
pays; sous leur vieille frivolité, se cachait leur
intolérance religieuse, on le sentait. Fidèles aux
antiques institutions que les mœurs nouvelles

9

repoussaient, ils revenaient répudier le drapeau
auquel tant de glorieux souvenirs se rattachaient
et qui semblait le drapeau de la France nouvelle,
et voulaient traiter en pays, conquis la patrie, dont
les baïonnettes étrangères leur avaient rouvert le
chemin. Tout cela jetait dans l'âme une vague.
inquiétude et faisait craindre que le trône restauré
ne reposât pas sur une solide base. Cette résurrec-
tion tout entière de l'ancien régime, personnifiée
dans les gardes du corps et les mousquetaires, bles-
sait les yeux et alarmait les esprits. La défiance
était partout.

Un jour, en arrivant à la classe du Conservatoire,
j'y vis régner une grande agitation. On disait que
Napoléon avait quitté l'île d'Elbe et venait de débar-
quer en France avec 400 grenadiers. Cet événement n'était que trop vrai. J'en reçus une doulou-
reuse impression. Je l'ai dit : j'étais devenu royaliste
constitutionnel et je voyais dans Napoléon Ier l'ennemi de toute liberté, le représentant de la force
brutale et le destructeur des races humaines. Ai-je
été coupable d'ingratitude en m'enrôlant parmi les
volontaires royaux qui devaient marcher contre le
fugitif de l'île d'Elbe ? Au moins ne puis-je être
accusé d'avoir été guidé par mon intérêt personnel,
qui eût dû me ranger au contraire parmi les Bonapartistes. Le fameux décret de 1812, en créant un
pensionnat, m'avait arraché aux périls d'une des

guerres les plus désastreuses de cette sanglante
époque. Pauvre, j'avais trouvé, avec l'enseignement
théâtral, le vivre et le couvert dans ce Conservatoire que j'ai toujours aimé comme une seconde
patrie. Je pouvais regarder mon avenir comme
assuré si le trône impérial se consolidait. Comment
donc étais-je entraîné dans une route d'où tout
semblait m'éloigner? Qui m'y poussait? mes convictions politiques, dont l'ardeur s'explique par mon extrême jeunesse. J'avais vingt-deux ans alors. Selon
moi, Napoléon ramenait le despotisme et la guerre,
ces deux objets de ma haine; il revenait décimer la
jeunesse française et, grâce à lui, des flots de sang
allaient encore inonder l'Europe. Le retour victorieux
de cet homme extraordinaire, ce trône reconquis
avec une si merveilleuse rapidité, tout cela m'étonnait sans m'éblouir, et ma raison se révoltait contre
cette injustice de la fortune. Ce que d'autres admi-
raient dans le moderne César n'était à mes yeux qu'un
parjure. L'Empereur n'avait-il pas abdiqué? n'avait-il
pas dit à ses soldats en leur faisant ses adieux:
*Soyez fidèles au nouveau souverain que la France
s'est choisi?* Tout cela n'avait donc été qu'une comédie? Alors la partie mauvaise de sa vie se dressait
devant moi. Je repassais dans ma pensée son faux
républicanisme, son abandon de l'armée d'Egypte,
la mort du dernier des Condé dans les fossés de
Vincennes, le faste impérial ressuscitant l'étiquette

des vieilles cours et la domesticité des premiers
dignitaires de l'Etat, l'insolence du despotisme militaire, la toute puissance du sabre, les lois mons-
trueuses de la conscription, venant prendre des
enfants hors d'état de porter les armes et les
semant morts sur les routes, les rois détrônés,
leurs sceptres aux mains de l'Empereur et de ses
frères, le chef de l'église catholique arraché violem-
ment à son pays et tenu captif dans le nôtre, et enfin
la France envahie et l'étranger jusque dans sa capitale. Voilà donc à quoi avaient abouti tant de conquêtes et tant de sang versé ! Cela m'indignait. Peut-
être eus-je dû m'abstenir de me mêler à tous ces
événements. Cela me fut impossible, et je m'enrô-
lai, comme je l'ai dit plus haut.

On sait que dans sa marche vraiment triomphale, Napoléon, parti de l'île d'Elbe avec onze
cents hommes, se composa une armée de toutes
les troupes qu'on envoya pour le combattre.
Quoique les journaux déguisassent la vérité, elle se
faisait jour, les royalistes s'inquiétaient devant les
physionomies radieuses et tant soit peu railleuses
des bonapartistes.

Les spectacles étaient désertés. Lafon qui, au
Théâtre-Français, ne jouait que la tragédie, venait de renouveler quelques essais déjà tentés
dans les premiers rôles de la comédie ; il avait
attiré du monde en représentant *L'Amant bourru*

et *Le Glorieux* ; mais au premier bruit du débarquement de l'Empereur, la salle était demeurée vide et les coulisses agitées. Talma y venait chaque soir donner des nouvelles, et la joie éclatait sur son visage en parlant de la marche triomphale de Napoléon s'avançant sur Paris; cependant sa parole était prudente et réservée; il ne se permettait jamais de réflexions injurieuses pour la dynastie chancelante. On faisait cercle autour de lui, car on le savait bien renseigné. Les bonapartistes, en l'écoutant, échangeaient entre eux des sourires significatifs, tandis que les royalistes exprimaient hautement leurs espérances et leur colère ; ils étaient peu nombreux au Théâtre-Français. Les comédiens, comblés des bienfaits de Napoléon, lui étaient en effet presque tous dévoués de cœur; ceux mêmes qui avaient été jadis emprisonnés pour leur attachement aux Bourbons, avaient fini par se rallier à l'Empire, oublieux d'une famille dont le retour semblait impossible à tous.

Pendant le règne si tôt interrompu de son oncle, le duc de Berry avait été un spectateur assidu de la Comédie-Française, et l'on dit que plusieurs des dames de ce théâtre lui lançaient de doux regards. Ces œillades qui, d'abord, n'avaient rien de politique, engagèrent cependant la conscience de celles qui les avaient si gracieusement jetées dans la loge royale, et elles se trouvèrent royalistes tout à coup, sans savoir, à coup sûr, pourquoi ; le théâtre Richelieu fut donc partagé en deux camps ; mais le camp bonapartiste était le plus fort. Mlle Dupont, alors simple pensionnaire, avait en vain sollicité, sous le règne de Napoléon, le titre de sociétaire ; la Restauration lui fut plus favorable et obligea le Comité d'administration, composé des plus anciens sociétaires, à l'admettre. La récipiendaire crut devoir aller remercier ses camarades. On raconte que Damas, ardent bonapartiste, et l'un des membres les plus influents du Comité, lui dit avec franchise qu'il avait voté contre elle, en ajoutant : « Prenez garde, Mademoiselle, vous n'aurez pas toujours cent mille baïonnettes étrangères pour soutenir votre réception. » En effet, je crois que pendant les Cent-Jours l'admission de la nouvelle sociétaire fut annulée et qu'il fallut un second envahissement du territoire pour la réintégrer dans sa position. Ainsi, les intérêts d'une jeune soubrette se trouvaient liés aux sanglantes guerres de cette époque !...

Pour en revenir à moi, ma campagne de volontaire ne fut pas longue. On nous avait désigné comme lieu de réunion l'ancienne cour de la Bibliothèque, rue Richelieu ; j'appris en y arrivant que je pouvais retourner chez moi, Napoléon devant entrer ce même jour dans Paris. En effet, en allant me débarrasser de mon équipement militaire, je

pus lire sur les murs les adieux du roi Louis XVIII
aux Parisiens. Mon uniforme ôté, j'allai au Palais
Royal et aux Tuileries pour me rendre compte
des impressions de la population. Dans le premier
jardin des groupes nombreux s'entretenaient avec
une joie pleine d'exaltation de la rentrée de l'Empereur, la mettant au-dessus de toutes ses victoires.
Aux Tuileries, il n'en était pas de même : la foule
était silencieuse et ne manifestait aucune joie ; elle
paraissait cependant décidée à demeurer jusqu'au
soir pour voir l'arrivée de l'Empereur. Le lendemain, le jardin était rempli de monde ; aux portes,
se tenaient des femmes qui vendaient des cocardes
tricolores ; les militaires abondaient dans les cafés,
où ils faisaient grand tapage ; à leurs voix retentis-
santes se joignait le bruit des sabres traînants dont
ils frappaient quelquefois le marbre des tables ;
le café du Théâtre-Français en était rempli ; ils se
déchaînaient là, en buvant du punch, contre les
Bourbons, les émigrés et les feuilles royalistes, et
jetaient les journaux à terre en s'écriant : « Les ca-
nailles ! nous ont-ils assez insultés ! nous allons les
voir, maintenant ! »

Avec Napoléon, M. Sarrette revint au Conservatoire ; et je l'y revis avec beaucoup de plaisir, excepté dans une occasion où l'élève osa tenir tête à son directeur. L'Empereur avait publié
un *Acte additionnel aux Constitutions de l'Empire,*

et des registres étaient ouverts dans toute la France pour recevoir les votes des citoyens sur cet acte, à la rédaction duquel Benjamin Constant avait concouru, car le célèbre publiciste s'était rallié à l'Empereur après avoir écrit dans les débuts : *Il reparaît, cet homme de sang !*

Conçoit-on qu'on ait demandé pour cet acte la signature des élèves du Conservatoire qui, dans leur position dépendante, n'avaient rien à refuser au gouvernement [1] !

Je refusai cependant de signer, moi, quand on me présenta le registre au secrétariat de l'école. M. Sarrette, apprenant cela, me fit venir chez lui pour combattre ma résistance; il me parla d'abord avec sévérité, s'étonnant qu'un pensionnaire du Conservatoire ne fût pas entièrement soumis à un gouvernement dont il avait reçu des bienfaits, et ajoutant que j'étais encore trop jeune pour avoir une opinion politique : « Alors pourquoi me demande-t-on de consigner sur un registre public l'expression de mes opinions, si je ne puis en avoir encore? répondis-je.» Et comme le mot d'ingratitude avait été prononcé par mon direc-

---

[1] En voyant cette exclamation de mon père et son étonnement, j'admire sa naïve honnêteté. C'est justement parce que les élèves ne pouvaient rien refuser au gouvernement que celui-ci leur demandait leur signature.

(Note de Mme Toussaint-Samson.) ·

teur : « Monsieur, répliquai-je, un homme est souvent placé, par les circonstances, entre deux devoirs opposés et doit, selon moi, se prononcer pour le plus sacré des deux. Or, comme élève du Conservatoire, comme individu, je suis l'obligé de l'Empereur ; mais comme citoyen, ma dette de reconnaissance est plus grande pour celui qui nous apporte la charte et rétablit le gouvernement représentatif ainsi que la liberté de lapresse. Mon devoir public me semble au-dessus de mon devoir privé : c'est pourquoi je ne signerai pas un acte qui exclut les Bourbons du trône. » M. Sarrette, ne m'ayant jamais entendu parler avec une telle exaltation et nous portant une affection toute paternelle, me parla alors avec plus de douceur ; il me fit entrevoir que je ruinais tout mon avenir par cette obstination ; enfin, voyant ses efforts inutiles, il me dit avec quelque émotion : « Samson, vous me faites de la peine ». Devant cela, je ne sus plus résister, je pris la plume et je signai.

C'est au Conservatoire que j'avais appris le débarquement à Cannes du proscrit de l'île d'Elbe. Ce fut là encore que j'appris la funeste bataille de Waterloo qui mettait fin à la puissance du dominateur de l'Europe. Je courus à l'Elysée où il était venu abriter son prestige détruit. J'ai quelquefois pensé que l'Empereur avait eu tort de ne pas rentrer aux Tuileries. Les petites choses ont leur importance ;

9.

son séjour à l'Elysée ressemblait à un commencement d'abdication. On sait que le palais des rois ne
le revit plus et, qu'après son départ, les Anglais vinrent camper à Paris, dans les Champs Élysées. Deux
figures me frappèrent en chemin. C'étaient le
peintre David et Talma, qui causaient à demi voix
d'un air fort attristé. Autour de l'Elysée, quelques
groupes d'hommes du peuple criaient : Vive l'empereur! mais ils n'étaient remarquables ni par leur
nombre ni par la chaleur de leurs exclamations ; il
y avait peu d'écho autour d'eux.

CHAPITRE X

Le barreau de cette époque. — Mauguin. — Je deviens son professeur. — Deux plaidoiries orageuses. — La petite Agnès.—Je me marie. — Nous partons pour Dijon. — Notre voyage.—Je perds notre fortune.— Le faux malade dévoré.

Napoléon parti, M. Sarrette fut de nouveau congédié. Seulement on y mit plus de forme cette fois. Ce fut pendant les derniers jours de son administration que Perlet obtint le premier prix si bien mérité par lui et si généreusement abandonné à son ami au concours précédent. On doit croire que je fus au nombre de ses plus ardents applaudisseurs.

Il me fallut de nouveau chercher à gagner ma vie, et ce fut encore cette fois Michelot qui me vint en aide. Le barreau de Paris s'était renouvelé. Il attirait l'attention publique par les nombreux procès politiques qui se jugeaient chaque jour et par le talent des jeunes avocats chargés de les plaider. C'est alors que commencèrent à briller Dupin aîné, Mauguin, Pasquier, Chaix d'Est-Ange, Berville, Mérilhon, etc. L'éloquence n'étant pas tout pour un

avocat, plusieurs d'entre eux sentaient bien que dans
l'art de dire résidait la moitié de leurs succès, et Mauguin vint demander des leçons à Michelot qui s'excusa sur trop d'occupations au théâtre et lui promit
de lui envoyer un de ses élèves à sa place. J'allai
donc chez lui, muni d'une lettre de recommandation
de mon professeur, que je présentai avec ma timidité accoutumée. Le jeune avocat fit rapidement de
ma personne un examen qui ne me fut pas favorable apparemment, car il me dit sans préambule :
« Est-ce que vous êtes en état de me donner des
leçons? » Rouge de honte, je répondis simplement :
« Vous en jugerez, Monsieur. »

Nos leçons commencèrent. Il les prenait chez
moi, rue Saint-Germain-l'Auxerrois, en revenant du
Palais. Mon père, qui occupait là quatre pièces, m'en
avait cédé deux et sous-loué les deux autres. Au
bout de quelque temps, mon nouvel écolier me dit :
« Je vous ai fait une bien sotte question, excusez-
moi; c'est votre grande jeunesse qui me l'a inspirée. (Quoique j'eusse près de vingt-deux ans
à cette époque, je n'en paraissais que dix-sept à
peine.) Maintenant, loin de mettre en doute votre
capacité, je me félicite de vous avoir pour professeur. » Quand Mauguin avait le temps, il restait
à causer avec moi. Il me faisait parler théâtre, et je
l'amenai à partager mon admiration pour notre grand
tragédien Talma, qu'il n'aimait pas d'abord. Sa con-

versation était très agréable ; mais il avait, à mon
avis, l'esprit plus fin que juste, de la vanité et beaucoup d'ambition, ambition qui se justifia du reste,
car il jeta un grand éclat au Palais et à la Chambre
des députés. Il faisait peu de cas de l'ancien barreau,
à l'exception de Tripier qu'il vantait beaucoup et
dont il se disait l'élève. « Il y a, me disait il, plusieurs
jeunes avocats qui ont du mérite ; mais que je crois
valoir. L'un d'eux seulement me surpasse par sa
manière de dire et son action. C'est afin de ne pas
lui être inférieur que je veux travailler avec zèle. »

Plus tard, la vie nous emporta chacun de notre
côté et je perdis de vue mon élève. En 1830, Mauguin fit partie de la commission de l'Hôtel de Ville
avec M. Guizot, et il y eut souvent des débats à la
Chambre des députés entre ces deux orateurs sur la
manière d'entendre la révolution de Juillet et sur
les conséquences qu'on en devait tirer.

Je désirais beaucoup entendre plaider Mauguin,
dont la réputation était très grande à cette époque,
et j'allai au Palais où, dans la cause annoncée,
il devait avoir pour adversaire Dupin aîné, qu'on
regardait alors comme le premier talent du barreau.
Malheureusement la cause fut remise. Plus tard
le hasard me conduisit à une chambre de la Cour.
royale où Mauguin plaidait contre Persil. Ces deux
hommes étaient alors fort animés l'un contre l'autre, parce que le banquier Laffitte avait retiré à Persil

une cause dont il l'avait d'abord chargé, pour la
confier à Mauguin, qui avait dit, pour justifier ce
manque d'égards envers un confrère tenant un rang
honorable dans le barreau : « Pour une cause de
premier ordre, il faut un avocat de premier ordre. » Quoiqu'il en soit des motifs de leur haine
réciproque, elle n'était que trop vraie, et j'en eus ce
jour-là la triste preuve. Lorsque Mauguin parlait,
Persil s'agitait sur son banc, disant de temps à autre
à un jeune homme placé derrière lui, son secrétaire
peut-être ou un clerc d'avoué : « Tout ce que cet
homme avance n'est que mensonge. On n'a jamais vu tant de mauvaise foi », et une foule d'a-
ménités de ce genre qui étaient entendues de son
adversaire et des juges. Quant à Mauguin, il glissa
ces paroles, dont je me souviens parfaitement :
« Mon confrère aurait besoin d'apprendre la politesse. » — « Ce n'est pas vous assurément qui me
l'apprendrez », riposta Persil d'un ton furieux.
Ce n'étaient plus des plaidoiries mais un vrai pugilat
de paroles, et je m'étonnai que le président ne fît
pas mieux respecter la dignité de l'audience. Pendant la délibération des juges, chacun des avocats
resta à sa place, évitant de regarder son adversaire.
Je trouvai que ce n'était pas le moment de m'appro-
cher de Mauguin, pensant qu'il ne serait peut-être
pas content de m'avoir eu pour témoin d'une scène
aussi inconvenante, et je quittai la salle sans lui parler.

Depuis, je ne l'ai entendu qu'à la Chambre ; il avait une parole facile, correcte et souvent élégante. Son débit alors, je dis *alors* parce que plus tard il devint déclamateur, son débit était naturel mais il ne passionnait pas l'assemblée. Les grands mouvements d'éloquence lui manquaient. Orateur de l'opposition, il faisait une guerre acharnée au premier ministre, Casimir Périer, qui s'irritait facilement. L'injustice de ses attaques valut plus d'une fois des triomphes au ministre. Selon moi, à la tribune, Mauguin manquait d'adresse ; ne se rendant pas compte de l'impression qu'il produisait, il ne savait ni abréger ni s'arrêter devant l'impatience ou l'ennui de ses auditeurs. Il avait fini par perdre tout crédit, et sa présence à la tribune n'était pas toujours très bien accueillie.

Je dois dire qu'il fut toujours charmant pour moi et m'invita chaque hiver à ses soirées, qui étaient le rendez-vous de tous les gens d'esprit de Paris. Sa carrière s'est terminée obscurément.

Revenons à moi et à l'année 1815 où je suis resté.

Il y avait depuis un an, à la classe de Fleury, une toute jeune élève qui se faisait remarquer par de grandes dispositions théâtrales et avait obtenu dans les derniers concours le second prix de tragédie et le premier prix de comédie. C'était, outre sa diction, son ingénuité surtout qui la faisait remarquer, et on l'appelait la petite Agnès. J'en devins très amoureux, et, du consentement de sa mère et de mon père, notre mariage fut résolu. Il eut lieu le 15 novembre 1815. Ma femme avait dix-huit ans et moi vingt-deux. Nous étions l'un et l'autre sans position et sans argent. Elle venait cependant de contracter un engagement pour Strasbourg, qui ne devait commencer qu'en avril 1816. Nous reçûmes des propositions pour faire partie d'une société dramatique durant tout l'hiver, pour jouer à Dijon et à Besançon. Nous partions avec le bailleur de fonds, appelé Branchu. Ce fut la veille de notre départ que notre mariage eut lieu et le lendemain 16, à cinq heures du matin, nous montions en diligence.

En joignant le peu d'argent qui me restait du gain de mes leçons au très peu d'argent que mon père m'avait donné, je me trouvais n'avoir que juste la somme nécessaire aux dépenses de notre voyage (voyage qui durait deux jours à cette époque), et à notre arrivée. Or, voilà qu'en me fouillant en route, je m'aperçois qu'il me manque un louis d'or, qui valait alors 23 livres 14 sous. Je fouille et refouille, retourne toutes mes poches, rien. J'étais désolé, mais je ne voulus pas faire partager mon chagrin à ma femme et le gardai pour moi seul. Je me rendis assez maître de moi, et elle ne soupçonna pas ce terrible échec à notre fortune matrimoniale. On s'arrêtait pour déjeuner, pour dîner, pour coucher. Ma bourse ne pouvait plus suffire à tous ces

frais. Que faire ? Je feignis d'être un peu souffrant
et de ne pouvoir manger, èt j'allai me mettre au lit
pendant que les autres soupaient. Ma femme, que
je tâchai cependant de ne pas inquiéter sur l'état
de ma santé, soupa à table d'hôte et prit sur la table
quelques petits gâteaux qu'elle m'apporta. Alors,
oubliant mon rôle de malade, je me mis à les dévorer avec une avidité qui ne manqua pas d'étonner
Thérèse (c'est le nom que je donnerai désormais
à la bonne et chère compagne de ma vie). Ne s'avisa-
t-elle pas de penser, devant cette diète affamée,
que je m'imposais des privations par avarice !
Hélas ! elle ne savait pas qu'il m'était tout à fait
impossible d'être avare. Enfin, grâce à mes habiles
combinaisons financières, nous pûmes arriver à
Dijon où nos camarades nous avaient précédés et
s'étaient occupés de nous retenir un logement.
N'ayant pas assez pour payer le transport de notre
bagage, je dus dire au bureau qu'on ne nous l'en-
voyât que le lendemain. On nous conduisit chez
nous.

CHAPITRE XI.

Rien de plus simple que notre première demeure.
Une grande chambre carrelée et une petite cuisine.
Pour meubles, un lit, une commode, une table et
quelques chaises de paille, voilà. Eh bien ! pourra-
t-on le croire dans notre époque de calcul et d'avidité ? nous entrâmes avec bonheur dans ce pauvre
logis aussi pauvre que nous. Nous nous aimions,
nous étions l'un à l'autre, nous venions exercer un
art que nous adorions tous deux : que nous fallait-il
de plus ? Le lendemain cependant ne laissait pas
que de me causer quelques inquiétudes. Qu'allions-
nous faire sans argent ? Comme je retournais cette
pensée dans ma tête sans en pouvoir trouver la
solution, j'aperçus sous notre lit une grande terrine
pleine de son. Je la tirai à moi et trouvai, mêlée au
son, une grande quantité d'écus de six livres. Notre
hôte logeait à ce moment des soldats autrichiens

et, pour mettre en sûreté ses économies, il les avait
placées dans cette terrine qui ne devait pas attirer
l'attention. Seulement il oublia de la retirer à notre
arrivée, et je crois qu'il ne ferma pas l'œil de la
nuit. Le lendemain, à la première heure, il ne manqua pas de venir reprendre, de l'air le plus simple du
monde, la fameuse terrine, espérant que nous en
ignorions le contenu ; cela nous fit bien rire. Il eut,
certes, grand soin d'en compter pièce à pièce le
contenu, comme vous pouvez le croire, et, en voyant
qu'il n'y manquait rien, dut pousser un soupir de
satisfaction, surtout en songeant à la profession de
ses locataires, car on connaît la phrase jadis en
usage chez les hôteliers : *Cachez l'argenterie, voici
les comédiens !* .

Donc, pour revenir à l'histoire de notre entrée en
ménage, il fallait pourvoir au déjeuner, et Thérèse
attendait en vain pour cela l'argent dont elle avait
besoin. J'ai dit qu'il lui était passé par l'idée que je
pourrais bien être avare. Une autre idée non moins
fàcheuse la préoccupait ; elle avait toujours entendu
dire par sa mère que c'était à la femme que l'administration financière du ménage devait être confiée,
et qu'elle devait avoir entre les mains *la clef du
secrétaire.* (C'était l'expression consacrée.) Elle
attendait donc toujours cette clef d'un secrétaire qui
manquait comme le reste, et restait songeuse devant
ses droits d'épouse méconnus. Cependant elle se

décida enfin à venir me demander cet argent que
je ne lui remettais pas, et quel fut son triste étonnement lorsqu'elle reçut pour toute réponse
une pièce de quinze sous ! C'était là tout mon actif.
Ce fut alors que je lui fis le récit de mes infortunes
qui ne laissa pas que de l'attendrir. Les privations
que je m'étais imposées dans le voyage pour qu'elle
ne manquât de rien tandis qu'elle m'accusait, la
touchèrent profondément, et comme je la regardais
tristement en répétant : « Qu'allons-nous faire avec
nos quinze sous ? » elle me jeta les bras autour du
cou en disant gaîment : « Ne t'inquiète pas. Notre
société a un bailleur de fonds. Je vais lui demander
des avances : il ne saurait nous en refuser... » Là-
dessus elle partit bravement et revint toute joyeuse
avec l'argent nécessaire. Nous déjeunâmes alors
plus heureux que jamais, en bâtissant les châteaux
en Espagne les plus beaux du monde.

Notre troupe, sans exciter l'enthousiasme, fut
bien accueillie des Dijonnais. La salle n'était pas
belle. C'était un ancien jeu-de-paume qui a été
démoli. Je ne connais pas le théâtre actuel. On
commençait, de notre temps, à le bâtir.

L'emploi des premiers rôles d'hommes était
tenu par Mainvielle, frère de la célèbre cantatrice
Mᵐᵉ Mainvielle-Fodor. Il était devenu pensionnaire du
Théâtre-Français lorsqu'une mort subite l'a enlevé
à son art. Plein de chaleur et d'intelligence, ayant

'vu les bons modèles, c'était un talent estimable
auquel il n'avait manqué pour s'élever à une plus
grande hauteur qu'un autre physique et un peu
plus de distinction.

Le premier rôle femme s'appelait Mme Colson;
elle a passé aussi quelque temps au Théâtre-Français,
est retournée en province, et a fini ouvreuse de loges à
la Porte-Saint-Martin. Je me la rappelle peu comme
actrice, mais je sais qu'elle était aimée du public de
Dijon. Les rois et les pères nobles étaient tenus par
Valmore, le beau-père de Mme Desbordes Valmore, homme d'esprit assez railleur. C'est par
lui que j'ai connu les premières poésies de sa bru.
Notre régisseur s'appelait Mairet ; il jouait ce qu'on
nomme les seconds comiques et se faisait applaudir
surtout dans les rôles de niais. Je ne sais ce qu'il
est devenu et n'en ai jamais entendu parler depuis
cette époque.

Nos recettes n'étaient pas considérables dans la
semaine, mais les dimanches étaient bons. La
tragédie n'était pas encore tombée dans le discrédit
où nous la voyons aujourd'hui. Nous eûmes l'idée
de monter *Athalie*, qui fut jouée un dimanche et
nous valut une de nos meilleures recettes; toute
notre troupe était employée dans l'œuvre de Racine
et, pour ma part, j'y jouais Ismaël, un chef de
lévites ; la manière grotesque dont je m'y accou-
trai, n'ayant point de costume pour ce rôle, mérite

une description spéciale : j'avais mis une robe
blanche à ma femme, robe trop étroite et trop
courte naturellement, des bas blancs à côtes et des
souliers noirs à cordons. Quand je parus attifé de
la sorte, j'excitai dans une de nos avant-scènes une
hilarité très légitime que je partageai un peu, je
dois le dire ; malgré cela et malgré les vices de
l'exécution, la tragédie fut applaudie et nous donna
quelque argent. Cependant nos bénéfices étaient
fort légers.

Dijon eut alors la visite de Mme Saqui, la célèbre danseuse de corde. Aussitôt arrivée, elle
envoya son régisseur pour nous demander de lui
laisser faire ses exercices à notre théâtre, à condition que ces exercices seraient précédés chaque
soir d'une pièce jouée par nous ; les bénéfices
devaient être répartis entre elle et notre société. Nous nous assemblâmes pour rendre une
réponse à la reine de l'art acrobatique. Pour
moi, je ne pouvais supporter l'idée d'accoupler sur
la même scène la danse de corde et la littérature
dramatique ; je fulminai d'éloquentes tirades sur
cette association sacrilège. Quand j'eus terminé,
Valmore, me frappant doucement sur l'épaule :
« Jeune homme, dit-il, est-ce que vous espérez
que le vieux répertoire emplira notre caisse ? vous
allez en juger bientôt. Croyez bien ce que je vous
dis : Mme Saqui vous donnera plus d'argent que

Molière. Avec elle vous partagerez, et le but de notre association, c'est le partage. » La majorité donna raison au vieux comédien, et l'événement le lui donna aussi : nous fîmes de l'argent et partageâmes, comme il l'avait prédit.

On m'a raconté qu'à Bordeaux, un acteur de beaucoup de talent, Martelly, forcé de jouer *le Misanthrope* dans une des représentations données par Mme Saqui, reprocha vivement à son directeur Beaujolais ce qu'il regardait comme un outrage à notre grand poète français. Or, Martelly avait eu des succès comme auteur dramatique : une pièce de lui, entre autres, *les deux Figaro*, a joui longtemps des applaudissements du public, tant en province qu'à Paris. Après avoir écouté tranquillement les représentations que croyait devoir lui faire son pensionnaire, Beaujolais appela son régisseur : « Martelly a raison : au lieu du *Misanthrope*, dit-il, vous mettrez *les deux Figaro* avec les exercices de Mme Saqui ». Martelly, homme d'esprit, ne dit rien, mais on croit qu'il se repentit de sa protestation en faveur de Molière.

Nous devions aussi, par notre traité, desservir Besançon, et Mme Saqui nous proposa encore d'y aller *travailler* (c'était son expression) avant elle, ce que nous fîmes ; là aussi, elle nous amena beaucoup de monde. La salle de l'ancienne capitale de la Franche-Comté étant plus haute que celle de Dijon, mettait encore plus en relief l'audacieuse adresse de cette diva de la funambulie; c'eût été un spectacle vraiment effrayant de la voir sur cette corde qui allait de la scène jusqu'à la partie la plus élevée de la salle, conduisant devant elle une brouette ou agitant des drapeaux, si sa gracieuse aisance n'eût ôté au public toute idée de danger.

Après avoir passé quelque temps à Besançon, nous revînmes à Dijon, qui comptait plus d'amateurs de spectacle et surtout de comédie que la cité Bisontine; seulement, dans cette dernière ville, les yeux n'étaient point attristés de l'aspect des soldats étrangers : ses portes leur étaient restées fermées.

Je dois dire qu'à Dijon les habitués de notre théâtre, qui venaient dans nos coulisses et dans notre foyer, parlaient de l'art dramatique en fins connaisseurs, ce qui pouvait donner du prix à leurs suffrages; ils adressaient beaucoup de compliments à ma femme et à moi, et me prédirent que je ferais un jour partie de la Comédie-Française, prédiction qui s'est réalisée.

Cette époque de notre existence a été pour nous un temps de malaise et de bonheur tout à la fois, car un des bonheurs de la jeunesse, c'est l'imprévoyance, et nous en étions abondamment pourvus, ma femme et moi; en voici un remarquable

exemple : j'ai dit que ma femme avait signé, avant
notre mariage, un engagement pour Strasbourg;
moi, je n'en avais pas et je pensais avec douleur
qu'elle allait travailler seule pour nous deux ou
qu'il nous faudrait vivre loin l'un de l'autre; je ne
pouvais accepter l'idée de me voir nourrir par ma
femme, et cette oisiveté future m'apparaissait
presque comme un déshonneur; j'usai de mon
ascendant sur l'esprit de Thérèse pour lui persua-
der de consentir à la résiliation de son engagement
si nous parvenions à l'obtenir; j'écrivis à mon père
dans ce sens avec tant de chaleur qu'il entra dans
mes idées et me promit d'aller voir le directeur du
théâtre de Strasbourg, appelé Desprez, qui était un
ex-sociétaire, très-indigne, de la Comédie-Française ; un de nos grands arguments pour demander
la résiliation de l'engagement était la grossesse de
ma femme; il fut puissant aux yeux du directeur,
qui ne se soucia pas d'exhiber dans l'emploi d'in-
génue une rotondité qui eût prêté à la plaisanterie
assurément. Nous attendions très-anxieux l'issue
de ces négociations, n'espérant pas que cette rup-
ture d'engagement, tant souhaitée, nous fût accordée ; enfin une lettre nous arrive : mon père
avait réussi dans ses démarches, ma femme n'avait
plus d'engagement. Notre joie tenait du délire
quand nous apprîmes cette nouvelle; nous nous
embrassions, nous riions, nous sautions en répé-

tant : « Sommes-nous heureux! » Pauvres enfants
que nous étions ! heureux d'être dans quelques
mois sans ressources, de manquer peut-être des
choses les plus nécessaires à la vie !... que la jeunesse est folle ! mais quelles folies charmantes !...
j'ai remarqué que nos plus riants souvenirs sont
ceux de nos jours de misère. Béranger a eu raison
de dire : *Dans un grenier qu'on est bien à vingt ans !*
Passé cet âge-là, le grenier manque de charmes.

Nous achevâmes à Dijon les six mois de notre
exploitation, qui nous donna peu de bénéfices.
C'est là que j'ai commencé mon apprentissage
d'homme et de comédien. Nous avons eu, ma
chère compagne et moi, des jours cruels à traverser, mais son courage relevait le mien, les privations, les sacrifices, rien ne lui coûtait ; n'ayant
que trois robes pour garde-robe théâtrale, par
combien de stratagèmes réussit-elle à les renouveler, en changeant leurs garnitures plus ou moins
simples, selon le rôle! Habitués dès l'enfance
tous deux à la pauvreté, nous n'en rougissions pas,
le superflu ne nous était pas nécessaire, le luxe ne
nous tentait pas ; ce sont là, évidemment, des conditions de bonheur.

Nous ne pouvions retourner à Paris par la diligence; des raisons financières s'y opposaient. Nous
nous embarquâmes donc dans une mauvaise voiture
conduite par deux chevaux étiques placés à la

suite l'un de l'autre et dont le second était aveugle.
L'aveugle avait été placé derrière son camarade,
cela se conçoit. Nous étions huit, tant dans l'inté-
térieur que sur le siége, et cheminions avec une
sage lenteur. A la première auberge où nous nous
arrêtâmes, le cocher crut devoir ranimer un peu
l'ardeur de ses bêtes en leur faisant donner une ration d'avoine. Fatale imprudence! Ses chevaux en
mangeaient pour la première fois; l'un d'eux en
mourut; heureusement, encore, ce fut l'aveugle :
le pauvre survivant demeura seul chargé du poids
de nos personnes et de nos bagages. Quand le chemin devenait montueux, nous devions descendre
afin de pousser notre équipage qui, faute d'un tel
secours, fût demeuré en chemin. C'était un tableau
digne du Roman Comique, et nous avions bien toute
l'insouciante gaîté des héros de Scarron. Mais
voilà qu'au milieu de notre voyage, un orage terrible nous surprit sur la grande route, loin de toute
habitation. C'était le soir : nous étions fatigués,
mouillés ; nous avions besoin de repos et de nourriture, et, quand l'orage cessa, notre automédon,
abandonnant la chaussée, nous conduisit par un
chemin de traverse jusqu'à une habitation couverte de chaume, occupée par une famille de braves
paysans qui nous reçut avec la plus touchante cor-
dialité. Ils mirent à notre disposition une grande
chambre qui était la leur, et nous offrirent,

pour souper, des œufs et du lard. Ils n'avaient pas autre chose; mais quoi de mieux pour des affamés? Nous fîmes un repas délicieux. Pendant qu'on le préparait, nous vîmes le chef de la famille, un vieillard à l'air respectable, dont la figure respirait la bonté, se couvrir d'un grand manteau de laine rayé, tel qu'en portent les bergers, prendre son chapeau et se disposer à partir. Nous lui demandâmes qui l'obligeait à sortir par un pareil temps. Il nous répondit qu'il allait, à deux lieues de là, chez un autre paysan, dont la vache allait vêler, et qui avait besoin de son aide en cette circonstance. C'était un homme intelligent, tout à fait entendu, à ce qu'il paraît, en pareille matière. Aussi était-il demandé de tous les environs dès qu'une vache était menacée d'une prochaine maternité. Quand nous lui demandâmes ce qu'un tel office lui rapportait, il parut tout surpris de notre question, et nous répondit simplement : « Rien ! Est-ce qu'on n'est pas trop heureux de rendre service aux autres ? » Après quoi, il nous salua. Nous lui serrâmes la main avec attendrissement, et il se mit en route. A ce moment, on posait l'omelette sur la table, et nous commençâmes à la dévorer. Le pain bis nous sembla du gâteau, et le petit vin du cru du nectar. Notre festin rustique achevé, nous allâmes nous coucher dans l'unique chambre de la famille qui s'installa je ne sais où. Notre cocher, instruit

par l'expérience, ne donna à son cheval, cette
fois, qu'une ration très modérée d'avoine afin
qu'il n'eût pas le sort de son infortuné camarade.
Où passèrent-ils la nuit tous deux? Je l'ignore.
Pour nous, obligés de coucher tous dans la même
chambre, nous crûmes devoir à la pudeur de
ne pas nous déshabiller, et nous nous étendîmes
ainsi sur nos lits. Le lendemain, au moment du
départ, nous demandâmes ce que nous coûtait
une hospitalité si précieuse pour de pauvres voya-
geurs surpris par l'orage et la nuit. Cette brave famille nous fit une réponse semblable à celle de son
digne chef. Ils ne voulurent rien accepter : «Le père
s'en fâcherait, disaient-ils, si on recevait de l'argent
chez lui pour de pareilles choses. » Il nous fallut
donc nous borner à remercier, de notre mieux, ces
braves cœurs, race ignorée et perdue dans un coin
de la France, à qui notre civilisation n'était pas
encore venue enseigner les sordides calculs de l'intérêt et les douces joies de l'égoïsme.

Dans toutes les villes où nous passions, notre
grotesque équipage ne laissait pas que d'exciter
l'hilarité, et nous étions souvent salués par les
huées des gamins. Enfin, nous arrivâmes à Paris,
le lundi de Pâques, je crois, ma femme et moi. En
traversant à pied la cour Mandar, devenue maintenant une rue, nous rencontrâmes mon professeur
Lafon se rendant au *Rocher de Cancale*, restaurant

célèbre à cette époque, pour y rejoindre les sociétaires de la Comédie-Française qui, à ce que j'ai su depuis, s'y réunissaient pour offrir un dîner au grand tragédien anglais, Kemble. Dans ce dîner, la conversation roula naturellement sur la littérature anglaise et française. On parla d'abord tragédie, et l'artiste étranger, invoquant Shakespeare, proclama sa supériorité sur tous nos poètes tragiques. Les comédiens français, après avoir vaillamment défendu Corneille et Racine, en arrivèrent à parler de notre illustre poète comique Molière : « Celui-ci, vous n'en pouvez contester le génie et la gloire, disaient-ils d'un air triomphant. La France a le droit d'en être fière!... » — « Molière, répondit Kemble, sans se déconcerter, n'appartient pas plus à la France qu'au reste du monde. Quand Dieu eut créé ce grand génie, il le lança sur notre globe, et le hasard le fit tomber dans votre pays. » L'orgueil britannique se montre tout entier dans ces paroles du célèbre artiste anglais; il va, cette fois, jusqu'à l'impolitesse. La France, selon Kemble, ne pouvait produire un homme de génie que par hasard et par exception.

CHAPITRE XII.

Mort de Raymond. — Départ pour Rouen. — Mes débuts. —
Granger. — Mlle Fabre. — Mme Duversin.

Mon premier soin en arrivant à Paris, fut d'aller voir Michelot à qui je devais tant de reconnaissance pour tous les services rendus. Je lui dis que ma seconde visite serait pour mon ami Raymond. Quel fut mon chagrin quand il m'apprit sa mort ! Il avait langui pendant six mois. Talma, qui l'aimait beaucoup, l'était allé voir et lui avait amené son médecin ; mais les maladies de poitrine ne pardonnent pas ; il mourut pendant mon séjour à Besançon. Perlet était alors à Londres. De ses deux amis, pas un ne fut près de lui à l'heure de la mort. Nous le pleurâmes sincèrement, et le théâtre perdit en lui une de ses plus belles espérances.

Comme nous rapportions fort peu d'argent, je me mis à courir chez tous les correspondants de théâtre, à la recherche d'un engagement. Partout, on me faisait la même question : « Chantez-vous ? » car le vaudeville était alors dans toute sa vogue.

Mes essais dans ce genre avaient été peu heureux,
et, sur ma réponse négative, j'étais éconduit. Enfin,
un nommé Vanhove, pensionnaire assez médiocre
du Théâtre-Français, et correspondant tout à la
fois, m'adressa ce billet laconique : « Le comique
vient de tomber à Rouen. Voulez-vous risquer le
paquet? Venez me voir. » J'y courus et signai,
séance tenante, mon engagement non sans trem-
bler, car le parterre de Rouen était fort redouté et
les chutes très fréquentes dans le chef-lieu de la
Seine-Inférieure. Il fallait faire trois débuts, au bout
desquels on était admis ou refusé. En cas d'insuc-
cès, une indemnité m'était allouée pour frais de
voyage et de séjour, l'engagement ne stipulant pas
en quel espace de temps les débuts devaient
s'accomplir. Mes appointements étaient de 3,600
francs.

Je laissai ma femme à Paris, chez sa mère, me
proposant de ne la faire venir qu'en cas de réussite.
Je connaissais un Rouennais appelé Pagnon, qui
devint plus tard, sous le nom de Saint-Aulaire, sociétaire de la Comédie-Française, et y occupa un
rôle très secondaire [1].

Il me donna des lettres de recommandation pour
plusieurs de ses amis, dont l'appui, me disait-il,

---

[1] Voici à propos de cet artiste et d'un autre, appelé Desmousseaux, qui n'avait pas plus de talent que son cama-

pourrait m'être utile dans mes débuts. Je montai,
le soir, rue du Bouloy, dans une voiture publique
de récente invention, qui s'appelait *jumelle*. Elle
n'avait que deux roues, dont l'une se cassa à moitié
chemin. Cela me parut de mauvais présage. Il faisait nuit quand cet accident nous arriva; nous dûmes mettre pied à terre, tandis qu'on réparait notre
véhicule. Heureusement la nuit était belle et nous
étions près d'un village où l'on trouva un charron.
Nous pûmes donc bientôt remonter dans la malen-
contreuse jumelle, et le reste du voyage s'effectua
sans autre événement. Auprès de moi, dans la voiture, était assis un fabricant de garance auquel je
plus apparemment, car il engagea la conversation
le premier, et me demanda à quel hôtel je comptais
descendre. Je lui répondis que c'était là une chose
à laquelle je n'avais pas encore songé, ce qui parut
le surprendre. Alors il m'engagea à venir à *la
Pomme de Pin* où il logeait habituellement. J'acceptai, sans même m'enquérir des prix de cet hôtel.
Un pareil détail était au-dessous de moi. Tout à
mon art, les choses de la vie matérielle n'existaient

---

rade, une boutade improvisée, un jour, dans les coulisses
du théâtre, par mon père :

> Entre ces deux talents, je demeure anxieux
> Quand je vois Desmousseaux, j'adore Saint-Aulaire;
> Mais, lorsque Saint-Aulaire, hélas! s'offre à mes yeux,
> C'est Desmousseaux que je préfère.

(Note de Mme Toussaint-Samson.)

pas pour moi. Nous nous rendîmes donc, aussitôt
arrivés, à l'hôtel convenu, nous et nos bagages. Le
mien était des plus minces, je dois en convenir. Il
consistait en une petite malle seulement, contenant
un peu de linge et quelques costumes de théâtre.
L'hôtel étant plein, on ne put nous offrir qu'une
chambre à deux lits que nous acceptâmes, mon
compagnon et moi. Mon nouveau camarade de
chambre me plaisait beaucoup; il avait une quarantaine d'années, et s'appelait Amie, à ce que je crois
me rappeler; il ne m'avait pas demandé ce que je
venais faire à Rouen, et moi, peu communicatif de
ma nature avec les personnes inconnues, je n'avais
pas non plus abordé ce sujet. Quand il fut sorti, le
lendemain de notre arrivée, je crus devoir ouvrir
ma malle pour donner un peu d'air à mes costumes
et les défriper. Me voilà donc étalant sur une chaise
mon habit de Crispin, sur l'autre celui de Figaro. A
son retour, étonnement profond du fabricant de
garance qui me demande alors des explications. Je
lui dis ma profession et ce que je viens faire à
Rouen. Loin de se montrer plus froid à mon égard :
« Eh bien! j'irai vous applaudir », me dit-il d'un ton
joyeux.

Malheureusement mes débuts se trouvaient retar-
dés à cause des acteurs partis du théâtre et non
encore remplacés. Je menais une existence des plus
triste. Potier donnait alors au théâtre de Rouen

des représentations très suivies, et, pour tuer le
temps, j'allais chaque matin aux répétitions des
pièces qu'il devait jouer. Il me connaissait un peu
et me témoignait de l'intérêt. Le soir, le théâtre
me revoyait encore, et lorsque Potier ne jouait pas,
j'assistais à des débuts presque toujours malheureux. Ce qui était loin de me donner du courage.
Après avoir entendu ces sifflets que prodiguait le
parterre rouennais à mes pauvres confrères, je rentrais à mon hôtel la mort dans l'âme, maudissant
la carrière que j'avais choisie. Je pensais de temps
à autre à ces lettres de recommandation qui pouvaient peut-être me rendre la jeunesse rouennaise un
peu plus favorable, et cependant je différais d'en
faire usage. Ces démarches-là m'ont toujours répu-
gné. Un matin cependant, je m'arme de courage.
Je prends les lettres pour les porter à mes jeunes
Mécènes, mais, prêt à franchir le seuil de ma porte:
« Non, me dis-je, je ne mendierai pas les applaudissements, je ne veux les devoir qu'à moi. Ils me sif-
fleront s'ils le veulent, mais je ne les implorerai
pas », et là-dessus je déchirai toutes les recomman-
dations épistolaires données par mon futur camarade.

Enfin, après une longue attente, je débutai dans
le Scapin des *Fourberies*. Voici quelle était la composition du spectacle : *Blaise et Babet* , vieil
opéra-comique qui se jouait en province comme
lever de rideau ; puis *les Fourberies de Scapin, le*

Calife de Bagdad et *Une heure de mariage*, deux
opéras-comiques dans lesquels débutait Mlle More,
depuis Mme Prader, qui fut très aimée du public sous
ces deux noms. Elle eut ce soir-là un succès d'enthousiasme, et ses autres débuts furent si brillants
que le théâtre Feydeau s'en empara moyennant
indemnité. Quant à moi, j'entrai sur la scène glacé
par la peur, la vue et le bruit de ce parterre debout
et onduleux comme une mer agitée contribuant
encore à augmenter ma frayeur. A la fin du premier acte cependant, quelques applaudissements
essayèrent de m'encourager, mais ils furent étouffés
par une affreuse tempête de *chut !* qui se renou-
velèrent chaque fois que j'arrachais le rire à quelques spectateurs débonnaires. Le second acte fut
meilleur pour moi. J'y reçus des applaudissements
à peine contestés après mes deux tirades. Là se
borna mon triomphe, et la toile se baissa au milieu
d'un silence glacial. Je revins à mon hôtel déses-
péré, et j'écrivais le lendemain à ma femme la
lettre la plus lamentable, lui disant que j'étais
tombé, que je m'ennuyais profondément et qu'il
n'y avait pas sur la terre un être plus malheureux
que moi.

La réponse à ma lettre ne se fit pas attendre et je
dois dire qu'elle m'étonna profondément..... Ma
femme me disait être allée chez Vanhove, lequel lui
avait lu une lettre qu'il venait de recevoir de mon

directeur, lettre par laquelle celui-ci disait être
assez content de moi et de mon effet. J'avais des
qualités qui, selon lui, avec l'habitude de la scène,
deviendraient du talent ; cela me remonta un peu.
Quelques jours après, je faisais mon second début
dans Hector du *Joueur*. Potier, qui y remplissait le
rôle du marquis, s'y montra bien inférieur à ce
qu'il était dans son répertoire des Variétés. Pour
moi, j'obtins, en dépit des *chut* qui me poursuivaient
encore, des applaudissements assez francs. Cependant, continuant à voir tout en noir, j'écrivis à ma
femme le profond découragement dans lequel j'étais
plongé, lui disant qu'elle seule pourrait me donner du courage. Elle ne demandait pas mieux que
de venir. Pour la recevoir, je quittai la chambre
qui m'était commune avec mon fabricant de garance
et en louai dans l'hôtel une autre plus confortable.
Je ne dirai pas les transports de joie des jeunes
époux en se revoyant : on les devine. Les premiers
jours de l'arrivée de Thérèse, je fis servir les repas
dans notre chambre. Ma femme était enchantée du
logement et de la nourriture, et me demanda naturellement ce que je payais pour tout cela. Lorsque
je lui répondis que je n'en savais absolument rien
et que j'ignorais ce que je pouvais devoir pour le
temps passé à l'hôtel depuis mon arrivée, elle fré-
mit et demanda immédiatement ma note. Dès qu'elle
lui fut présentée, elle vit que c'était tout à fait au-

dessus de nos ressources pécuniaires, et me dit qu'il nous fallait prendre nos repas dorénavant dans quelque restaurant bon marché que nous allions chercher. Je fis tout ce qu'elle voulut, convaincu plus que jamais de ma parfaite incapacité en administration domestique.

Potier ayant désiré jouer Perrin Dandin des *Plaideurs*, le directeur me pria de remplir le rôle de l'Intimé. C'était un acte de complaisance qu'on me demandait, et cette représentation ne devait pas m'être comptée comme début. Ce fut heureux, car après ma tirade commençant par : *Voici le fait* et se terminant par : *Je parle, j'ai parlé*, je reçus un coup de sifflet dont l'injustice était flagrante puisque tout l'effet du couplet réside surtout dans la volubilité extrême de l'acteur et que je m'étais borné à parler le plus rapidement possible, comme cela est indiqué.

Après le départ de Potier, je terminai mes débuts par le Dubois des *Fausses confidences*, où je fus applaudi par un public peu nombreux et, en conséquence, admis définitivement au théâtre de Rouen.

Nous avions quitté l'hôtel de *la Pomme de pin* et avions pris un logement garni chez un huissier appelé Lecœur, petit homme vieillot, maigre et chétif, vrai physique d'un huissier de théâtre. Sa femme lui ressemblait, ce qui était fâcheux pour elle. Nous n'eûmes jamais qu'à nous louer de nos

nouveaux propriétaires qui nous témoignaient de
l'affection. Il fallait traverser l'étude pour monter
chez nous, et en causant avec le patron, j'assistais
souvent au souper de son clerc, souper qui se composait *invariablement* d'une seule huître, mais d'une
huître colossale, appelée *pied de cheval* par les
Rouennais. Le jeune homme divisait le monstre en
plusieurs parties, les saupoudrait de poivre et les
accompagnait d'énormes morceaux de pain. Je
retrouvai là les habitudes de mon enfance.

Pour nous prouver toute la sympathie que nous
leur inspirions, M. Lecœur et sa femme nous invi-
tèrent un jour à dîner avec quelques-uns de leurs
parents, dont la conversation n'était pas brillante,
il est vrai, mais qui se montrèrent très polis et très
bienveillants pour le jeune comédien et sa femme,
ce dont nous leur sûmes bon gré, car le préjugé
contre les acteurs était encore en province dans
toute sa force à cette époque.

Je recevais du public un accueil varié. On ne me
sifflait pas, on m'applaudissait quelquefois; mais
d'autres fois aussi mes oreilles étaient attristées par
des *chut* qui me semblaient des sifflets mitigés et
me plongeaient dans le découragement, car je sentais que j'étais *toléré* plutôt qu'aimé par le public
rouennais. Enfin j'obtins un succès complet dans
le Figaro de *la Folle journée*. Passé le premier acte,
où quelques *chut* se firent encore entendre, je n'eus

plus que des applaudissements. Pourtant, le lendemain, le public redevenait froid et sévère, et je cons-
tatais avec chagrin qu'il ne me comptait pas parmi
ses favoris. Aussi était-ce toujours avec crainte que
j'entrais en scène, et mes yeux se sont mouillés bien
souvent tandis que je maudissais le funeste penchant qui m'avait poussé au théâtre.

Une soirée superbe et définitive vint cependant
me payer de tous mes efforts et de toutes mes peines.
Mlle Mars arriva pour donner des représentations à
notre théâtre. Elle débuta par Céliante du *Philosophe marié* et Araminthe des *Fausses confidences*.
C'était moi qui jouais Dubois dans cette dernière
pièce. Avant d'entrer je me dis qu'il fallait à tout
prix secouer cette ridicule frayeur qui me paralysait
et prolongeait une situation insoutenable, et que je
devais ce soir-là vaincre ou périr. Mon courage fut
récompensé. Dès ma première scène, de chaleureux
applaudissements se firent entendre et ils allèrent
crescendo jusqu'à la fin de la pièce. Je puis dire que
j'eus, après la grande comédienne, les honneurs de
la soirée. Pour sa seconde représentation, Mlle Mars
joua l'Elmire de *Tartufe*. C'était en province au premier comique qu'appartenait le personnage de
Tartufe. Ma frayeur me revint tout entière à l'idée
de représenter, avec mon physique si jeune, un
homme dans la force de l'âge et si profondément
scélérat, et, avec mon excessive maigreur, un

individu *au teint frais, gros et gras, à la bouche vermeille*. On m'applaudit à mon entrée, mais ma frayeur ne se dissipa pas pour cela. Ce que voyant, Mlle Mars en eut pitié et me disait tout bas : « Allons! remettez-vous! courage! » Je ne me rassurai un peu qu'après les deux couplets importants de la scène du troisième acte, entre Elmire et Tartuffe. Je me tirais toujours à mon honneur des passages où la diction était surtout nécessaire, et cette soirée, sans avoir l'éclat de l'autre, ne laissa pas que d'être excellente pour moi. La représentation des *Fausses confidences* avait eu un grand retentissement dans la ville ; j'étais définitivement et complètement adopté par les Rouennais, et, pendant les trois ans que je passai parmi eux, je n'eus plus désormais qu'à me louer de leur chaleureuse affection. Aussi le découragement et la tristesse firent-ils place bientôt à cette gaîté de la jeunesse que je n'avais perdue que momentanément. Mon bonheur d'artiste était au comble puisque je jouais sans partage tout l'ancien répertoire et le nouveau.

Sauf les samedis d'été où le théâtre était fermé, je n'avais presque pas de relâche, ce qui m'enchantait. Les jeunes comédiens voudraient jouer deux fois par jour. Les dimanches et fêtes, dans l'hiver, le théâtre du Vieux-Marché jouait concurremment avec le théâtre des Arts. Ils étaient tous deux placés sous la même direction et desservis par la même troupe. Tandis que les dilettanti entendaient l'Opéra au théâtre des Arts, nous allions offrir au public du Vieux-Marché la comédie et le drame.

J'eus le bonheur de revoir à Rouen mon ami Perlet, qui avait débuté à Paris dans des circonstances défavorables et s'était adonné à la comédie de genre et au vaudeville, où il se fit une grande réputation bien méritée.

Le zèle que j'apportais à l'étude de mon art me fit aimer de mon directeur, nommé Corréard. Il était du Midi, avait joué les comiques en province et, en dernier lieu, à Rouen, avec beaucoup de succès; une surdité très forte l'avait obligé à quitter le théâtre de bonne heure; il était resté directeur unique après l'avoir été d'abord en société de deux autres artistes dont l'un était mort et dont l'autre, nommé Granger, jouait encore la comédie avec beaucoup de talent; ayant appartenu dans sa jeunesse à la Comédie Italienne, alors qu'on y représentait des ouvrages français, celui-ci s'y était fait une réputation que son talent justifiait : il avait créé Folleville dans *les Étourdis* d'Andrieux, Dorsais dans *la Femme jalouse* de Desforges et lord Fellamor dans *Tom Jone*. Il me conta souvent qu'il avait dû entrer comme sociétaire à la Comédie-Française, mais que la réception de Fleury, empêchant la sienne, lui avait en même temps fait manquer un mariage projeté entre lui et Mlle Doli-

gny, célèbre artiste du Théâtre-Français. Depuis
sa sortie du Théâtre-Italien, Granger avait encore
augmenté sa réputation dans la province, qui possédait à cette époque des talents remarquables; il
tenait à Rouen, depuis longtemps, l'emploi des
premiers rôles. Il était laid et avait un œil de
verre, à ce qu'on prétendait; je ne m'en suis pas
aperçu; cependant on remarquait dans ses yeux
quelque chose d'insolite; il portait sur la scène le
ton exquis et la gracieuse distinction qu'il avait à
la ville; ainsi que Fleury, Granger, sous le rapport
de la tenue et des manières, était un vrai gentilhomme; sa voix avait un grand charme, avantage
qui manquait à Fleury; il jouait avec beaucoup de
chaleur et avait dû exceller dans l'expression de
l'amour, mais Fleury l'emportait sur lui dans la
composition d'un personnage, surtout par les
nuances pleines de délicatesse dont il semait son
jeu; je leur ai vu remplir les mêmes rôles, et j'a-
voue que Fleury m'a toujours semblé supérieur à
son rival; quoiqu'il en soit, être vaincu par Fleury
seulement était encore un grand honneur. Granger
était, de plus, un excellent homme, estimé à juste
titre dans toute la ville, aimé et vénéré dans notre
théâtre, indulgent pour les jeunes artistes auxquels
il donnait de précieux conseils, avec une politesse
qui ne s'est jamais démentie. Je me souviens
d'une représentation donnée à la Saint-Pierre en

l'honneur du grand Corneille; le spectacle se composait d'une tragédie de l'illustre poète et du *Menteur*. Ce fut Granger qui, malgré son grand âge,
joua Dorante, et il le joua avec une vivacité, un
feu, une grâce, que j'ai pu apprécier mieux que
personne, puisque je remplissais auprès de lui le rôle
de Cliton. Il se retira au mois de mars 1818; deux
ans auparavant, Fleury avait pris aussi sa retraite
et était allé finir ses jours à Orléans. Granger vint
alors à Paris et fut nommé professeur au Conservatoire; il donna sa démission quelques années
plus tard et mourut à Vernon, en Normandie.
C'est un talent qui a manqué à la Comédie-Française; j'en dirai autant de M^llo Fabre, soubrette à
cette époque au théâtre de Rouen, qui jouait avec
un égal succès les servantes de Molière et les fines
soubrettes de Marivaux : physique charmant, verve,
gaîté, naturel, esprit, elle réunissait toutes les qualités de son emploi. On donnait encore à Rouen
quelques pièces démodées, telles que *la Femme-
Capitaine*, de Montfleury; elle y était charmante
dans un rôle travesti et portait l'uniforme avec
une aisance parfaite. Plus tard, elle épousa un
comédien médiocre, nommé Louis, et tous deux se
retirèrent aussi à Vernon.

A côté de ces deux sujets de premier ordre, il y
avait Madame Duversin qui, inférieure, selon moi,
aux acteurs que je viens de citer, était cependant

très applaudie à Rouen, qu'elle n'a jamais quitté
et où elle est morte, je crois ; elle jouait très
consciencieusement, mais appuyait sur tous les détails avec une sorte de recherche et de pédantisme ;
son talent, en un mot, était prétentieux ; il y avait
pourtant un rôle qu'elle représentait, à mon avis,
d'une façon remarquable, dans un drame intitulé
Les Francs-Maçons, d'un nommé Pelletier-Volmé-
ranges, très populaire alors et complètement inconnu aujourd'hui. Je ne manquais jamais d'aller
voir Granger et Madame Duversin dans cette pièce
où Biez jouait un comique par complaisance, car
c'était pour l'opéra-comique seulement qu'il était
engagé. Aussi me pressait-il de le remplacer dans
ce rôle, et moi, me sentant trop jeune pour le personnage, je différais toujours de l'apprendre. Enfin,
cependant, il fallut m'y résoudre. Le jour de la représentation arrivé, je m'achemine vers le théâtre,
assez inquiet, car je trouvais le rôle dangereux
pour moi ; mon malheur veut que je rencontre,
à la porte des artistes, Mme Duversin, qui m'a-
postrophe ainsi : « Pourquoi donc jouez-vous...
(je ne me rappelle plus le nom du personnage) ?
vous êtes trop jeune et vous y serez mauvais. »
Le sang me monte à la tête ; cependant je me con-
tiens et lui explique que je n'ai pas demandé le
rôle, mais que je dois l'accepter puisqu'il est de
mon emploi. Elle reprend alors : — « C'est que Cor-

réard le jouait d'une façon charmante et que Biez
y est très bien aussi. » Rien n'est plus pénible
pour un acteur qui va jouer un rôle nouveau pour
lui que d'entendre l'éloge de ses prédécesseurs,
car il pense bien que le public va le juger par com-
paraison et que sa tâche sera deux fois plus difficile ; j'étais donc indigné de la méchanceté de ma
camarade, cherchant à m'ôter le courage dont j'a-
vais tant besoin. Je cherchai de nouveau à répéter
les raisons qui me contraignaient à jouer ce rôle,
et elle reprit avec plus d'impertinence encore :
— « Je vous dis que vous auriez dû refuser : vous
êtes trop jeune ; vous y serez mauvais. » Alors, à
bout de patience : — « Pourquoi ne jouerais-je pas
des rôles pour lesquels je suis trop jeune, lorsque vous
en jouez bien pour lesquels vous ne l'êtes pas assez ?»
Le mot était dur : son impertinence en fut attérée
et elle me demanda en bégayant de quels rôles je
voulais parler ; je lui citai la tante de *la Coquette
corrigée*, une des amantes de *l'Homme à bonnes fortunes* et la nourrice du *Médecin malgré lui*, qu'une
mauvaise tradition de théâtre attribuait à l'emploi des caractères. Or, Mme Duversin n'avait
absolument *rien* d'une nourrice ; elle n'eût pu
prendre les enfants qu'en sevrage. Elle ne sut que
répondre, et cette petite leçon la rendit plus douce
pendant quelque temps. Cependant l'aigreur de
son caractère reparut un jour que nous jouions

ensemble dans *les Deux Frères*, drame de Kotzebue. La tradition voulait que dans le rôle de Buller on ajoutât au texte toutes sortes de choses désagréables pour Madame Wolff, représentée par Mme Duversin ce soir-là. J'avais donc fait jusque-là ce que l'habitude avait consacré, et jamais Mme Duversin n'avait cru devoir s'en offenser, lorsqu'un soir, au moment où, après l'avoir regardée, je sortais en grommelant : — «*Vieille frégate démâtée !* » elle me répondit à demi-voix : — « Insolent ! » Quand elle rentra dans la coulisse, nous eûmes à ce sujet une explication assez vive dans laquelle je lui rappelai tous les mauvais tours qu'elle m'avait joués depuis mes débuts et les impertinences qu'elle m'avait dites ; j'étais heureux de soulager mon cœur. Ma foi ! il paraît que je fus éloquent, car, à partir de ce jour, elle fut convenable.

J'ai parlé de Biez tout à l'heure. C'était à cette époque un homme déjà vieux, acteur de beaucoup de talent, qui jouait dans l'opéra-comique ce qu'on appelait alors les Laruette, c'est-à-dire les comiques marqués. Brave homme s'il en fut, plein de franchise et de loyauté, d'un caractère gai et assez malin, naturel dans son jeu, plaisant et plein de verve, il eût été le digne successeur de Juliet, qui se fit une si grande réputation dans Mikéli des *Deux journées* et Grégoire des *Visitandines*, mais il ne joua que dans deux villes : à Lyon où il était né,

et à Rouen où il est mort. Il s'était pris d'amitié
pour moi et me fut très utile par les encouragements
et les conseils qu'il me donna. Comme nous jouions
presque toujours, moi au commencement, et lui à
la fin du spectacle, il venait de bonne heure au
théâtre, s'arrangeait la figure, mettait une partie
de son costume qu'il cachait sous une grande re-
dingote, et allait se placer dans un coin de l'orchestre des musiciens. Là, les yeux fixés sur moi
et les oreilles tendues, il m'écoutait et m'observait
attentivement, puis, le soir ou le lendemain, me disait le résultat de ses remarques, mêlant la louange
à la critique, en ami sincère et en connaisseur émé-
rite. Ayant vu beaucoup, avec une intelligence dramatique supérieure, ses conseils étaient toujours
excellents et je lui ai dû beaucoup. Aussi est-il au
nombre de mes meilleurs souvenirs rouennais. Lui
et Mlle Fabre étaient ceux de mes camarades que
j'aimais le plus et dont je me sentais sincèrement
aimé. Quant à mon directeur Corréard, il me témoigna toujours beaucoup d'affection et tâcha de m'aider de toute façon. Ma garde-robe théâtrale n'étant
pas brillante, il me proposa de me vendre, avec
toutes les facilités de paiement possibles, plusieurs
de ses costumes qui étaient fort beaux, car je ne
les ai pas même usés dans ma longue carrière. Trouvant mon habit de Scapin tant soit peu fané, il
me dit de prendre le sien au magasin chaque fois

que j'en aurais besoin, et, quand je quittai Rouen, il
m'en fit présent. Aujourd'hui ce costume est porté
par un jeune et déjà remarquable comique du
Théâtre-Français, M. Coquelin, qui me l'a acheté
lors de ma retraite.

Ce fut en cette année 1818 que le théâtre de l'O-
déon fut brûlé sans qu'on pût connaître la cause
de l'incendie, puisqu'on était dans la semaine sainte,
temps de relâche pour tous les théâtres. On demandait depuis quelque temps l'érection d'un second
Théâtre-Français. La circonstance parut favorable à
à ce projet et une ordonnance de Louis XVIII accorda à l'Odéon, devenu second Théâtre-Français,
le droit de jouer le genre tragique et comique ainsi
que celui de faire passer dans son répertoire les
ouvrages tombés dans le domaine public.

CHAPITRE XIII.

Perlet. — Incendie de l'Odéon. — Mes adieux aux Rouen-
nais. — Arrivée à Paris. — Mon père aveugle. — Notre
amie Mme Perrin. — Je retourne à Rouen. — Picard. —
Ouverture du deuxième Théâtre-Français. — *Les Vêpres
Siciliennes.* — Joanny jugé par Talma. — Lafargue. —
Duparay.

J'avais eu, étant encore au Conservatoire, un
ordre de début pour le Théâtre-Français; mais je
n'étais pas tenté d'en faire usage encore. L'emploi
des premiers comiques y était tenu par Thénard,
Cartigny et Monrose, tous trois d'un âge à ne me
pas laisser l'espoir de jouer souvent; de plus, je
comprenais qu'il me fallait, par un long exercice
sur les théâtres de province, vaincre une timidité
qui me perdrait infailliblement sur la scène française. Mon ami Perlet avait tenté l'épreuve, lui,
dans les circonstances les plus défavorables; il avait
débuté après Monrose qui, dès sa première apparition, avait conquis la faveur du public. Parmi ses
brillantes qualités, Monrose comptait l'audace qui
manquait totalement à mon pauvre ami, déjà découragé par l'éclat des succès de son compétiteur.

Aussi, paralysé par la crainte, il ne put guère montrer les heureuses qualités dramatiques dont il était doué que dans Crispin du *Légataire*, où il obtint un succès d'enthousiasme devant un auditoire malheureusement trop peu nombreux. Ses débuts terminés, Perlet, qui avait une voix fort agréable et savait presque tout le répertoire du Vaudeville et des Variétés, partit pour Londres où il devait s'engager dans ce nouveau genre. Là, s'étant assuré la protection de plusieurs lords et ladies, il parvint à représenter quelques petites pièces où il conquit du premier coup les sympathies les plus fructueuses. Pendant qu'il était en train de commencer sa fortune, le Comité de la rue Richelieu lui envoya un engagement de douze ou quinze cents francs qu'il accueillit avec un superbe dédain. En revenant de Londres, où il faisait de fréquents voyages, Perlet vint à Rouen me demander à dîner; nous nous embrassâmes avec joie; il devenait riche et je continuais à rester pauvre, et, cependant, il m'enviait l'honneur de jouer la vieille comédie. Il a toujours, au fond du cœur, regretté le Théâtre-Français; il aimait cet ancien répertoire qu'il comprenait si bien, et en joua plusieurs rôles dans ses pérégrinations quand l'occasion s'en présenta. Sa santé commença de bonne heure à s'altérer, et toute sa vie il souffrit d'une gastro-entérite qui assombrit son humeur de plus en plus et finit par le mettre au tombeau, après l'avoir éloigné du théâtre bien avant l'âge de la retraite.

Pour en revenir à moi, si le théâtre de la rue Richelieu m'effrayait, il n'en était pas de même du second Théâtre-Français dont j'aspirais à devenir un des principaux sujets. L'incendie de l'Odéon et la nouvelle ordonnance royale autorisaient mon ambition. Les Rouennais eux-mêmes semblaient l'encourager, car ils me firent, un jour, dans *l'Impromptu de Campagne*, une application qui me charma; je faisais, dans cette petite pièce de Legrand, le rôle de Frontin ; dans une scène où ce valet vient de jouer la comédie avec son maître, un personnage dit :

> Vous avez du talent, et je jure, ma foi,
> Que vous serez reçu dans la troupe du roi.

Les spectateurs applaudirent ce passsage très vivement, me l'adressant évidemment; car celui qui jouait mon maître était une franche nullité. Je pris donc ces applaudissements pour moi seul, et dis tout bas, de manière à n'être entendu que des acteurs : « Merci, messieurs ! le second Théâtre-Français seulement, voilà tout ce que je demande. »

Mes rêves commencèrent à prendre une apparence de réalité ; un soir, après avoir joué, je reçus la visite d'un monsieur que je ne connaissais pas ; il venait d'assister au spectacle et, après m'avoir fait

de grands compliments, il m'apprit qu'il était attaché à l'administration du second Théâtre-Français en
qualité d'agent comptable, qu'il était de plus l'ami
du directeur, M. Picard, et chargé par lui de venir
me faire des propositions pour le second théâtre
que l'on rebâtissait, tandis que les comédiens du
théâtre incendié jouaient à la salle Favart, jadis
théâtre Italien et aujourd'hui théâtre de l'Opéra-
Comique.

Ces paroles me comblèrent de joie, comme on le
pense. M. Loraux, c'était le nom de l'ambassadeur
parisien, m'invita à souper et nous continuâmes la
conversation à table. Il me dit que je pourrais faire
mes débuts à la salle Favart, revenir à Rouen terminer mon engagement et retourner ensuite à Paris
pour y commencer mon service au second Théâtre-
Français : nous nous séparâmes bons amis.

Ma femme fut enchantée des propositions qui
m'étaient faites, ne doutant pas du succès de mes
débuts à Paris. Moi, je ne partageais pas sa confiance ; le mot *début* m'a toujours épouvanté.

J'allai chez Corréard lui conter ce qui m'arrivait
et l'assurai que je ne l'aurais jamais quitté pour un
meilleur engagement en province, ce qui était vrai,
car j'avais refusé des offres très avantageuses pour
rester à Rouen ; mais qu'il devait comprendre que
Paris était le but où tendaient toutes les ambitions
départementales et où l'artiste recevait sa consécra-

tion. Corréard, après m'avoir entendu, montra un
chagrin qui me toucha. Il me dit que mon départ
l'affligeait profondément, qu'il m'aimait comme un
fils et que, si je voulais de l'augmentation, il m'en
donnerait, voulant tout tenter pour me garder. Me
voyant inflexible dans ma résolution, quoique très
ému, il termina par ces mots : « Vous allez débuter
à Paris. Dieu me garde de faire des souhaits contre vous ! J'espère que vous réussirez, mais jusqu'à ce que votre sort soit décidé, je ne vous cher-
cherai pas de successeur. Si le résultat n'était pas
tel que vous le souhaitez, revenez ici, je vous y
garderai votre place jusque-là ». On ne s'éton-
nera pas que j'aie gardé toute ma vie un bon et affectueux souvenir à l'homme qui se séparait de moi
en de tels termes. Peu de temps après, le régisseur
me prit à part : « Corréard, me dit-il, ne peut se
faire à l'idée de vous perdre et m'a chargé de vous
offrir 6,000 francs d'appointements ; si ce n'est pas
assez, selon vous, demandez plus encore et il vous
l'accordera. » J'étais entré au théâtre de Rouen
avec 3,600 francs d'appointements et quand le public m'eut pris en affection, ma femme m'engagea
à demander 4,000 francs. Cette démarche me sembla trop audacieuse et ce ne fut que la troisième
année que je me décidai avec beaucoup de peine à
demander 400 francs de plus, ce que Corréard
m'accorda immédiatement, bien heureux qu'un

des plus chers favoris de son public n'eût pas de plus hautes prétentions.

Je reçus bientôt une lettre de Picard qui fixait l'époque de mes débuts. Je les fis avec assez de succès dans Dubois des *Fausses confidences*, Pavaret du *Collatéral*, Pasquin du *Jeu de l'Amour*, Lubin de *la Bonne mère*, et je revins à Rouen où je fus reçu admirablement. Je continuai d'y jouer jusqu'à la semaine sainte; le dernier jour, on donnait un opéra précédé de *l'Hôtel garni*, comédie très agréable de Désaugiers. A mon entrée en scène, je fus accueilli par plusieurs salves d'applaudissements et rappelé plusieurs fois après le baisser du rideau.

Ce ne fut pas sans chagrin que je fis mes adieux à mes excellents camarades et à mon directeur qui s'était toujours montré pour moi d'une bonté si paternelle.

Nous ne nous quittâmes pas sans un peu d'attendrissement. Comme j'avais, dans mes débuts à Rouen, joué Scapin avec un costume qui lui déplaisait, il avait chargé le costumier de m'en donner un autre fort beau qui lui avait servi autrefois. Au moment de mon départ : « Et mon habit de Scapin, me dit-il, qu'en avez-vous fait? » — « Je l'ai remis au magasin », répondis-je. — « Eh bien ! dites au costumier de vous l'aller porter. Vous

allez contracter mariage avec un autre directeur...
C'est mon cadeau de noces. »

Paris allait-il me rendre tout ce que je quittais ?
Enfin ! le sort en était jeté ! je pris congé de ces
braves amis, et le lendemain nous nous mettions
en route.

Nous voilà, à notre retour de Rouen, descendant
à Paris, rue de Crébillon, dans le voisinage du second Théâtre-Français dont la reconstruction n'était
pas achevée. L'appartement et le mobilier étaient
des plus modestes ; ils avaient été choisis par ma
belle-mère ; il eût été impossible à mon pauvre père
de s'en occuper, car tous les essais tentés pour le
guérir d'une cécité menaçante avaient été infruc-
tueux, et j'avais la douleur de le retrouver
aveugle.

Je m'empressai d'aller voir Picard, qui me reçut
à bras ouverts, et m'annonça que le théâtre ne
s'ouvrirait que vers septembre ou octobre ; je m'en
consolai en pensant qu'aux termes de mon engagement, mon traitement devait courir du jour de mon
arrivée à Paris. Je le dis à Picard, qui crut que je
me trompais : les autres engagements portant tous
que les comédiens ne seraient payés qu'à partir du
jour où ils entreraient en répétition. Le lendemain
j'apportai mon engagement, et Picard, après l'a-
voir lu, me dit : « C'est une erreur dont tous les
sociétaires et moi sommes coupables. Vous avez dû

croire à la teneur de votre contrat; il sera exécuté.» En effet, il arrangea l'affaire avec le Comité qu'il présidait, et je fus payé à la fin du mois d'avril.

Nous nous étions liés à Rouen avec Mme Perrin, jeune et très jolie actrice de cette ville dont le mari jouait dans l'Opéra l'emploi appelé les Philippe et les Gavaudan. Ma femme et elle s'unirent de la plus tendre amitié qui dura trop peu, quoique la mort de Mme Perrin pût seule la rompre. La pauvre jeune femme, atteinte d'une phthisie héréditaire, devait mourir peu d'années après être devenue notre amie, je dis *notre*, car j'avais pour elle une bonne et sincère affection qu'elle me rendait bien. Ah ! les agréables parties que nous avons faites avec elle à l'île Elie, située sur la Seine, près de Rouen ! Comme nous avons ri ensemble de ce franc rire du jeune âge dont la mémoire égaie encore et rafraîchit nos vieilles années ! O fidélité, puissance du souvenir ! je me sens ému en me rappelant ces petits événements qui ont aujourd'hui cinquante ans de date. C'est que les petits événements occupent une grande place dans le bonheur; nous n'en tenons pas assez compte, et nous avons généralement pour les douces félicités qu'ils nous donnent l'ingratitude de l'oubli. Je me souviens qu'une fois, dans cette île Elie où nous allions les samedis d'été prendre du pain bis et du lait avec Perrin et sa femme, que nous appelions Caroline, celle-ci eut la fantai-

sie de monter sur un gros cheval de labour qui se
trouvait là en pleine liberté, car elle jouait comme
un véritable garçon, était très adroite et n'avait
peur de rien. Moi, bêtement, j'excitai le cheval
qui se mit à courir et passa sous un pommier aux
branches duquel s'accrocha la blonde chevelure de
ma charmante camarade : *quelque plume y périt.*
J'étais tout honteux de ma sottise, je me confondais
en excuses, lorsque, grondant un peu, riant davantage, la joyeuse folle repartit au galop, peu sou-
cieuse de sa beauté, mais enivrée de ses quinze ans.
Elle quitta Rouen en 1817, je crois, mais nous re-
prîmes à Paris nos bonnes relations d'amitié. Elle
avait été engagée au Vaudeville par Désaugiers,
alors directeur de ce théâtre, et ne tarda pas à devenir l'idole du public. La réputation et la fécondité de Scribe commençaient. Dans une pièce de
lui et de Poirson, *Une visite à Bedlam,* Mme Perrin
eut un immense succès comme talent et comme
beauté. Elle y jouait avec Gontier, l'un des meilleurs
acteurs de cette époque. Quelque temps après, notre amie eut dans *la Somnambule* un succès encore
plus grand. Tout Paris se pressait pour l'applaudir,
mais sa maladie faisait des progrès ; il lui fallut interrompre le cours de ses triomphes pour aller, par
ordonnance des docteurs, prendre les eaux du
Mont-Dore. Elle demanda à ma femme de l'accompagner dans ce voyage, ce qui fut fait. Après son

rétour, Poirson, qui avait obtenu le privilége d'un
nouveau théâtre, avait fait construire le Gymnase-
Dramatique où elle fut engagée avec Gontier, Perlet, Bernard-Léon, Anaïs, qui fut depuis sociétaire
du Théâtre-Français. La foule accourut à ce
théâtre et l'on sait que, pendant plus de vingt ans,
Scribe eut l'art de l'y attirer constamment avec ses
spirituels vaudevilles. Au moment de l'ouverture,
notre pauvre amie était bien malade. Elle joua cependant quelquefois un vaudeville de Scribe intitulé *le Colonel* ; sa voix était devenue si faible qu'il
fallait pour l'entendre que le public lui prêtât une
attention bien silencieuse. Elle fut alors de nouveau obligée d'interrompre son service pour aller
chercher au loin une santé qu'elle ne recouvra
plus.

Tandis que j'attendais l'ouverture de mon théâtre, deux comiques appelés pour me remplacer à
Rouen tombèrent successivement ; le premier se
nommait Salpètre ; je ne me rappelle pas le nom
du second. Les Rouennais, à ce second début,
avaient jeté sur la scène un billet demandant que
je revinsse parmi eux pendant le temps qu'on
achevait le deuxième Théâtre-Français. Je reçus
alors de Corréard une proposition que j'acceptai, et
tandis que ma femme se mettait en route pour le
Mont-Dore avec sa pauvre amie, moi j'allai passer
deux mois à Rouen où je fus reçu à bras ouverts

par mon ancien public. Après ces deux mois de séparation, remplis par des lettres où ma femme me
dépeignait jour par jour ses impressions de voyage
dans ce beau pays des montagnes, nous fûmes bien
heureux de nous retrouver réunis.

Les travaux du second Théâtre-Français étaient à
peu près terminés ; on avait nommé un jury composé d'académiciens auxquels Talma était adjoint.
Ce jury était chargé d'entendre les sujets qui demandaient leur admission à ce théâtre et de les admettre
ou de les rejeter. C'était aussi devant ce jury que
nous répétions l'ancien répertoire, et ses observations nous étaient transmises par Picard. Il me
fallut combattre ma timidité pour faire convenablement mes répétitions. Je n'y réussis guère et je crois
que je fus jugé comme un sujet médiocre. Heureusement notre bon directeur m'encourageait autant
qu'il le pouvait. Sa bonté aimable m'attachait à lui
de plus en plus. Je l'aimais et croyais lui inspirer
aussi quelque sympathie. Veuf en premières noces,
il venait à cinquante ans de se remarier à une
jeune et jolie femme dont il eut une fille qui épousa
le fameux pianiste Bertini.

Les relations avec Picard étaient faciles et
agréables ; il ne tenait pas les acteurs à distance
comme le font certains directeurs actuels. Il se sou-
venait toujours avec plaisir du temps où il avait
joué la comédie et m'a dit souvent : « J'ai maintes

fois regretté d'avoir échangé mon habit de comédien
contre celui d'académicien. » D'une infatigable
activité, Picard se levait de fort grand matin,
écrivait jusqu'à huit heures, puis faisait sa barbe,
ce qui ne l'empêchait pas de recevoir tous ceux qui
avaient à lui parler. Alors, tout en causant, le rasoir
à la main, il oubliait totalement sa barbe; le savon
se séchait; il recommençait de plus belle à promener
la savonnette sur son menton, puis causait de nouveau, et la barbe durait ainsi des heures entières.
Quand il avait fini ses répétitions, il courait pour
les affaires du théâtre et bien souvent aussi pour
rendre service, car personne ne fut plus serviable,
plus dévoué à ses amis que lui. Personne n'a obligé
plus d'ingrats; mais connaissant trop le cœur
humain pour compter sur de la reconnaissance,
l'ingratitude ne le décourageait pas. Son caractère
était naturellement gai. Cependant je l'ai vu quelquefois fort triste, paraissant succomber sous tant
d'inimitiés qui se déchaînaient contre lui, soit
secrètement, soit en public; car, indépendamment
des attaques malveillantes de plusieurs journaux,
on lui adressait encore d'insolentes lettres anonymes
et d'injurieuses caricatures. Il m'en a parlé deux ou
trois fois, et c'était une grande preuve d'amitié
de sa part, car il n'aimait pas à se plaindre. Il n'eut
jamais de rancune contre ses ennemis les plus achar-
nés. Il aima toujours le théâtre, et dans les vingt

dernières années de sa vie il eut des collaborateurs
dont les deux principaux furent Mazères et Empis.
Tous deux ont conservé de lui le meilleur souvenir.
Je le rencontrais fréquemment dans les rues de Paris,
tantôt lisant les affiches des spectacles, tantôt cherchant sur des enseignes de magasins des noms pour
les personnages de ses pièces.

L'ouverture du nouveau théâtre s'était faite le 30
septembre 1819 avec le spectacle que voici : 1° un
prologue de Casimir Delavigne ; 2° *Venceslas*, de
Rotrou ; 3° *l'École des maris*, où je jouais le petit
rôle d'Ergaste. Eric-Bernard dans Venceslas, et
Victor dans Ladislas, obtinrent un grand succès qui
ne se soutint pas longtemps. Quelques jours après,
on donna pour les débuts de Joanny, célèbre acteur
de province, *Adélaïde du Guesclin* de Voltaire.
Joanny y remplissait le rôle de Vendôme où il fut
applaudi avec enthousiasme ; la soirée fut pourtant
aussi très belle pour Eric-Bernard.

Le second Théâtre-Francais devait être exploité,
comme je l'ai déjà dit, par une société de comédiens
dont Picard était le directeur. Devenu en peu de
temps l'un des acteurs les plus aimés de ce théâtre,
je fus reçu sociétaire la seconde année et ne tardai
pas à faire partie du Comité d'administration.

La police avait exigé de l'administration un rideau
de tôle qu'on ne devait baisser qu'en cas d'incendie.
On voulut dès le premier jour en régaler le public,

et nos jeunes spectateurs avaient pris l'habitude de le redemander chaque soir pendant assez longtemps. On se voyait contraint de leur obéir pour éviter du tapage. Il en fut de même du prologue d'ouverture qu'on était obligé de relire à chaque représentation pour satisfaire à un vœu qui se changeait bientôt en menace dès qu'on tardait à l'accomplir.

Casimir Delavigne avait lu au Théâtre-Français sa tragédie des *Vêpres Siciliennes* qui n'avait pas été reçue ; Picard s'empressa de la lui demander pour notre théâtre, et elle y obtint un immense succès. *Les Messéniennes* avaient valu à leur jeune auteur une popularité qu'on lui a fait depuis chèrement expier ; le dépit du refus subi au Comité de lecture du Théâtre-Français inspira à Casimir une satire pleine de verve à laquelle il donna la forme dramatique et qu'il appela *les Comédiens*. Picard voulut aussi la faire représenter à l'Odéon, et son succès, sans égaler celui des *Vêpres*, fut cependant très honorable. On la donna avec un prologue composé par Scribe, à ce que je crois. Le prologue réussit ; j'y remplissais un rôle ainsi que dans la comédie. Ce furent, pour parler le langage du théâtre, mes deux premières créations. Le prologue ne fut pas donné longtemps. Quant aux *Comédiens*, ils furent joués un très grand nombre de fois.

Les Vêpres Siciliennes rapportèrent beaucoup

d'argent au théâtre et à l'auteur. Bien avant l'heure
du spectacle, les abords de l'Odéon étaient encombrés par la foule, et le nombre de ceux qui ne pouvaient entrer était à peu près égal au nombre des
spectateurs admis. Les premiers se dirigeaient en
murmurant vers les ponts qu'ils avaient traversés
pour les retraverser de nouveau.

La tragédie avait pour elle au second Théâtre-
Français l'opinion publique, qui était loin d'être favorable aux acteurs de la comédie. Il y avait là un
engouement qui n'était pas suffisamment justifié.
Joanny était placé par quelques-uns au même rang
que Talma. D'autres, plus osés, allaient jusqu'à le
placer au dessus. J'ai entendu plusieurs fois Népo-
mucène Lemercier, auteur de la tragédie classique
d'*Agamemnon* et du drame quasi-romantique de
Pinto, raconter qu'un soir, enchanté du jeu de
Joanny dans le *Coriolan* de Laharpe, après en avoir
fait de grands éloges dans la loge de Talma, il
s'avisa d'ajouter que son jeu devait avoir de l'analo-
gie avec celui de Lekain : « Alors, disait Lemercier,
Talma, qui jusque-là était resté silencieux, fit un
bond, s'élança vers moi le regard furieux, les bras fré-
missants et, d'une voix émue, m'apostrophant avec
véhémence : « Comment ! c'est vous, Lemercier, qui
dites de pareilles choses ! Vous osez comparer à
un grand artiste comme Lekain un pantin comme
Joanny ! Travaillez donc pendant vingt ou trente

ans avec conscience ; appliquez-vous à être noble
sans emphase, simple sans trivialité, passionné
sans extravagance, soyez enfin, le premier tragédien de votre pays pour qu'on vous compare,
après votre mort, à un homme sans goût, sans
vérité, sans mesure, qui joue au hasard, sans
avoir conscience de ce qu'il fait et qui, bien souvent, n'arrive qu'à être une vraie caricature! »
Cette philippique dans laquelle, à l'aide du nom de
Lekain, Talma se vengeait des blessures faites à
son amour-propre d'artiste, sembla l'épuiser. Il se
rejeta, le sourcil froncé, sur son divan. Tous les assistants gardaient le silence, et Lemercier, sans chercher à soutenir son opinion, se hâta de prendre
congé du grand tragédien, lui serrant la main en
souriant ; mais Talma ne répondit pas à son étreinte
et ne sourit pas, car il n'était pas encore apaisé.
Lemercier m'a assuré qu'il avait été aussi beau dans
sa colère d'artiste que sur le théâtre dans un rôle
étudié. Une autre fois, voici comment Talma, parfaitement de sang-froid, s'exprima sur le talent
de Joanny. Il se rendait à l'Odéon avec le docteur
Cabarus, pour voir *Coriolan*. Chemin faisant il lui
dit : « Je vais entendre encore l'homme qu'on appelle
le Talma de la province. Il a certainement des qualités tragiques ; mais il ne connaît pas son art ; il ne
se connaît pas lui-même. Quand il fait bien, c'est sans
le savoir. Ces éclairs une fois passés le laissent dans

12.

une nuit profonde. Il n'est maître ni de sa voix ni
de ses gestes, et manque en tout de goût et de mesure. » Cette opinion est juste dans sa sévérité.
La sève tragique ne manquait pas à Joanny. Il avait
vu Larive et Talma dont-il s'inspirait tour à tour.
Son jeu était, en général, sans règle et sans talent,
très inégal par conséquent. Il se livrait quelquefois
à des cris et à des gestes désordonnés qui côtoyaient
le ridicule, et vous déroutait perpétuellement. Un
soir vous sortiez du théâtre enchanté de lui, et le
lendemain il vous indignait dans le même rôle où
vous l'aviez applaudi la veille.

Une actrice très belle, appelée Mlle Gaussin (nom
célèbre au théâtre dont elle n'était pas destinée à
soutenir l'éclat), faisait ses débuts à notre théâtre
avec quelque succès. Elle devait jouer Hermione
dans *Andromaque* lorsque Joanny fit dire qu'il était
malade. Il était souvent atteint de maux de gorge.
Comme on tenait beaucoup à ne pas remettre cette
représentation, on fit auprès de lui de pressantes
démarches qui réussirent ; seulement il exigea
qu'une annonce orale instruisît le public de l'état de
sa voix et réclamât pour lui l'indulgence. J'assistai
au spectacle, et Joanny fut superbe. Se défiant de
lui, il se gardait de cette fougue, trop juvénile pour
son âge et ses forces, qui n'arrivait le plus souvent
qu'à l'extravagance et à l'épuisement. Il fut simple,
noble, discret dans sa gesticulation d'ordinaire sur-

abondante ; il eut des mots et des accents à la Talma, et les fureurs qui terminent le rôle d'Oreste excitèrent justement un immense enthousiasme. On s'abordait dans les foyers du public et des acteurs avec un étonnement à la fois flatteur et offensant pour le héros de la soirée. Aux compliments nombreux qui lui furent prodigués, il répondit invariariablement : « Je ne suis pas content de moi : je n'avais pas ma voix ; quand je l'aurai retrouvée, je rejouerai Oreste, et ce sera bien autre chose. » Ce fut autre chose, en effet. Il rejoua le rôle et je le revis. Hélas ! il ne fut pas supportable. Que conclure de là ? Que cet acteur avait en lui de très réelles qualités tragiques : la diction, l'âme, la noblesse, mais qu'il semblait ne les avoir reçues que pour en faire rarement usage. Porté à l'exagération par son défaut de goût et par cette soif d'applaudissements qui égare tant d'artistes, il lui eût fallu au contraire, pour obtenir un succès légitime, se contenir au lieu de se livrer. Quand il surveillait son jeu, il arrivait au but ; mais son ambition était de le surpasser. De là des efforts continuels, une fatigue contre laquelle il lui fallait lutter pour arriver jusqu'au bout de sa tâche, et c'en est une bien rude que l'état d'acteur exercé de cette façon ! Il ne s'agit plus d'une question d'art mais bien d'une question de force, et la palme doit appartenir non au plus habile mais au plus vigoureux. S'il eût été donné à Joanny de s'entendre et de se juger, sa carrière eût été plus longue et sa renommée plus durable.

C'était d'ailleurs un homme avec qui les relations étaient fort agréables, et, de plus, un excellent camarade.

Il y avait au second Théâtre-Français, à cette époque, un autre homme d'un vrai talent, celui-là : c'était Lafargue ; il venait du théâtre de la Gaîté, et était élève de Talma qui en faisait grand cas. Je l'avais connu au Conservatoire où il avait, un jour, récité avec tant de talent le grand couplet de Mithridate, que Talma lui avait fait les plus grands compliments devant tous. J'avais conservé des relations avec lui et je fus charmé de le retrouver à l'Odéon. Quoique jeune, il jouait les rois et les pères nobles auxquels convenaient sa taille élevée et sa figure grave. Sa voix manquait de force dans la tragédie, ce qui lui fit d'autant plus de tort, qu'il avait pour compétiteur, dans le même emploi, un gaillard vigoureux, doué d'une santé superbe et de cette chaleur inintelligente que tant d'intelligents spectateurs regardent comme la perfection du talent.

Lafargue, pour qui je me pris d'amitié, avait, lui, une grande et fine intelligence, un débit très pur, de la sensibilité vraie, de la noblesse, un excellent ton ; on eût pu lui souhaiter peut-être un peu plus de franchise, car il y avait parfois un peu de ma-

nière dans son jeu; mais ce défaut, d'ailleurs léger
chez lui, était racheté par tant de qualités essentielles, qu'on n'avait pas le courage de le lui reprocher. Si la mort ne l'eût enlevé au commencement
de sa carrière dramatique, il eût été le digne successeur de Baptiste aîné; il lui était même préférable sous bien des rapports, jouait mieux que lui
la tragédie et avait des qualités physiques que
l'autre était loin de posséder. Dans l'Agamemnon
d'*Iphigénie en Aulide*, il unissait à la majesté royale
et à la sensibilité des nuances fines qui n'appar-
tiennent qu'aux talents supérieurs; rien n'égalait
la perfection de son jeu dans le Lusignan de *Zaïre;*
il produisait un effet très grand dans cet hémistiche
si simple : *Soutiens-moi, Châtillon !* et était si pathétique que je ne le vis jamais dans ce rôle sans
qu'il m'arrachât des larmes. Aussi, chaque fois
qu'on donnait *Zaïre*, était-on sûr de me voir à l'orchestre pendant tout le second acte.

Le public ne comprit pas, dans les commencements, toute la valeur de cet artiste; mais bientôt
il lui rendit pleine justice, et son rival, qui avait
réussi en frappant fort, faute de frapper juste, vit
son succès décroître chaque jour, tandis que celui
de Lafargue grandissait de plus en plus. L'intelligence, cette fois, triomphait de la force : cela n'arrive pas assez souvent. Il faut dire aussi que, très
remarquable dans l'ancien répertoire, Lafargue ne

l'était pas moins dans les rôles nouveaux, ce qui en faisait un comédien complet. Depuis lui, je n'ai vu personne dans son emploi qui pût lui être égalé.

Puisque je suis en train d'énumérer le personnel de la troupe dite du second Théâtre-Français, je ne puis oublier deux acteurs sociétaires chargés de remplir ce qu'on nomme en argot de coulisses les *manteaux*, les *grimes* et les *financiers;* il est rare qu'un comédien soit propre également à ces trois genres de rôles; les uns exigeant certaines qualités qui, ailleurs, sont plutôt des défauts. Ainsi l'embonpoint nécessaire dans Turcaret est un contre-sens dans Harpagon; la décrépitude des vieillards des *Fourberies de Scapin* ne convient pas au Sganarelle de *l'École des Maris* et à l'Arnolphe de *l'École des Femmes*, qui sont des hommes de quarante ans, pleins de passion et d'énergie. En ajoutant aux personnages que je viens de citer : Sganarelle de *l'Amour médecin*, Orgon de *Tartufe*, Georges Dandin, Harpagon de *l'Avare*, Chrysale des *Femmes savantes*, Orgon du *Malade imaginaire*, on arrive à convenir que cet emploi où Provost, mort trop jeune, a laissé de si brillants souvenirs, est le plus varié et le plus beau du théâtre de Molière.

L'un des deux acteurs qui en étaient chargés se nommait Duparay; il avait commencé par les rôles comiques, et c'est de lui que le correspondant

Vanhove parlait quand il m'avait écrit : « Le co-
« mique qui vient de débuter à Rouen est tombé ;
« voulez-vous risquer le paquet? » J'avais demandé
à Potier ce qu'il pensait de lui et si le public avait
été juste dans sa sévérité ; il me répondit affirmati-
vement, en ajoutant : « Ce n'est pas que Duparay
manque de talent, mais il est trop grand et trop âgé
pour l'emploi des comiques et manque de la vivacité nécessaire aux valets. » Potier l'avait très bien
jugé, et Duparay souscrivit à l'arrêt du partèrre
rouennais, puisqu'à partir de cette époque, il renonça tout à fait à l'emploi des comiques pour
prendre celui des grimes. Il revint à Paris et joua à
la salle Favart où les acteurs de l'Odéon s'étaient
réfugiés après l'incendie de leur théâtre, sous la
direction de Picard. Engagé au second Théâtre-
Français, il avait pour chefs d'emploi Perroud et
Chazel. Le premier, d'abord acteur en province,
était depuis longtemps à Paris ; il y avait débuté au
théâtre Louvois, et lorsque Picard quitta la scène,
ce fut lui qu'il présenta au public comme son successeur. Il avait été bien accueilli et était devenu
un des favoris du parterre de l'Odéon. Quoique né
à Lyon, il avait un accent toulousain qu'il devait,
disait-on, à l'habitude de jouer les gascons où, en
effet, il était très bien placé ; il se tirait habilement
des rôles les plus opposés et réussissait surtout au
moyen de la chaleur toute méridionale qu'il appor-

tait dans son jeu. C'était ce que nous appelons *un brûleur*, et il y avait chez lui plus de métier que de talent réel ; le naturel lui manquait. Son étoile pâlissait, quand l'ancien Odéon se transforma en second Théâtre-Français.

Chazel, lui, avait l'embonpoint et le physique parfait du financier de l'ancienne comédie ; son jeu, qui ne manquait pas d'intelligence et de rondeur, était mou et lent ; il se donnait une peine extrême pour être simple. Dans une parodie donnée au théâtre de la Porte-Saint-Martin, on disait de lui :

Cet épais financier, qui là tout seul babille,
Cherche le naturel comme on cherche une aiguille.

Sa mémoire était souvent infidèle, mais une chose digne de remarque, c'est que, lorsqu'il manquait de mémoire au milieu d'un vers, comme il avait le sentiment de la mesure, il remplaçait toutes les syllabes involontairement omises par des sons inarticulés, des *eu eu* qui, à défaut des mots, suppléaient au moins au nombre de syllabes exigé.

Le parterre préféra bientôt aux deux chefs d'emploi celui qui devait les doubler, et Duparay, dans des rôles bien inférieurs à ceux que remplissaient les autres, sut se faire applaudir de plus en plus et devint bientôt un des comédiens les plus aimés de notre théâtre. On sait qu'il entra plus tard à la Comédie-Française, où la faveur du public le suivit jusqu'à la fin. Dans certains grimes il avait un

naturel précieux et une bonhomie admirable :
dans le Géronte du *Médecin malgré lui*, par exemple, et dans Argan des *Fourberies de Scapin*. C'é-
tait un caractère singulier, taciturne, et quelquefois
même sombre dans les coulisses; sa gaîté s'éveil-
lait dès son entrée en scène, il ne la renfermait pas
dans ses rôles seulement et cherchait à faire rire
ses camarades par des lazzis ou des mots dits tout
bas, dont les spectateurs ne s'apercevaient point;
il avait surtout un certain clignement d'œil d'un
effet irrésistible sur quelques actrices. Dans la
pièce de *Bertrand et Raton*, où il représentait ce
dernier personnage avec beaucoup de talent,
Mlle Brocard, chargée du rôle de la reine, dut le
supplier tout bas de ne pas continuer ses charges :
— « Duparay, murmurait-elle entre ses dents, avec
une petite agitation convulsive, je vous en prie, ne
me faites pas rire ! » il fut inflexible; enfin, n'y
pouvant plus tenir, l'actrice laissa échapper un
éclat de rire et fut sifflée. Ne croyez pas qu'en rentrant dans les coulisses son camarade lui en exprima ses regrets et lui offrit ses excuses; non : il
s'assit et reprit son silence jusqu'au moment de sa
rentrée en scène. Picard l'appelait *La Ramure*, du
nom d'un personnage du *Roman Comique*.

CHAPITRE XIV.

Mon ami Provost. — Notre comité de lecture. — Mot
d'Andrieux. — Nos partages. — Un journaliste pratique.
— Un pas de deux chez le directeur de l'Opéra. — *Le
Voyage à Dieppe.*

Quand je revins de Rouen, je voulus revoir le
Conservatoire et j'assistai à une classe de Saint-
Prix. C'est là que je fis connaissance avec Provost,
qui cumulait avec sa position d'élève les fonctions
de répétiteur ; je les avais remplies aussi quand j'é-
tais pensionnaire ; seulement, vu les avantages que
m'assurait mon internat, on ne me les payait pas,
tandis que Provost recevait pour cela un léger
traitement. Quand il fut question d'entendre les
sujets qui se présentaient pour le second Théâtre-
Français, ce fut Provost qui fut choisi pour leur
donner la réplique; l'intelligence avec laquelle il
s'acquitta de son emploi le fit juger digne d'être
lui-même admis parmi nous, et Picard l'engagea
pour les jeunes premiers tragiques et comiques.
Malheureusement il ne possédait pas les qualités
physiques nécessaires à ce genre de rôles ; il se

vit donc obligé d'y renoncer et se chargea des
confidents dans la tragédie et dans la comédie, de
tous les personnages secondaires qu'on voulait bien
lui confier; son zèle ne refusait rien et le soin qu'il
apportait à l'exécution du plus petit rôle, son excellente mémoire, les services qu'elle lui permettait
de rendre au théâtre, tout cela en fit bientôt un
des sujets les plus utiles. Il acquit de cette façon
l'habitude de la scène et les sympathies du public.
Provost est un exemple qui peut servir aux jeunes
comédiens : c'est à un travail constant, à une per-
sévérance que les difficultés ne rebutèrent point et
qui ne se découragea jamais, qu'il dut plus tard son
précieux talent et la haute position qu'il occupe à
la Comédie-Française. Quand je quittai l'Odéon, il
me succéda dans l'emploi des comiques, où il eut
quelque succès, mais il comprenait que sa véritable
place était marquée dans les grimes et les manteaux; il n'attendait, pour s'y essayer, que les modifications que l'âge devait nécessairement apporter
dans son physique. Je l'encourageai beaucoup dans
ce dessein, et lorsqu'il crut le moment arrivé, il
quitta le théâtre de la Porte-Saint-Martin, où les
événements l'avaient conduit et où, presque toujours, il remplissait les rôles de traitres, ce qui, par
parenthèse, lui avait valu la haine des auditeurs
du paradis. Provost m'a souvent raconté que, après
un drame fait sur Napoléon Ier, dans lequel il re-

présentait Hudson Love, on était obligé de le faire
partir, la représentation finie, par une petite porte
de derrière, parce que tous les gamins l'attendaient
à la sortie, en lui disant des injures et en lui montrant le poing.

Donc, après avoir fait de sérieuses études dans
son nouvel emploi, Provost, qui avait une grande
foi en ma sincérité, me pria de l'entendre dans
Crysale des *Femmes savantes* et de lui dire fran-
chement mon opinion, m'assurant que, quelle
qu'elle fût, il s'y conformerait; je ne fus pas in-
certain un seul moment et lui prédis dans le genre
qu'il prenait tous les succès qu'il a obtenus. Depuis, une bonne amitié nous unit pendant de longues
années. Sa mort laisse dans les rangs des comédiens français un vide bien difficile à combler.

Nous avions au second Théâtre-Français un comité
de lecture composé d'hommes de lettres et de sociétaires. Les hommes de lettres étaient Picard, Raynouard, Auger, Andrieux, tous quatre de l'Académie française ; Droz, qui y fut reçu plus tard, et
Loraux, ami de Picard, tout à la fois sociétaire et
caissier. Les pièces étaient préalablement soumises
à un examinateur dont les rapports étaient lus au
commencement de chaque séance. Les membres
littéraires du comité étaient fort exacts aux séances,
mais ils étaient toujours devancés par Raynouard
qui, en attendant ses collègues, tirait invariablement

de sa poche des papiers qu'il paraissait consulter.
Raynouard avait donné à la Comédie-Française
deux tragédies historiques, les Templiers et les
États de Blois, la première jouée sous l'Empire et la
seconde sous la Restauration. Le succès des Templiers fut très grand. Membre du Corps législatif,
Raynouard avait été l'un des rédacteurs du fameux
rapport qui provoqua la foudroyante colère de
l'Empereur. C'était un Provençal qui avait un accent
très prononcé. Il était très aimable, et comme nous
nous trouvions souvent en tête à tête, étant les deux
membres les plus exacts du comité de lecture, je
me plaisais à le faire causer. Il me raconta entre autres choses que l'Empereur, après avoir vu les
Templiers, lui dit que l'ouvrage aurait dû être fait
dans un tout autre sens. Les Templiers, selon lui,
ne méritaient pas l'intérêt qu'ils inspiraient dans
l'œuvre de Raynouard. La royauté avait eu raison
de détruire un ordre qui devenait un danger pour
elle. Il y avait contre les Templiers d'assez justes
griefs pour justifier leur procès et leur supplice, et
c'est dans cet ordre d'idée que la tragédie eût dû
être faite. — « Sire, répondit l'auteur, ma pièce
écrite dans ce sens n'eût réussi que devant un auditoire composé de monarques. » Le caractère de
Raynouard était fort honoré : secrétaire perpétuel
de l'Académie française, il se démit de ses fonctions, dans lesquelles il fut remplacé par Auger.

Andrieux jouissait aussi de l'estime publique. Professeur de littérature au Collège de France, il était adoré de son jeune auditoire : lorsque j'étais encore élève au Conservatoire, je courais, au sortir de la classe, vers le quartier latin pour assister à ses leçons. Très petit, très laid, portant lunettes, ayant une voix très faible et très désagréable, Andrieux me déplut dès qu'il commença à parler, la première fois que je le vis, et je me promis tout bas de ne pas entendre toute la leçon ; mais il ne tarda pas à s'emparer de mon attention, à m'intéresser, moins encore peut-être par les choses qu'il disait que par la manière dont il les disait. Chose étrange ! chez cet homme, si dépourvu des dons physiques nécessaires à l'orateur, il y avait du charme. On a dit très ingénieusement de lui qu'il *se faisait entendre à force de se faire écouter*. On contait qu'é-tant membre du tribunat, un jour qu'il commençait un discours par ces mots : « Il y a ici un petit ma-lentendu », une voix s'écria : —« C'est vous ! » Le mot était impoli sans être juste. Il y avait dans cette nature si chétive beaucoup de courage et une grande in-dépendance. Le tribunat ayant été supprimé à cause de l'opposition qu'il faisait au gouvernement consulaire, dans une entrevue qu'il eut avec An-drieux, le premier Consul s'avisa de lui dire pour justifier ce coup d'État : « Messieurs les tribuns, vous étiez gênants pour le gouvernement, vous ré-

sistiez toujours. » — « Général, répondit le tribun
dépossédé, on ne s'appuie que sur ce qui résiste. »

On désignait ordinairement Andrieux sous le
nom de l'auteur des *Étourdis*, parce que cette pièce
passa longtemps pour une œuvre pleine d'esprit et
de goût ; aujourd'hui, quand on en parle, car l'oubli a déjà commencé pour tous deux, on ne s'ex-
prime qu'avec dédain sur l'auteur et sur l'ouvrage.
Je crois donc faire acte de courage en défendant
l'un et l'autre et en m'honorant ici de l'amitié
qu'Andrieux voulut bien me témoigner toujours.

Il y avait un autre homme que je voyais souvent
chez Picard ; c'était Droz. Tous deux étaient liés
intimement et Picard avait de la vénération pour
son ami. Il m'a souvent répété que c'était un caractère antique. Droz était sans ambition ou plutôt
il n'en avait qu'une : entrer à l'Académie française.
Il y entra en effet et, de plus, fut membre aussi de
l'Académie des sciences morales.

Longtemps incrédule, Droz consacra ses dernières années à la défense des croyances religieuses. Je l'ai beaucoup vu ; il parlait avec une lenteur
extrême. C'était un homme honnête, bon et con-
ciliant.

Auger avait des formes moins aimables ; je n'ai
eu toutefois qu'à me louer de lui. Quand je l'ai
connu, il était secrétaire perpétuel de l'Académie.
Il devait sa réputation à des travaux dans plusieurs

journaux, à des éloges couronnés par l'Institut et
surtout à ses commentaires sur Molière. Il termina
ses jours par un suicide en 1828, et la nouvelle en
fut donnée le jour même de l'enterrement de
Picard.

Vers la fin de 1821, on donna au second Théâtre-
Français la première représentation du *Paria*, de
Casimir Delavigne. Cette tragédie fut reçue du public avec enthousiasme et cependant ne nous donna
pas les recettes magnifiques des *Vêpres Siciliennes*.
L'année suivante, Delavigne, sollicité par les comédiens français, leur lisait *l'Ecole des Vieillards*,
qu'ils recevaient à l'unanimité. Talma pria l'auteur de lui en confier le principal rôle, et on sait
quelle part il eut dans le grand succès de l'ouvrage,
où il jouait à côté de Mlle Mars.

La désertion de Casimir Delavigne porta un
coup funeste à notre caisse; elle perdit peu à peu
l'habitude des brillantes recettes, et nous nous
vîmes souvent condamnés à cette solitude qui devint bientôt une tradition pour le théâtre de la
rive gauche. Les nouveautés heureuses n'abondaient pas : Joanny, qui avait d'abord fait quelques
recettes, n'attirait plus le public; il avait même
déjà voulu nous quitter, séduit qu'il était par les
propositions de la Comédie-Française. Après avoir
pressé les mains de Picard en lui disant : « Je ne me
séparerai jamais de vous, je suis au second Théâtre-

Français pour la vie », il s'était engagé de parole
avec le comité de la rue Richelieu et se trouva
dans une position difficile chez M. de la Ferté,
surintendant des théâtres royaux, entre les sociétaires de la Comédie-Française et le directeur du
second Théâtre ; d'un côté on lui disait : « Ne nous
avez-vous pas assuré que vous étiez libre de tout
engagement ? » et il répondait humblement : « C'est
vrai » ; de l'autre côté, on lui posait cette question :
« N'avez-vous pas déclaré que vous vous regardiez
comme appartenant à l'Odéon, et ne vous êtes-vous
pas engagé d'honneur vis-à-vis de son administration ? » et il répondait, toujours avec la même
humilité : « C'est vrai ». Enfin l'affaire s'arrangea :
nous gardâmes Joanny, dont l'absence nous eût
été très préjudiciable sans que son talent pût profiter beaucoup au théâtre qui possédait Talma.
Peut-être notre camarade avait-il compris le danger pour lui d'une concurrence sur la même scène
avec le Roscius de cette époque, dont il honorait
l'immense talent. C'était un fort honnête homme,
mais il était faible, et l'on comprend qu'il ait été
séduit par des offres qui flattaient en même temps
ses intérêts et sa vanité. Enfin, tout le monde, je
crois, s'applaudit du dénouement de ce petit drame
de coulisses.

On se rappelle que nous étions sociétaires ; or,
au point de vue du partage des bénéfices, ce titre

13.

ne constituait qu'une sinécure. Nos assemblées à la
fin de chaque mois étaient invariablement attristées par le compte rendu de notre position, que Loraux, notre caissier, terminait toujours par ces
mots lugubres : « Il n'y a pas lieu à partage ».
Alors nous jetions les uns sur les autres de mé-
lancoliques regards que nous ramenions ensuite
sur notre directeur, l'unique espoir et le seul
consolateur que nous eussions dans nos revers.
Assis à côté de Loraux, Picard se penchait alors
vers lui et lui disait, en aspirant une forte prise
de tabac : « On peut faire un petit partage ».
Un léger sourire reparaissait alors sur toutes les
figures. Loraux seul, la mine renfrognée, formant
un contraste parfait avec la joviale physionomie
de l'auteur de *la Petite Ville*, jetait assez brutale-
ment ces mots à Picard : « Voilà comme tu es ! tu
ne veux donc pas que le théâtre paie ses dettes ? » —
« Je veux avant tout que ses acteurs mangent pour
pouvoir jouer la comédie », répliquait notre brave
directeur ; et là-dessus, prenant une plume et du
papier : « Tiens ! disait-il, tu peux ajourner tel
paiement ; tu ne donneras qu'un acompte sur
cette autre note... » et, continuant ainsi sur le
livre de Loraux une inspection qui désolait celui-
ci, Picard, en additionnant les sommes retran-
chées, arrivait en effet à nous offrir un partage,
modique il est vrai, mais qui, du moins, nous

permettait de vivre (assez mal). Ajoutons que l'estime générale dont jouissait notre excellent directeur contribuait à donner à nos créanciers une patience qui, sans cela, leur eût peut-être manqué.

Cependant le théâtre ne se relevait pas, et, comme toujours, c'était à notre administrateur qu'on s'en prenait de notre adversité : il ne savait pas attirer les auteurs, disait-on; auteur lui-même, il les éloignait au contraire. Les attaques contre lui se succédaient sans relâche, surtout dans les journaux de théâtre; il y en avait un alors très redouté dans les coulisses; le rédacteur en chef de cette feuille, qui composait à lui seul toute la rédaction, avait trouvé un moyen bien simple pour acquérir promptement une fortune: il fit savoir tout bonnement à tout le peuple des directeurs, auteurs, acteurs, compositeurs, chanteurs, danseurs, instrumentistes, que l'abonnement à son journal donnerait droit à l'éloge, et l'abstention à l'injure; je dis *injure*, car il est impossible d'appeler d'un autre nom la prétendue critique de ce juge délicat. Il y avait eu avant lui des plumes vénales, mais aucune ne l'avait encore été avec tant d'audace et de cynisme. « Je contribue à la fortune des artistes par mes éloges, disait-il hautement; il est donc juste qu'ils fassent la mienne. » Et comme l'abonnement, vu la modicité du prix, n'était pas suffisant pour procurer l'opulence dont un si honnête

homme pût se contenter, il exigea bientôt des
sommes supplémentaires et même des cadeaux;
il ne refusait rien : meubles, bijoux, argenterie, ta-
bleaux, vins fins et liqueurs de toutes espèces ; il
se faisait gloire de ces présents et disait volontiers
à ceux qui venaient le voir : « Voici un Talma,
désignant un tableau de quelque prix. Cette pendule n'est pas seulement de Bréguet, elle est de
Bourgoin. » Il donnait quelques dîners, et c'est là
surtout qu'il se plaisait à étiqueter, en causant, du
nom de ses donateurs, tout ce qui paraissait sur
sa table : « Buvez donc un peu de mon Potier »,
s'écriait-il en riant, car il jouissait gaîment de
son opprobre. — « Goûtez-moi ce Mars, il est délicieux. » C'est ainsi qu'il déroulait devant ses convives ébahis la liste de ses tributaires. Je pense
que ces derniers auraient préféré l'anonyme à cette
indiscrétion calculée, qui mettait à nu la faiblesse
dont ils rougissaient ; mais le folliculaire tenait,
lui, au contraire, comme les fats, à compromettre
ses conquêtes. Aussi, quelque abondant et délicat
que fût le dîner qui lui était offert, il ne le satis-
faisait pas s'il en était le seul convive ; il ne voulait
pas qu'on le traitât avec un mystère offensant pour
sa vanité ; il lui fallait des témoins de ses victoires,
et il exigeait de ceux qui se condamnaient à ses
louanges des *apparences* d'estime et de considération, ne pouvant prétendre au-delà.

Picard avait été autrefois utile à cet homme,
mais ce souvenir n'arrêta pas le folliculaire que rien
ne faisait jamais dévier de là ligne qn'il s'était
tracée. Comme le directeur du second Théâtre-
Français n'avait pas cru devoir acheter son appui,
il l'inscrivit parmi ses victimes, et lui fit cette insolente guerre dont il avait l'habitude. Il attaqua
d'abord en lui l'ancien comédien, puis le directeur,
l'auteur, l'académicien, et enfin, l'homme. Picard
ne fit rien pour le désarmer, et ne se vengea de lui
que par un nouveau service qu'il lui rendit, service
très désintéressé, car il savait, par expérience, que
la reconnaissance était sans aucun pouvoir sur cette
âme stoïque. L'écrivain en question avait, avant
d'être arrivé à la fortune, un modeste emploi dans
un ministère ; le ministre, qui estimait fort notre
directeur, lui dit un jour : « Monsieur Picard, je
suis indigné des articles injurieux que ce X... écrit
chaque jour contre vous. Je n'aime pas à renvoyer
les gens. Cependant je mets son sort entre vos
mains. Un mot de vous et je le destitue. » Picard
pria le ministre de ne pas lui faire perdre son emploi, et cela fut fait. C'est Roger, de l'Académie
française, qui raconta ce fait un jour au comité de
lecture de l'Odéon, en reprochant vivement à son
confrère ce qu'il appelait un acte de faiblesse, et
celui-ci répondit : « Que voulez-vous ? je n'ai de ma
vie pu me résoudre à faire perdre à qui que ce

soit son pain de tous les jours. » Roger n'avait
pas tort d'accuser de faiblesse notre bon directeur.
C'est aussi le reproche que je me permettais de lui
adresser, car il m'avait autorisé à lui dire mon avis
sur toute chose ; il avait souvent la bonté de venir
chez moi me parler des affaires du théâtre, et me
témoignait une estime et une confiance qui m'em-
barrassaient parfois quand je songeais à la distance
que mettait entre nous, son âge et sa position littéraire. J'allais le voir souvent aussi le matin, à
l'heure de sa barbe, et il m'invitait presque toujours à déjeuner. Mᵐᵉ Picard se joignait à son mari
pour me retenir, car je dois dire qu'elle semblait
avoir pour moi une bonne amitié. Les lundis il y
avait place à la table du directeur pour le semainier
qui venait faire avec lui le répertoire de la semaine.
Quand c'était mon tour, je n'avais garde de me
dérober à cette agréable obligation. J'avais pour
Picard un tendre attachement que redoublaient
encore les injustes attaques dont il était l'objet.
Cet excellent homme, vaincu enfin par les haines
implacables qui ne lui laissaient aucune trève, me fit
venir un jour dans son cabinet, et me raconta, avec
une pénible émotion, le découragement qui s'emparait de lui : « Que dois-je faire ? me dit-il, je sais
que vous m'aimez, et je suivrai votre conseil, sûr
qu'il sera sincère et désintéressé». —«Monsieur, lui
répondis-je, vous me jugez bien et je vous en

remercie. Il serait de mon intérêt que vous res-
tassiez directeur; mais votre repos m'est cher, et
je souffre de le voir troubler pour tant d'odieuses
attaques. Pour y mettre fin, abandonnez cette
direction qui ne vous offre, au dehors, que des
inimitiés, au dedans que des ingratitudes. » Je
disais vrai, car parmi les acteurs qui, tous, étaient
plus ou moins ses obligés, deux ou trois à peine
partageaient les sentiments que Picard m'inspirait
à si juste titre, et sa retraite n'excita parmi eux
qu'un honteux sentiment de joie.

Picard, comme je l'ai déjà dit, avait été comédien
dans sa jeunesse. Il avait à trente-sept ans quitté
cette profession qu'il aimait, pour entrer à l'Académie française. C'était sa première femme qui,
disait-on, l'avait engagé à solliciter les honneurs
du fauteuil; mais plus d'une fois il s'en était
repenti. Il fut nommé, presque en même temps,
administrateur du théâtre de l'Opéra, situé alors
sur la place Louvois, à côté du théâtre où il
avait été si souvent applaudi, comme auteur et
comme acteur. Ce fut là le plus beau temps de
sa vie, et il composa à cette époque ses meilleures
comédies. Aimé du public, membre de l'Académie,
pourvu d'une place honorable qui lui assurait l'aisance, et lui laissait assez de loisir pour écrire de
nouvelles comédies, il semblait qu'il dût se trouver
heureux, et cependant, ce fut là qu'il ressentit un

mal inconnu de lui jusqu'à ce jour, l'ennui.
« Quand je me rendais à mon cabinet d'administrateur, me disait-il, il me semblait marcher au supplice ; je me rappelais mes répétitions si gaies du
théâtre Louvois, et je soupirais. » Il y avait une
séance par an, consacrée à la fixation du budget des
dépenses, et Picard en était le président. Il m'a
souvent conté comment tout s'y passait. Il y avait
là, d'ordinaire, Gardel, maître de ballets à l'Opéra,
où il avait eu longtemps des succès comme dan-
seur. Il faisait, depuis, représenter à ce théâtre des
ballets pantomimes, empruntés, pour la plupart,
à la mythologie, dans lesquels Mme Gardel, sa
femme, jouait toujours les principaux rôles. (Elle
était d'une maigreur *trop* remarquable.) Auprès de
lui siégeait Courtin qui, je crois, était l'administrateur comptable, et dont la femme tenait aussi
à l'Opéra un certain rang dans la danse. Ces deux
messieurs avaient les formes les plus graves et les
plus cérémonieuses. Or, quand on arrivait à la
question de savoir si Mme Gardel devait être conser-
vée aux mêmes appointements, M. Courtin se levait,
et déclarait d'un ton solennel qu'il ne pouvait s'élever un doute sur les services rendus par Mme Gardel au théâtre de l'Opéra, et qu'il était de l'honneur
de l'Académie impériale de musique de ne rien
retrancher aux émoluments d'une artiste aussi dis-
tinguée. Il se rasseyait alors en saluant Gardel,

qui lui rendait son salut, accompagné du plus gracieux sourire. Bientôt venait le tour de Mme Courtin. C'était alors à Gardel de se lever, et de reproduire, en faveur de cette dame, les mêmes arguments et les mêmes éloges que Courtin venait d'employer en l'honneur de Mme Gardel. Picard baissait la tête en signe d'adhésion après chaque discours, et c'est ainsi que le vote se formulait.

Il arriva une fois quelque chose d'assez plaisant. L'Empereur devant venir le soir à l'Opéra, avait fait connaître son désir de se retirer de bonne heure et Picard avait alors supprimé dans le spectacle un pas de deux dansé par Albert et Mme Delisle ; on lui avait assuré que le pas durait plus de dix minutes, ce qui dépassait le temps accordé par Sa Majesté impériale. Mais les deux Majestés de la danse ne pouvaient consentir à cette éclipse de leur gloire. Or, le matin du jour en question, ils entrent tous deux en costume de danse dans le cabinet du directeur. Mme Delisle va droit à Picard et, sans dire un seul mot, met la main dans le gousset de son gilet, en tire sa montre et la lui met entre les mains en lui faisant signe de regarder l'heure. Albert, muet comme elle, la prend par la main et les voilà tous deux, sans danser, figurant avec les pieds le pas en question. Quand ils ont fini, Picard remet sa montre dans sa poche et dit : « C'est juste. Il ne dure que dix minutes. Le pas sera dansé. » Il le fut en effet

à la satisfaction du moderne César et des deux étoiles
de l'art chorégraphique.

Picard souffrait avec peine qu'on le comparât à
Dancourt, auquel il avait raison de se croire supérieur ; une idée le tourmentait : c'était de s'élever
au dessus du genre où il avait si complétement
réussi ; il tenait à justifier son entrée à l'Institut par
une gloire plus littéraire, plus haute. Il chercha un
sujet remarquable par sa portée philosophique et
voulut montrer sur la scène un homme qui, ayant
fait ses preuves de probité et de désintéressement,
vante son infaillibilité au moment même où, vaincu
par des circonstances fatales, il cherche à transiger
avec les sévères devoirs de l'honneur. Cette comédie
devait s'appeler *Les Capitulations de conscience*, titre
qui semblait promettre une grande œuvre dramatique où l'auteur des *Marionnettes* et des *Ricochets*
fouillerait plus avant dans les replis du cœur
humain. Ses forces le trahirent ; il échoua et fut
obligé de revenir au genre dont il ne devait plus
sortir désormais et dans lequel il fut toujours si
heureux. On ne peut refuser à Picard l'esprit d'obser-
vation, la gaîté la plus franche, de la verve, l'entente
de la scène et l'originalité. Qualités et défauts, tout
est bien à lui dans ses pièces. Il a eu le tort d'écrire
parfois en vers ; il en convenait et y renonça. Quant
à sa prose, si on n'y trouve ni la concision mordante
de Le Sage, ni la brillante causticité de Beaumar-

chais, si quelquefois elle est un peu verbeuse, elle
est du moins toujours vive, naturelle et abondante
en mots piquants où les caractères se révèlent. Cet
auteur s'est attaché surtout à peindre la classe
bourgeoise et il me semble que nul n'y a mieux
réussi que lui. *Le Collatéral, la Petite Ville, les Ricochets, les Marionnettes, M. Musard, les Deux Phili-
bert, les Voisins, la Vieille Tante, l'Alcade de Molorido,*
sont des ouvrages remarquables. Picard fait rire,
chose devenue assez rare, et presque toujours sa plume
fronde un travers et donne une leçon sans en avoir
l'air. C'est là surtout, à mon avis, que doit tendre
l'auteur comique. Quand il eut abandonné la direction de l'Odéon, il s'adjoignit souvent Mazères et
Empis comme collaborateurs. Il fit entre autres
l'Agiotage avec Empis et *les Trois Quartiers* avec
Mazères. Cette dernière pièce eut un grand succès
de vogue à la Comédie-Française. Mais je m'arrête,
car je m'aperçois que mon amitié pour Picard
m'entraîne à écrire sur lui une véritable notice
biographique. Quittons donc cet excellent homme
pour revenir au second Théâtre-Français.

Le Voyage à Dieppe, pièce de Waflard et Fulgence,
qui avait été reçue sous la direction de Picard, ne
fut jouée que lorsque Gentil fut appelé à le remplacer. Gentil était l'ami et le collaborateur habituel de Désaugiers. Je ne crois pas qu'il ait laissé
une pièce de lui seul; aussi, après la mort du

joyeux chansonnier, fit-on courir ce mot dont on a
depuis fait usage si souvent : « Désaugiers est mort,
Gentil est enterré. » Pour en revenir au *Voyage à
Dieppe*, l'ouvrage eut un succès complet de rire et
d'argent. Je me rappelle un curieux incident de la
première représentation. On jouait avant la nouveauté *Rodogune*, dont le rôle était rempli par une
actrice que la jeunesse du quartier latin n'avait pas
accoutumée aux témoignages de sa bienveillance.
Dès qu'elle paraissait, les murmures se faisaient entendre et souvent les sifflets venaient s'y joindre.
Elle manquait de beauté, et les formes arrondies
surtout se faisaient vainement désirer en elle.
Les artifices au moyen desquels l'artiste s'efforçait
d'y suppléer furent mis à découvert dans cette
soirée par un mouvement fatal à l'infortunée tragédienne. Dans le moment où Cléopâtre est en proie
aux souffrances causées par le poison qu'elle vient
de boire, Rodogune la regarde et s'écrie en s'adressant à Antiochus :

> Seigneur, voyez ses yeux
> Déjà tout égarés, troubles et furieux,
> Cette affreuse sueur qui couvre son visage,
> Cette gorge qui s'enfle...

Or, à ce moment, la tunique de Mlle H..., rat-
tachée par une agrafe sur son épaule, en descendit
tout à coup; dérangée par un geste trop véhément,

et laissa voir, au lieu d'*une gorge qui s'enfle*, une
surface entièrement plane. Un rire universel retentit dans toute la salle. Cependant c'est à Cléopâtre et non à Rodogune que s'adressait l'hémistiche
malencontreux, mais le public, las de s'ennuyer,
saisit avidement cette occasion de se distraire et la
pièce finit au milieu d'un éclat de rire. Les auteurs
du *Voyage à Dieppe* qu'étonnait l'immense succès de
ce petit ouvrage, prétendaient qu'il fallait l'attribuer
à la représentation de *Rodogune* et au désir éprouvé
par les spectateurs de se divertir un peu après deux
mortelles heures d'ennui, et ce fut bientôt, à chaque
nouveauté, à qui demanderait *Rodogune* ou une
autre tragédie aussi mal jouée pour précéder la
pièce nouvelle.

Donc le *Voyage à Dieppe* nous procura des divi-
dendes, chose rare, comme je l'ai dit, parmi nous,
et grâce à des bals masqués que nous donnâmes à
notre théâtre pendant le carnaval, et qui furent très
suivis, nous eûmes un hiver excellent; mais là s'arrêta notre prospérité et, notre vaste salle redevint
bientôt un désert. Gentil abandonna la direction;
je ne sais si ce fut de son plein gré, ou s'il eut à subir
la volonté ministérielle; quoi qu'il en soit, il fut
remplacé par un M. Gimmel, dont le nom inconnu
dans les lettres, ne l'était pas moins dans les théâtres et dans l'administration. Nous étions placés
alors sous la haute protection du marquis de Lau-

riston, ancien serviteur de Napoléon Ier, devenu,
sous la Restauration, maréchal de France et ministre de la maison du roi. Nous eûmes, à cette
époque, un succès moins fructueux que celui du
Voyage à Dieppe, mais fort honorable, avec une
comédie en cinq actes et en vers, intitulée *Luxe et
Indigence*, dont Dépagny était l'auteur; j'y repré-
sentais un valet fourbe et audacieux et j'avais au
cinquième acte un récit qui enleva le dénoûment.
M. de Lauriston, qui assistait au spectacle, me fit
faire tous ses compliments; on trouva qu'il y avait
un progrès sensible dans mon exécution. Duvicquet,
qui rédigeait alors le feuilleton du *Journal des
Débats*, parut enchanté de moi; plusieurs personnes
qui étaient près de lui, pendant cette représentation, me l'affirmèrent, et chacun de me dire : « Vous
allez avoir un bel éloge demain dans son article. »
Le jour où l'article en question devait paraître, je
cours au café Voltaire. Là, je m'empare avidement
du journal et, laissant cette fois la politique de côté,
mes regards parcourent rapidement le feuilleton;
tous les acteurs y étaient loués, et, sur moi, pas un
mot : « C'est qu'il m'a fait une place à part dans le
corps de l'article probablement, me dis-je à moi-
même, j'ai mal lu. » Et me voilà reprenant tout le
compte rendu avec une application fébrile depuis
la première ligne jusqu'à la dernière. O déception
cruelle! je n'étais pas même nommé, et de tous, je me

trouvais le seul dont il ne parlât point. D'où venait
cette omission volontaire? Je ne devais l'apprendre
que bien plus tard. On avait représenté, à l'Odéon,
une petite pièce intitulée *Apollon II*, dans laquelle
j'avais joué un rôle de journaliste, et Duvicquet
n'entendait pas raison sur cet article. Il s'était déjà
abstenu de parler dans les *Débats* d'une comédie
en cinq actes, de Delavillé, intitulée *le Folliculaire*,
et il me garda rancune longtemps de ce qu'il regardait comme une injure personnelle. On lui avait
dit, en outre, que j'avais collaboré à l'ouvrage (ce
qui était faux); mais ce sont là de ces services d'a-
mis qui m'ont été souvent rendus dans le but cha-
ritable de me susciter des inimitiés dont j'ignorais
la source. Pauvres artistes! voilà l'impartialité
que nous trouvons la plupart du temps chez nos
juges!

Ce fut à ce moment, je crois, que M. Gimmel
me proposa des fonctions qui eussent consisté à
diriger, à notre théâtre, toutes les répétitions, non
seulement des ouvrages nouveaux, mais encore de
ceux de l'ancien répertoire. Ce n'était pas une ré-
gie, c'était une sorte de professorat qui m'était of-
ferte. Cette proposition honorable servait mes intérêts, à ce que m'assurait M. Gimmel, puisqu'aux
10,000 francs de traitement annuel que je touchais
comme acteur, il devait être ajouté des appointements dont j'aurais lieu d'être satisfait, me disait-

il. On n'attendait que mon acceptation pour en
fixer le chiffre; je n'hésitai pas à répondre par un
refus. J'embrassai d'un coup d'œil les fatigues de
ce nouvel emploi, le temps qu'il m'enlèverait pour
l'étude de mes rôles, la jalousie qu'une telle position éveillerait parmi mes camarades et les luttes
perpétuelles auxquelles m'exposerait l'amour-propre
des comédiens, non moins chatouilleux que celui
des gens de lettres, et je laissai de côté mes intérêts,
leur préférant mon repos.

CHAPITRE XV.

En arrivant à Paris, nous avions demeuré rue
Crébillon ; mais depuis, nous occupions un appartement rue de Vaugirard, derrière l'Odéon, dans
une maison, maintenant démolie, où se lisait sur une
plaque noire : « Henri-Louis Lekain est mort dans
« cette maison, le 8 février 1778. » Il y mourut,
dans l'année 1822, une personne appartenant
comme lui au théâtre, beaucoup moins célèbre que
le grand tragédien, oubliée aujourd'hui de tous, si
ce n'est de quelques hommes de mon âge, et qui,
cependant, sous la Restauration, avait été, pendant
quelques années, au nombre des brillantes étoiles
du monde dramatique : c'est de Mme Perrin que je veux
parler. La pauvre femme, par suite de sa faiblesse
croissante, s'était vue obligée de quitter le Gymnase,
et après avoir vainement demandé sa guérison à des
remèdes de toutes sortes, aux eaux, au changement
de climat, un jour, sans nous en avoir prévenus, elle

14

descendit chez nous ; elle venait se réfugier auprès de ma femme qu'elle regardait, avec raison, comme sa meilleure amie. Hélas ! son séjour dans notre maison fut de courte durée ; la mort ne tarda pas à venir nous la prendre. J'assistai à ses derniers moments, après avoir pris le soin d'éloigner ma femme que ses sanglots suffoquaient. Je n'avais vu encore mourir que ma mère qui s'était doucement éteinte ; mais il n'en fut pas ainsi de notre pauvre amie ; elle eut une effroyable agonie à laquelle j'eus le douloureux courage d'assister, car je ne voulais pas me séparer d'elle tant que le dernier souffle ne se serait pas exhalé. Je n'oublierai jamais cet affreux spectacle ; la vie et la mort semblaient lutter l'une contre l'autre pour se disputer cette créature si jeune et si belle ; des secousses terribles soulevaient ce corps frêle qui retombait brisé ; j'entendais avec effroi le râle funèbre, entrecoupé de sinistres hoquets. Sans connaissance et déjà morte intellectuellement, la pauvre créature retrouvait de temps à autre une force surnaturelle pour repousser ce principe de destruction qui l'envahissait de toutes parts, et ses bras semblaient vouloir éloigner cette mort implacable qui s'avançait pour la saisir. C'était vraiment quelque chose d'effrayant que cette longue convulsion avec ses bruits lugubres ; enfin, elle retomba pour ne plus se relever. Je coupai sur son front une boucle de ses beaux cheveux et je la

portai à ma femme en me jetant dans ses bras.
Nous restâmes longtemps à pleurer cette jeune
femme dont la vie si courte avait été remplie par
le succès et la souffrance. Douleurs physiques et
morales, rien ne lui avait été épargné; sans doute
elle avait payé son tribut à la fragilité humaine,
mais son cœur, foncièrement honnête, n'avait pu
supporter une déchéance morale; cela avait hâté
les progrès de sa maladie et la tuait à vingt-deux
ans. Qui aurait le courage d'accuser cette courte
existence à laquelle une mère avait manqué et qui
fut privée de guide dans cette périlleuse carrière du
théâtre? Son âme noble et grande était capable des
plus généreux dévouements; elle avait le sens droit,
un amour passionné pour l'art, une grande intelligence dramatique que chaque jour développait.
Une chose remarquable et que je n'ai vue qu'en
elle, c'était, je ne dirai pas l'ignorance de sa beauté,
mais un dédain complet pour cet avantage dont les
autres femmes sont, en général, si vaines; elle
n'aimait pas qu'on lui en parlât. Autant elle était
sensible aux éloges adressés à l'actrice, autant elle
s'irritait de ceux qui ne s'adressaient qu'à la femme.
« Il paraît, disait-elle avec dépit, que je suis sans aucun talent puisqu'on ne me parle jamais que de ma
figure. » Mᵐᵉ Perrin avait horreur du mensonge
et de la dissimulation; elle préférait se nuire à
elle-même par un excès de franchise que de trahir

jamais la vérité. Ce n'est certes pas là un caractère
vulgaire, et peut-être une autre destinée aurait été
due à cette femme qui a laissé dans ma maison deux
amis toujours fidèles à son souvenir.

Le second Théâtre-Français continuait à changer
d'administrateur. A Picard avait succédé Gentil, à
Gentil, Gimmel, à Gimmel, Frédéric du Petit Méré,
auteur de quelques mélodrames, Frédéric Bernard qu'il ne faut pas confondre avec Éric-Bernard,
qui fut d'abord mon camarade au Conservatoire,
puis à l'Odéon, devint plus tard directeur du
Panthéon, et fut attaché au théâtre de Saint-Péters-
bourg, d'où il revint mourir en France, avec une
pension du gouvernement russe. Le Bernard dont
je veux parler avait été directeur en province, où il
tenait l'emploi des basses tailles dans l'opéra, des
pères nobles dans la comédie et le drame et, au besoin, des rois dans la tragédie. Le privilège accordé
à Bernard lui donnait le droit de joindre au répertoire de l'Odéon les opéras-comiques tombés dans
le domaine public et les opéras étrangers traduits
en français. Le théâtre fut fermé pendant quelque
temps, et Scribe composa pour sa réouverture un
prologue intitulé : *les Trois Genres*, qui fit grand
plaisir; il y avait placé, comme spécimen des trois
genres auxquels le théâtre allait être consacré, des
scènes inédites de tragédie, de comédie et d'opéra.
La scène de tragédie était de Pichot, l'auteur de

Léonidas; la scène de comédie était de Dupaty, et la scène d'opéra de lui, Scribe, et de Boïeldieu; c'est pour cette scène que Boïeldieu composa l'air : *Ah! quel plaisir d'être soldat!* qu'il plaça plus tard dans *la Dame blanche.* En l'entendant chanter par notre directeur, on ne se serait jamais douté du succès qu'il devait obtenir un jour. Scribe y mit d'autres paroles, car je me rappelle que l'air chanté par Bernard commençait ainsi : *La belle chose qu'un tournoi!* A mon avis, la musique s'adaptait mieux aux paroles pour lesquelles elle avait d'abord été composée.

La nouvelle combinaison ramena le public à l'Odéon. On y donna les opéras de Rossini, traduits en français par Castil-Blaze, tels que : *le Barbier de Séville, la Pie voleuse,* etc... Ce qui surtout fit entrer beaucoup d'argent dans notre caisse, ce fut *Robin des bois,* de Weber. Je dois dire pourtant que la première représentation n'en fut pas heureuse. Bernard, qui avait mis dans cette œuvre ses plus belles espérances, refit une nouvelle distribution des rôles; l'exécution fut trouvée meilleure et le succès alla toujours en grandissant.

C'est à l'Odéon que j'ai connu Romieu, que l'on nommait l'homme le plus gai de France. Fort jeune alors, il s'était lié avec plusieurs acteurs de notre théâtre où il venait à peu près tous les soirs; il montait à ma loge où nous causions et riions à qui

14.

mieux mieux; car, sans mériter la glorieuse réputation du plus gai des Français, je n'étais rien moins
que mélancolique et fournissais ma bonne part de
folles plaisanteries. Romieu m'accompagnait, au
sortir de ma loge, jusque chez moi, où il restait à
souper et couchait même assez souvent. Provost
était de nos parties, et c'est, je crois, le temps de
ma vie où j'ai montré le plus d'entrain et de joyeuse
verve. De temps en temps, nous nous réunissions
tous trois pour dîner chez Pinson, et, au dessert,
nous élaborions quelques contes érotiques que nous
récitions le lendemain, *sotte voce*, au foyer ou dans
les coulisses de l'Odéon.

Ma liaison avec Romieu cessa quand je débutai
au Théâtre-Français. Il devint, à cette époque, l'ami
de Véron, qui était à la tête d'un de nos premiers
journaux. C'est dans ce journal que le titre de l'*Homme
le plus gai de France* fut décerné à Romieu par le célèbre docteur qui, lui, ne s'était pas encore intitulé
le *Bourgeois de Paris.* Romieu était, en effet, à cette
époque, un homme de beaucoup d'esprit et d'une
gaîté irrésistible et intarissable. Le seul esprit qu'il
n'ait pas eu, c'est celui de reconnaître ses anciens
amis quand la fortune lui a souri. Sous Louis-Philippe, il devint préfet de la Dordogne, et fut nommé
chef de division des théâtres sous Napoléon III. Il
fit quelques comédies et deux brochures politiques
qui le classèrent parmi les dévoués officiels de

l'empire. Il a laissé plus de souvenirs comme esprit plaisant que comme écrivain et administrateur; il mourut après avoir perdu son fils.

Cependant, on parlait de mon engagement au Théâtre-Français; Michelot m'écrivit, à ce sujet, et m'assura que le comité me serait très favorable; mais il ne fallait pas espérer les 10,000 francs que je recevais à l'Odéon; je ne pouvais compter que sur un traitement de 4,000 francs, et la différence était trop forte pour que je m'y résignasse; car j'étais alors père de quatre enfants, et il m'avait fallu, en comblant un arriéré de dettes, augmenter le passif de notre budget des frais indispensables pour l'établissement d'un ménage plus convenable que celui dont nous avions dû nous contenter jusque-là. Michelot, cependant, me pressait d'accepter, me disant qu'une position qui assurait mon avenir méritait bien quelques sacrifices présents. Je fus invité à passer au Théâtre-Français. Des sociétaires qui composaient le comité, je ne me rappelle que trois : Mlle Duchesnois, MM. Damas et Michelot. Ils me parurent très favorablement prévenus pour moi; mais comme ils ne pouvaient dépasser le chiffre de 4,000 francs, on me fit entrevoir mon admission comme sociétaire au bout d'un an d'exercice. Je pris congé d'eux sans avoir rien conclu, mais très convaincu, dorénavant, de la bienveillance des membres du comité en ma faveur.

J'écrivis, en 1824, pour le 15 janvier, jour anniversaire de la naissance de Molière, une petite pièce
en un acte et en vers, qui se composait de scènes
épisodiques. Je voulais mettre mon premier essai
dramatique sous la protection du grand maître de
la scène comique. Lorsque j'eus finis mon opuscule,
je n'osai le lire devant le comité de l'Odéon sans
m'être assuré d'abord de quelques approbations qui
eussent de la valeur. Je le lus donc d'abord à
M. Alfred de Wailly, alors professeur de rhétorique
au collége Henri IV, qui devint depuis proviseur du
même collége, et est aujourd'hui recteur à l'université
de Bordeaux. J'étais alors très lié avec lui. Après la
lecture de ma pièce, de Wailly m'encouragea beaucoup à la présenter à l'Odéon. Pourtant, avant de
hasarder cette démarche, je voulus encore prendre
l'avis de Picard, j'allai donc chez lui et lui remis
mon manuscrit qu'il me promit de lire immédiatement, me donnant rendez-vous pour le lendemain.
Je n'eus garder d'y manquer comme on le pense
bien, mais je tremblais en montant l'escalier, redoutant pour mon œuvre un arrêt de mort. Arrivé à la
porte, je restai quelques minutes avant de tirer le fatal
cordon de sonnette ; enfin je pris une résolution
héroïque et frémis de mon courage en entendànt
bientôt retentir des pas qui se dirigeaient vers la
porte. C'était Picard lui même qui venait m'ouvrir
et m'aborda joyeusement en me citant un vers de

ma pièce. Cela me parut d'un bon augure et il ajouta aussitôt : « Votre pièce est charmante, je lui prédis beaucoup de succès ». Avec quel transport je le
remerciai! « Maintenant, me dit-il, écoutez-moi.
Votre pièce est en vers et Andrieux se connaît
à cela mieux que moi. Il vous donnera peut-être
quelques bons avis, mais je suis sûr que cela lui
plaira ». Je suivis le conseil de Picard et priai Andrieux de vouloir bien lire *la Fête de Molière* (c'était
le titre de mon coup d'essai). Quand je retournai
chez lui, j'en reçus l'accueil le plus aimable. Après
m'avoir fait de grands compliments sur l'ouvrage,
il ajouta : « On voit que vous avez de bonnes
études. » Alors je lui racontai à quoi ces *bonnes*
études s'étaient bornées. Il me regarda avec un
étonnement qui flatta mon amour-propre et me dit :
«Vous êtes bien organisé. » Je sortis là dessus plus
orgueilleux qu'un triomphateur romain.

Ma petite pièce eut en effet un succès unanime
au comité de lecture, composé d'Andrieux, de Raymond, d'Auger, de Droz et de Loraux, qui en était
alors le secrétaire ; ils me prédirent un succès auquel je dus croire d'autant plus que j'étais un des
comédiens les plus applaudis du public de l'Odéon.
Cependant, depuis quelque temps, le parterre de
ce théâtre était agité par de fréquents orages qui
ne laissaient pas de me donner quelque inquiétude.
La jeunesse du quartier avait déclaré la guerre

aux claqueurs, dont notre directeur Bernard leur avait promis l'expulsion; je ne sais pas dans quel but ce même directeur avait imaginé de faire délivrer aux spectateurs payants des cartes qui leur servaient de contremarques quand ils sortaient dans les entr'actes; il avait de cette façon, sans le vouloir, donné une arme très-dangereuse aux adversaires de cette claque proscrite par la jeunesse, mais ménagée par la direction comme une alliée puissante. L'Odéon venait de donner une tragédie en trois actes qui, après avoir occasionné beaucoup de bruit au parterre, était tombée, malgré l'appui de ses soutiens intéressés. L'un des deux auteurs de cette œuvre infortunée était comédien; on reçut donc assez mal la nouvelle d'une pièce ayant encore pour père un autre comédien et l'on se promit une expédition terrible contre les optimistes bruyants de notre salle.

Donc le 15 janvier 1825, j'étais sur le théâtre pendant l'entr'acte qui précédait l'exhibition de mon opuscule, dans lequel je jouais, et j'entendis des rumeurs de mauvais augure; je regardai par les ouvertures pratiquées dans le rideau et j'aperçus des jeunes gens, montés sur les banquettes, qui semblaient apostropher avec une certaine violence les personnes assises. Voici ce qui se passait: pour reconnaître les spectateurs non payants que l'on considérait comme faisant partie de la claque, les

étudiants criaient : « La carte au chapeau ! » et chacun d'eux, en effet, portait à son chapeau cette
glorieuse marque d'indépendance. Or, d'autres
cris de : « A la porte ! » s'élevaient naturellement
contre ceux qui ne pouvaient pas l'arborer ; de là,
querelles, tapage, bruit effroyable. J'avais dans le
parterre quelques amis et des parents que l'absence
de la carte au chapeau exposa à des interpellations
et même à des injures contre lesquelles ils se ré-
voltèrent. Ils dirent que l'auteur avait toujours usé
du droit de donner quelques places gratuites à sa
famille et à ses connaissances, qu'ils étaient au
parterre et qu'on ne les en chasserait point. On
avait, selon l'usage, commencé par la dispute, on
en vint à la discussion, les plus fougueux finirent
par se calmer devant les bonnes raisons qui leur
étaient données et enfin, le silence ayant été réta-
bli, ma pièce fut jouée au milieu d'applaudissements unanimes.

En 1825, les négociations entamées se renouè-
rent entre la Comédie-Française et moi. Les conditions arrêtées furent celles-ci : le théâtre de la rue
Richelieu me donnait comme toujours 4,000 francs,
auxquels se joignaient certains bénéfices d'usage,
tels que ce qu'on appelait *le feu de Molière*, qui
consistait en une allocation de deux francs chaque
fois que l'on jouait, plus un jeton de six francs
pour l'assemblée du répertoire (et il y en avait

quatre par semaine); plus, le ministère de la maison du roi m'assurait un traitement de 4,000 francs. C'était donc, à peu de chose près, la même position financière pour moi qu'à l'Odéon; un avantage encore plus grand, consistait dans mon admission comme sociétaire, promise pour l'année suivante. Telles furent les conditions de l'engagement que je signai et qui devait commencer le 1er avril 1826.

Encouragé par Picard, qui me poussait à écrire, j'allai bientôt lui soumettre l'idée et le plan d'une nouvelle comédie qui m'avait été inspirée par quelques tracasseries de famille; ma pièce devait s'appeler *la Belle-Mère et le Gendre*. Picard approuva le plan et je me mis immédiatement à l'œuvre. Cependant le dénouement me tourmentait; je ne pouvais le trouver; il fallait, pour la tranquillité du ménage, que la belle-mère quittât la maison; mais le tableau d'une mère chassée par ses enfants eût été odieux. J'avais mis dans l'ouvrage un personnage appelé Duchemin, dont l'humeur impassible contraste avec le caractère remuant et acariâtre de la belle-mère. Picard me conseillait, comme dénouement, le mariage de ces deux individus, quittant l'habitation commune pour aller vivre chez eux. Cette idée me souriait peu, mais faute d'autre à lui substituer, je l'adoptai. La pièce fut donc faite dans ces conditions et obtint un

grand succès devant le comité de lecture du second
Théâtre-Français. Auger, qui exerçait alors les fonctions de secrétaire perpétuel de l'Académie française, m'écrivit la lettre la plus flatteuse en m'in-
vitant à venir faire dans son salon de l'Institut une
lecture de mon œuvre ; l'auditoire qui se trouvait
là ne fut pas moins gracieux que le comité, et le
dénouement passa sans soulever aucune objection ;
moi seul, je m'obstinais à en être mécontent et je
finis par faire passer mes doutes dans l'esprit de
Picard, qui me dit un jour : « Je conviens que
la fin de cette pièce offre peut-être des dangers,
et qu'un autre dénouement serait préférable, mais
je n'en trouve pas ; je vous conseille de porter
la pièce à Scribe ; c'est un esprit fécond en ressources ; allez le consulter. » Comme toujours, je
suivis le conseil de cet excellent homme, dont la
modestie me semblait peu commune (l'esprit actuel
n'abonde pas, je crois, en auteurs disposés à reconnaître la supériorité d'un confrère).

Perlet était alors au Gymnase dont il faisait les
beaux jours ; lié naturellement avec le vaudevilliste
célèbre qui était la providence de son théâtre, il
l'invita à dîner pour entendre ma pièce. Scribe mit
beaucoup d'empressement à lui être agréable et
écouta ma lecture très attentivement. Puis, après
avoir commencé par me complimenter, donnant
tout à coup carrière à son imagination toujours en

travail d'enfantement, il improvisa sur ma pièce
une pièce toute nouvelle ; après quoi, revenant à la
mienne et au dénouement dont elle avait besoin, il
ne repoussa pas celui que je devais à Picard, posant
en principe qu'on pouvait tout faire adopter au
public, seulement que le secret consistait dans l'art
des préparations. « Il faudrait, par exemple, me dit-
il, que Duchemin eût un procès. Son humeur tranquille et pacifique le rend peu propre aux démarches que nécessitent les luttes judiciaires, tandis
qu'au contraire, loin d'effrayer Mme Dorfeuil, un
procès donne un aliment à l'activité de son esprit,
et elle offre au vieillard de se charger pour lui de
tous les embarras et soucis de cette affaire. De
cette façon, vous amèneriez le spectateur à ne pas
trop s'effaroucher d'un mariage auquel le bonhomme devrait un peu de ce repos qui lui est si cher. »
Je travaillai sur ce nouveau plan quoique, à vrai
-dire, il ne me semblât pas beaucoup plus heureux
que le premier, et j'attendis le moment où la direction de l'Odéon mettrait ma comédie à l'étude. La
pièce fut distribuée de cette façon : le rôle de *la
belle-mère* fut confié à Mlle Milen, sœur de Minette,
dont le jeu original, quoique uniforme, avait fait
longtemps les délices du Vaudeville. Mlle Milen, qui
manquait de beauté, ne manquait ni d'esprit ni de
talent. Elle tenait l'emploi des soubrettes, et malgré
es avertissements de l'âge et les conseils de Picard,

elle reculait devant celui des *caractères*, nom assez
improprement donné aux rôles de femmes arrivées à
l'automne ou à l'hiver de la vie. Je dois dire cependant qu'elle ne fit aucune difficulté pour accepter
mon rôle et qu'elle le joua avec amitié et talent.
Seulement on eût pu peut-être lui désirer un
meilleur ton. Je n'eus qu'à me louer de tous mes
acteurs. Provost s'acquitta parfaitement du rôle de
Gérard ; celui de Darcy fut très convenablement
tenu par un acteur nommé Félix Huart, qui mourut
fort jeune ; mais les applaudissements les-plus
chaleureux furent pour Duparay, qui déploya dans le
personnage de l'oncle Duchemin une bonhomie
pleine d'un comique irrésistible. Il ne pouvait dire
un mot ni faire un mouvement sans provoquer le rire.

Je n'avais pas osé assister à la première représentation de ma pièce qui eut lieu le **23 avril 1826**.
Tandis qu'on la jouait, je me promenais hors barrières, parcourant les champs d'un pas fébrile, me
répétant tout bas chaque scène à moi-même, m'ar-
rêtant aux endroits qui me semblaient devoir provoquer les applaudissements, n'osant m'appesantir
sur ceux qui me paraissaient dangereux. Enfin, après
une longue excursion, je rentrai chez moi tout trempé
et tout crotté, car la pluie n'avait cessé de tomber
pendant toute ma promenade, sans que je la sentisse.
Ma femme n'était pas encore revenue du théâtre.
Après l'avoir attendue avec une impatience extrême,

j'allais me mettre au lit pour me calmer un peu, quand la sonnette retentit avec un bruit qui me sembla présager un succès. « Si ma pièce n'avait pas réussi, on sonnerait avec timidité », me disais-je. Ma femme, qui revenait presque en courant, suivie d'une de ses amies, se jeta dans mes bras en criant : « Succès ! succès !» On peut se figurer ma joie à cette bonne nouvelle ! « Et le dénouement ? » me hâtai-je de dire. « Ecoute, me répondit-elle. Les deux premiers actes de ta pièce ont fait grand plaisir. La fin du second surtout a été couverte d'applaudissements et le troisième a bien marché jusqu'au moment où l'on a vu arriver le projet de mariage entre la belle-mère et l'oncle. Alors le public a paru mécontent. Il y a eu des murmures et même quelques sifflets, mais quand la toile a été baissée, les applaudissements ont reparu, et c'est au milieu des plus bruyants témoignages de satisfaction que le nom de l'auteur a été prononcé. Les spectateurs te criaient : « Donnez-nous un autre dénouement, et votre succès sera complet ! » Ma figure se rembrunit à ce récit. « Un autre dénouement ? répétais-je ; s'ils croient que c'est aisé !... Enfin je ne puis pas me plaindre du public, puisque je suis de son avis et que j'ai condamné depuis longtemps ce qu'il désapprouve. » J'allai au théâtre où l'on me confirma tout ce que ma femme m'avait rapporté. Les préparations conseillées par

Scribe ne m'avaient donc servi de rien. Je songeai
alors à les abréger, trouvant maladroit d'arrêter longtemps l'attention du public sur une chose dangereuse. La deuxième représentation offrit la pièce
raccourcie de toutes les coupures que j'avais faites
aux endroits mal accueillis. Pendant cette seconde
représentation, je jouais au Théâtre - Français et
j'attendais avec une impatience qu'on peut con-
cevoir des nouvelles de l'Odéon. Hélas! ma pauvre
pièce avait eu le même sort qu'à la première représentation! Grand succès jusqu'au dénouement. « Il
faut absolument le changer », me répétait ma femme.
Je ne demandais pas mieux, mais comment? Voilà
l'éternelle question que je me posais sans parvenir
à la résoudre. Je rentrai assez triste au logis, me
mis au lit, dormis peu et m'éveillai de très bonne
heure, cherchant toujours mon introuvable dénouement. Je me mis machinalement à redire à voix
basse la première scène de l'ouvrage entre le gendre
et son ami Gérard, où Darcy raconte comme quoi sa
belle-mère était partie en voyage :

> Pour voir un sien cousin sans femme, sans enfants,
> Succombant sous le poids de ses maux et des ans,
> Qui, pour mourir content, avec impatience
> Dans le fond de l'Auvergne attendait sa présence.

Il ajoutait :

> Il l'a vue, il est mort.

A ce vers, je m'arrête et me dis : « Voilà mon

dénouement! je le tiens. Au lieu de faire mourir le
cousin, rendons-lui la santé et amenons Mme Dorfeuil
à quitter d'elle-même la maison et à retourner auprès de son parent pour l'épouser. De cette façon,
le public n'aura plus à gémir sur le martyre con-
jugal de l'oncle Duchemin auquel il s'intéresse.
Quant au vieux cousin de province qui sera la
victime de Mme Dorfeuil, peu importe au spectateur
le sort futur de ce personnage qu'il ne connaît pas.
Voilà donc les enfants délivrés de leur mère, celle-
ci ayant un asile naturel chez le nouveau mari
qu'elle prend ; tout va pour le mieux. » Là-dessus
j'éveillai ma femme en lui disant : « Enfin ! je suis
sauvé : j'ai mon dénouement! »

Dans la matinée, Alfred de Wailly vint chez
moi. Il avait esquissé un dénouement qu'il me
montra ; son frère Gustave, qui fut, après 1830,
secrétaire de M. de Montalivet, accourut bientôt à
son tour pour me soumettre quelques idées relatives
à cette fin de pièce qui préoccupait non seulement
mes amis, mais des personnes qui m'étaient tout à fait
inconnues. Je reçus, à ce sujet, des lettres assez
curieuses et, un matin, une visite plus curieuse, que
je devais toujours à ce malheureux dénouement. Un
monsieur se fit annoncer chez moi, m'en apportant
un qui, selon lui, était excellent : «J'ai bien compris,
me dit-il, que la présence de la belle-mère était une
cause de trouble incessant dans le ménage, et j'ai

trouvé un moyen de la faire disparaître. » Mon attention s'éveilla.—« «Quel est ce moyen, monsieur? »—«Mon Dieu! il est bien simple; mais vous le savez? les choses les plus simples sont souvent les meilleures...» — « Sans doute.» — «Eh bien! il ne s'agit que d'enfermer tout bonnement la belle-mère dans sa chambre à double tour. »— «Mais, monsieur, elle ne pourra vivre renfermée dans sa chambre perpétuellement. Elle fera du bruit pour qu'on lui ouvre.» — «On ne lui ouvrira pas, voilà tout, et comme on ne la reverra plus, la pièce finira au milieu des appaudissements. Je vous garantis le succès. » Je trouvai qu'avec un esprit de cette force toute discussion était inutile. Je remerciai donc bien humblement ce monsieur de son ingénieux expédient et de son extrême obligeance. — «Il n'y a pas de quoi, me répondit-il; j'ai trouvé cela sans me donner de peine ». Je le regardai alors avec une admiration dont il ne parut pas trop confus et nous nous séparâmes là-dessus.

Quant aux deux messieurs de Wailly, ce fut bien sincèrement que je les remerciai de la preuve d'amitié qu'ils me donnaient. Nous discutâmes un peu les idées qu'il m'apportaient, mais, enfin, ils donnèrent la préférence à la mienne.— « Ce n'est pas tout, m'écriai-je. La pièce a été jouée hier. C'est aujourd'hui dimanche. Je voudrais que les changements que nous venons d'adopter fussent faits assez

rapidement pour que *la Belle-Mère* soit donnée
mardi ; car vous savez qu'une pièce arrêtée est
aussitôt oubliée. « Mes deux amis m'offrirent de
m'aider ; nous partageâmes entre nous la besogne,
et le jour même tout fut terminé. Le lendemain je
lisais mes corrections aux acteurs qui me promirent
de les savoir pour le jour suivant, ce qu'ils firent.
Ils les répétèrent avec moi deux ou trois fois dans la
matinée avec tout le zèle d'excellents camarades, et,
le mardi soir, n'entendirent plus enfin que de nombreux et bruyants applaudissements.

J'avais fait mes adieux au public de l'Odéon
dans *les deux Anglais* et *les deux ménages* ; je fus
rappelé à grands cris après la deuxième pièce, quoiqu'il fût défendu aux acteurs de reparaitre après
avoir joué. C'était, je crois, dans les premiers temps
de la Restauration qu'un arrêté du préfet de police
avait prononcé cette interdiction. A une représentation où jouaient Mlle Mars et Fleury, le parterre
les ayant redemandés tous deux à la fin du spectacle, Fleury, ennemi de tout ce qui dérogeait aux
vieux usages, ne voulut pas descendre de sa loge
quoiqu'il eût quelquefois consenti à le faire, mais
toujours à contre-cœur. Ce soir-là il fut inflexible.
Un groupe de jeunes gens qui, cependant, demeurait dans la salle, continuant à appeler à grands cris
Fleury et Mars, on se vit obligé de les faire sortir de
force ; mais ils attendirent les artistes à la porte du

théâtre, et quand Mars sortit pour rejoindre sa voiture, ils l'assaillirent de mots injurieux. Ce fut à la
suite de ce scandale que parut l'arrêté de police
qui défendait aux acteurs de reparaitre ; le public
s'abstenait donc depuis de toutes ces démonstrations ; mais la jeunesse du quartier latin voulut, le
soir de mon départ, donner à ses sympathies une
expression plus accentuée et faire relever la toile
pour me saluer une dernière fois de ses applaudissements. Quant à moi, malgré les cris qui m'appelaient, docile aux prescriptions de l'autorité, je
remontais à ma loge, quand je vis notre directeur
s'avancer vers moi : « Eh bien ! Samson, me dit-il à
haute voix, pourquoi donc ne reparaissez-vous pas ? »
— « Et l'arrêté de la préfecture ? » — « Il est bien question de cela un jour comme celui-ci ! Je prends tout
sur moi » ; et il donna l'ordre de lever le rideau. J'entrai en scène avec une grande émotion et mon
cœur ne battait pas moins que toutes les mains de
cette chère jeunesse dont je me séparais avec un
regret véritable.

CHAPITRE XVI

Mes débuts à la Comédie-Française. — Un dîner chez Mlle Bourgouin. — Mort de Talma. — Larive. — Une leçon de Molé.

Je débutai à la Comédie-Française sans éclat. je n'ai jamais été l'homme des débuts : j'étais trop poltron, et il m'a toujours fallu un assez long temps pour me familiariser avec mon public.

Je fis mon premier début dans Figaro du *Barbier de Séville*, le second dans *les Fausses Confidences*, le troisième dans *Amphytrion*, le quatrième dans *la Mère coupable* et *le Joueur*. C'était Périer qui jouait Valère ; je l'avais connu à l'Odéon et le retrouvais au Théâtre-Français. C'était, selon moi, un acteur médiocre, mais le public l'aimait beaucoup. Il avait des qualités physiques, une certaine aisance qui n'était pas toujours de fort bon goût, de l'audace et une intelligence fort contestable jointe à une ignorance crasse. Jouant au Théâtre-Français le rôle de l'abbé de l'Epée, celui-ci raconte qu'un sourd-muet errant dans Paris lui a été amené, que, dépourvu de tous renseignements sur lui et voulant le rendre à sa famille, il lui fit

parcourir les différents quartiers de Paris en obser-
vant les impressions que l'enfant recevait des personnes et des objets qui s'offraient à ses regards. « Un
jour, poursuit-il, je vis mon jeune élève témoigner
une agitation extraordinaire et verser même des
larmes en rencontrant le convoi d'un magistrat.
Interrogé sur la cause de son trouble : « C'est que je
me rappelle, me dit-il par signes, avoir suivi un
convoi semblable.» A ce : «je me rappelle, me dit-il
par signes», Périer prenait toujours la voix la plus
enfantine qu'il pût trouver.

De même qu'à la fin de la pièce, à ces mots de
l'abbé de l'Epée : « Et quand je quitterai cette
dépouille mortelle », il ne manquait jamais de
prendre son habit et de l'indiquer au public comme
dépouille mortelle.

J'ai déjà parlé du rédacteur en chef d'un journal
des théâtres qui était la terreur des coulisses.
Comme je ne m'étais pas incliné devant son pouvoir, il m'avait poursuivi de ses insolentes attaques
pendant tout le temps de mon séjour à l'Odéon.
J'ai dit qu'il donnait quelques dîners chez lui, mais
il en recevait beaucoup plus chez les autres. Peu
de temps après mon entrée au Théâtre-Français,
je fus invité à dîner chez Mlle Bourgouin, sociétaire, d'un talent médiocre, mais d'une beauté remarquable. Quelques jours après, un habitué de
notre foyer vint me trouver de la part de mon am-

phitryon féminin, m'exprimant tous ses regrets à
l'occasion d'un convive qui devait se trouver au
dîner projeté et dont la présence me serait peut-
être désagréable ; il s'agissait de l'individu en question. Mlle Bourgouin me faisait dire qu'elle avait
oublié l'invitation qu'elle lui avait faite et était au
désespoir de cet oubli. Je compris tout de suite que
le dîner avait été arrangé au contraire pour me
faire trouver avec la personne dont je ne dirai pas
le nom, mais que tout le monde nommera pour
moi, et qu'on voulait négocier entre nous des relations qui me conduisissent d'abord à l'abonnement
et, plus tard, à mieux encore. Je répondis que si j'é-
tais loin de rechercher la présence de ce monsieur, je
saurais du moins la *subir* avec calme, et que je désirais que Mlle Bourgouin ne changeât rien, pour
moi, au programme arrêté. Le jour venu, je me
rendis à l'allée des Veuves, où était la demeure de
la charmante sociétaire de la rue Richelieu. Quand
je lui eus présenté mes hommages, je rejoignis
dans le jardin quelques-uns des convives qui y
étaient déjà réunis. Bientôt l'homme arriva avec sa
femme et l'on se dirigea vers la salle à manger.
Voici, je crois, quels étaient les convives : M. le
comte Torreno, ancien ministre espagnol, exilé
politique, avec lequel la maîtresse du logis avait
d'intimes relations; Duvicquet, rédacteur du *Journal des Débats* ; Evariste Dumoulin, rédacteur du

Constitutionnel; Lafon, qui avait été mon professeur au Conservatoire ; l'habitué du foyer qui avait servi d'intermédiaire entre ma jolie camarade et moi; deux ou trois jeunes gens parmi lesquels un qui s'appelait M. de Coisy, puis enfin le véritable et honteux héros du banquet, accompagné de sa femme, à la droite de laquelle on me plaça et pour qui j'eus, je dois le dire, tous les égards commandés par les convenances. Le dîner terminé, on descendit au jardin pour y prendre le café. C'était le moment ménagé pour la fameuse réconciliation. Le dîner avait été excellent, le champagne avait largement coulé, les convives se trouvaient dans un jardin délicieux, le café était servi, les liqueurs attendaient. Dans ces moments-là, l'humeur est gaie et bienveillante, la parole aimable ; on avait compté là-dessus; un mot de moi en cet instant, une main tendue avec une affectueuse hypocrisie, peut-être même un sourire mielleux seulement eussent suffi à désarmer mon insulteur. Qui sait? on s'était peut-être attendu à nous voir nous jeter dans les bras l'un de l'autre!... Je privai la société de cet attendrissant spectacle.

Tout en causant, j'achevais de prendre mon café quand je me vis tout à coup entouré d'un groupe composé de Mlle Bourgouin, de Lafon et des jeunes gens dont j'ai parlé ; mon estimable adversaire et sa femme n'étaient plus là et je ne sais ce qu'était

devenu le reste de la société. Qui commença l'atta-
que ? je l'ai oublié, mais enfin une personne me
dit : « Allons, monsieur Samson, ne voulez-vous
pas vous réconcilier avec M. X...? » J'affectai de ne
pas prendre la chose au sérieux.— « Sommes-nous
donc brouillés ? répondis-je, et à quel propos ?...
je crois ne lui avoir fait aucun mal. » Lafon
me dit alors : « Voyons ! ne plaisante pas; que
diable ! il est fort désagréable d'être dans une
poêle à frire. » — « Qu'importe ! répliquai-je, si
on ne s'aperçoit pas que l'on frit ? » Les jeunes
gens ne parurent pas satisfaits du ton que j'avais
pris. Ils s'étaient entretenus avec X... et l'un d'eux
me dit que ce monsieur se plaignait de moi, pré-
tendant qu'en entrant dans le jardin, il m'avait
salué deux fois sans que je l'eusse honoré d'un
coup de chapeau. — « S'il m'a salué deux fois, leur
dis-je, c'est un salut de trop, la politesse n'en exigeant qu'un. Quant à moi, je suis sûr de m'être
découvert devant lui, et cela, je l'ai fait par égard
pour la maîtresse de la maison, car, partout ailleurs, je ne croirais pas devoir le saluer; mais dans
une maison tierce, je salue tout le monde. Ce serait
à ce monsieur à faire les premiers pas et non à
moi, puisque, sans provocation aucune de ma part,
il a parlé de moi en termes offensants. Je com-
prends et respecte les droits de la critique; je ne
me révolterai jamais contre ses sévérités, mais

M. X... n'aspire même pas au titre de critique, il fait une spéculation à laquelle il ne me convient pas de me prêter; il injurie pour amener, par la terreur, les gens de théâtre à contribuer à son bien-être; je refuse, moi, d'être au nombre de ses contribuables et de m'humilier bassement devant un homme qui m'outrage sans raison. » Un des jeunes gens, tenant apparemment beaucoup à ma conversion, me porta cette botte : « Monsieur Samson, vous avez certainement beaucoup de talent (ceci était dit du ton d'un homme qui est loin d'en être certain), mais vous ne pensez pas en avoir plus que Mlle Mars et M. Talma, je suppose ! » — « Non, Monsieur, répondis-je froidement. » — « Eh bien ! M. Talma et Mlle Mars sont les abonnés de M. X..., le reçoivent chez eux et ont avec lui des relations dont ils ne se croient pas déshonorés. » Il perçait un peu d'impertinence dans le langage et le ton de mon interlocuteur ; je n'eus pas l'air de m'en apercevoir : — « Monsieur, répondis-je simplement, je serais trop heureux si, dans ce qui touche à l'art, je pouvais suivre les exemples de M. Talma et de Mlle Mars et marcher, même de très loin, sur leurs traces ; mais ceci n'est pas une question d'art, et pour ce qui est de ma manière d'agir comme homme, je ne prends avis que de ma conscience. » J'accentuai ces dernières paroles fortement, en jetant sur la société qui m'entourait un de ces regards qui veulent dire : « Vos observations me fatiguent, laissez-moi en paix. »

Il se fit un silence. Mlle Bourgouin le rompit très gentiment en disant : « Ne tourmentez plus Monsieur Samson ; il est maître d'agir comme bon lui semble et je serais fâchée qu'il eût à se plaindre de notre importunité. » — « Je vous remercie, mademoiselle, repris-je ; si j'avais cédé, ce n'eût été que pour vous, assurément, qui désiriez par là servir mes intérêts, mais, plus tard, je vous en aurais voulu de m'avoir fait agir autrement que je ne croyais devoir le faire. Vous ne voudriez pas me condamner à vous en vouloir ? » Elle sourit en me tendant la main, et comme je jouais ce soir-là dans une petite pièce qui terminait le spectacle, elle donna l'ordre d'atteler et mit gracieusement sa voiture à ma disposition. Je pris donc congé de ceux qui étaient là sans revoir M. X..., qui attendait probablement à l'écart l'issue de la négociation.

Ce fut dans cette même année 1826, que Talma mourut. Il était malade depuis quelque temps, et comme son état commençait à donner des craintes, un soir que je venais d'entrer en scène avec Granville, une voix demanda de ses nouvelles ; d'autres répétèrent cette demande ; Granville fit une réponse assez rassurante qui fut accueillie par des bravos, et, depuis ce jour, le public fut instruit chaque soir de l'état sanitaire de l'illustre tra-

gédien. Sa mort fit une profonde sensation. Il avait
63 ans, dont 39 passés au Théâtre-Français. Son
talent semblait grandir encore dans les dernières
années de sa vie. Il fut alors dans *Sylla* plus
admirable qu'il ne l'avait jamais été. Il portait
dans ce rôle une perruque qui lui donnait avec
Napoléon une étonnante ressemblance ; aussi ceux
que l'immense vogue de l'acteur et de la tragédie
irritaient ne faisaient-ils que répéter : « Succès de
perruque !» Je ne nie pas que cet accessoire n'ait eu
sur la recette une notable influence et n'ait excité
une immense curiosité, tant sur ceux qui, ayant
connu l'Empereur, étaient heureux de retrouver
son image, que sur ceux qui, au contraire, ne
l'ayant jamais vu, cherchaient à s'en former une
idée. Mais certes, il y avait autre chose qu'un
succès de perruque dans la savante composition
du rôle, dans l'attitude, le regard et l'accent
tranquillement terrible du sanguinaire dictateur.
Jamais la vérité ne fut portée si loin sur la scène
tragique, j'entends la vérité noble, la seule dont
Talma fit usage ; jamais plus de goût ne fut uni à
plus de profondeur. Et quelle puissance de moyens !
Quelle netteté d'articulation ! Quelle riche variété
de tons et d'inflexions quand le barbare pros-
cripteur, las de ses crimes et de son impunité,
venait à la tribune apporter son insolente abdication ! Cette tribune était placée vers le fond du

théâtre, et le public ne perdait pas une seule syllabe de cette longue harangue prononcée avec une chaleur exempte d'emportement et de cris.

Sa dernière création, *Charles VI*, de Delaville, le montra sous un aspect nouveau. Jamais le côté pathétique de son talent ne s'était révélé d'une manière aussi saillante et n'avait autant remué les cœurs. Il est certain que Talma était encore en progrès et peut-être n'avait-il pas dit son dernier mot. C'est à ce moment que la mort vint le frapper.

J'assistai à son enterrement : toute la population de Paris était dans les rues, les uns pour suivre son convoi, les autres pour le voir passer. Son corps ne fut point présenté à l'église et le cercueil alla de la maison mortuaire au Père-Lachaise. Quand il y fut arrivé, des jeunes gens le prirent sur leurs épaules pour le porter au lieu de la sépulture ; mais, ayant suivi un chemin opposé à celui qu'ils devaient prendre, ils furent obligés de revenir sur leurs pas. Il y eut alors quelques moments de désordre et de confusion dans cette foule, parmi ces groupes qui marchaient en sens contraire, et on était horriblement pressé. La chaleur, avec cela, était extrême ; je revins chez moi accablé de fatigue et brisé par les impressions pénibles de cette funèbre journée.

Talma avait débuté en 1787, à la Comédie-Française, qui occupait alors la salle de l'Odéon, deux fois incendiée; il avait été d'abord élève de l'école des Menus-Plaisirs qui avait dans ce temps pour professeurs Préville, Molé, Fleury, Dugazon et Dazincourt. On lit son nom sur les registres de cette école, qui font aujourd'hui partie des archives du Conservatoire.

Quand la révolution éclata, Talma en adopta les principes, mais sans en approuver les excès. Ce fut le *Charles IX* de Chénier qui mit en lumière son talent déjà remarquable, mais que la pratique, jointe à une constante étude de son art, devait porter à un si haut degré. Si les leçons de l'école lui furent utiles, les exemples et les conseils de Monvel ne contribuèrent pas moins à ses progrès. Monvel avait reçu de la nature toutes les qualités morales qui appellent un homme au théâtre et tous les défauts physiques qui doivent l'en éloigner. Doué d'une profonde sensibilité ainsi que de l'intelligence la plus vaste et la plus fine, il était applaudi à côté de Molé, auquel on le trouvait supérieur dans la tragédie. Quand Lekain mourut, Monvel et Molé se crurent appelés à lui succéder, mais ils durent tous deux renoncer à cet espoir devant les brillants succès de Larive, qui resta seul en possession des premiers rôles tragiques. Larive, aux avantages de la figure et de la taille, joignait un organe d'une puissance et d'un charme extrêmes. J'ai entendu dire par Talma que sa voix avait le timbre d'une cloche. « C'était, ajoutait-il, une voix à faire des révolutions. »

Molé avait contracté dans la comédie des habitudes tout à fait déplacées pour les personnages tragiques ; quant à Monvel, indépendamment des désavantages physiques que j'ai signalés, il manquait de la force nécessaire à cet emploi. Sa voix était grêle ; il perdit de bonne heure ses dents et, soit que la conformation de sa mâchoire s'y opposât, soit que l'art dentaire ne fût point aussi avancé qu'il l'est aujourd'hui, il ne les remplaça pas par des dents artificielles et articulait avec les lèvres seulement. A l'époque des débuts de Talma, il était en Suède, et revint à Paris en 1789. Talma n'a cessé de proclamer les services immenses que Monvel lui avait rendus tant par ses avis que par ses exemples.

Talma fut le plus grand théoricien de l'art dramatique ; il en possédait tous les secrets, connaissait le registre de sa voix, savait la conduire et risquait les inflexions les plus hardies, les plus familières, sûr qu'aucune fausse note, qu'aucune intonation ridicule ne viendrait nuire à la pureté et à la noblesse de sa diction. C'était de Molé qu'il avait appris le grand art de bien poser sa voix, et je l'ai souvent entendu conter, à l'appui de cela, l'anecdote suivante : « J'étais tout jeune, disait-il, et venais d'entrer au Théâtre-Français comme pensionnaire. J'exerçais mon art avec zèle et même avec ardeur. On m'avait chargé du rôle de Saint-Albin dans *le Père de Famille*. Or, dans la scène où Saint-Albin apprend de son oncle, qui s'oppose à son mariage avec une jeune fille pauvre en lui déclarant qu'il le déshéritera, qu'il n'a pour vivre que 1,500 livres de rentes, le jeune amoureux s'écrie avec une joie délirante : « J'ai 1,500 livres de rentes!... » et à toutes les objections de l'oncle, il répond toujours avec une exaltation croissante : « J'ai 1,500 livres de rentes!... » J'avais joué cette scène avec tout le feu, avec toute l'impétuosité de mon âge et n'avais produit aucun effet. Tout en sueur, accablé de fatigue, je rentrais désolé dans la coulisse, quand j'aperçus Molé qui m'avait écouté attentivement. — «Tu as fait là de belle besogne! me dit-il; regarde dans quel état te voilà! Tu n'as pas longtemps à jouer la comédie si tu continues à la jouer ainsi; et pour quel résultat?... tu le vois... Sais-tu pourquoi tu as laissé le public si froid?... parce que ta voix, constamment placée dans les notes élevées, n'est pas un seul instant redescendue dans le médium. Que tu lances dans le haut : «J'ai 1,500 livres de rente!» bien, mais tu dois ensuite revenir à un ton plus grave lorsque tu dis : «Je travaillerai, elle sera vêtue, nourrie, je n'ai besoin de personne! » — « Écoute-moi, malheureux!» reprend l'oncle ; et Saint-Albin doit jeter encore avec plus de force ces mots : « J'ai 1,500 livres de rente !» — «Mais, insensé... »— « Je sais bien que le monde me blâmera, mais que m'importe ? Sophie sera avec moi ». Et alors, avec la plus grande passion, écrie toi encore une fois avec plus de force que jamais : — « J'ai 1,500 livres de rentes! » — C'est avec ces ombres et ces oppositions que tu arriveras à l'effet. J'écoutai avec docilité tout ce que me dit Molé, ajoutait le grand tragédien, surtout ce qui concernait le médium de la voix. J'ai dû à cela la moitié de mon talent et j'en fais aujourd'hui une des bases de mon enseignement, base plus solide que cette inspiration si vantée. »

C'était un beau temps que celui où de telles leçons se donnaient dans les coulisses; mais aussi, quel maître et quel disciple! l'un s'appelait Molé, que Lekain surnommait l'enchanteur; l'autre portait un nom encore obscur qui devait bientôt devenir un des plus illustres de la scène tragique.

CHAPITRE XVII

Mort de Louis XVIII.—Mot de M. de Dreux-Brézé. — Avéne-
ment de Charles X. — Alexandré Dumas et *Christine*. —
Ma visite au duc d'Orléans. — Lecture de *Henri III*. —
Je crée Joyeuse.

Deux ans avant la mort de Talma, Louis XVIII
avait rendu le dernier soupir et j'étais allé, dans la
plaine de Saint-Denis, assister à ses funérailles. C'est
depuis Louis XV, le seul monarque français dont
le corps ait été déposé dans l'abbaye de Saint-Denis.
On prétendait que M. de Dreux-Brézé, chargé, comme
maître des cérémonies, de l'ordonnance du convoi
royal, ayant omis quelque détail d'étiquette essentiel, avait reçu de Charles X des observations
auxquelles il aurait répondu : « Sire, c'est la
première cérémonie de ce genre dont je me vois
chargé ; Votre Majesté peut être persuadée que la
prochaine fois, elle n'aura aucun reproche à
m'adresser. » Ce sont là de ces historiettes qui
courent Paris, que chacun redit et auxquelles
personne ne croit.

Louis XVIII mort, Charles X était monté sur le
trône, salué par toutes les espérances qu'un change-

ment de règne fait naître. On savait cependant qu'il n'y avait pas à compter sur le libéralisme du nouveau souverain, qui passait au contraire pour le chef occulte du parti rétrograde.; mais il succédait à un prince infirme qui ne pouvait aller qu'en voiture ; lui, montait à cheval, ce qui a toujours été regardé comme une des principales conditions de la royauté ; il avait l'air affable et des façons chevaleresques ; son premier acte fut de supprimer la censure et il acheva de gagner les cœurs par des mots gracieux dont il avait la grande habitude. Je le vis sur les boulevards, se rendant à Notre-Dame. Le duc de Bourbon marchait en tête du cortège ; on le prit pour Charles X et on le salua des cris de : Vive le roi ! auxquels il répondit par une pantomime indiquant que ces témoignages d'affection prématurée ne devaient pas s'adresser à lui.

La mort de Talma avait porté un coup fatal au Théâtre-Français. Quoique Mlle Mars fût toujours le soutien et l'honneur de la scène comique, les recettes étaient loin d'être brillantes. Un jour notre comité de lecture se réunit pour entendre l'œuvre d'un employé de la maison du duc d'Orléans. L'auteur, qui paraissait fort jeune, s'appelait M. Alexandre Dumas. Il était fils du général Dumas, marquis de la Paillerie, homme de couleur né à Saint-Domingue et qui avait conquis tous ses grades sur le champ de bataille. La figure du poëte, ses cheveux crépus, sa façon de parler, tout trahissait en lui l'origine mulàtre. Il venait nous lire une tragédie intitulée *Christine à Fontainebleau*. (Dans ce temps-là, il était timide.) Il lut mal son œuvre mais il la fit comprendre et je ne tardai pas à être frappé du sentiment dramatique et du talent d'exécution qui se révélaient dès les premières scènes. Je me rapprochai du lecteur à qui je prêtai jusqu'au bout l'attention la plus sympathique. Quand M. Dumas se fut retiré dans le cabinet du directeur pour y attendre son jugement, je m'aperçus que mes collègues étaient loin de partager mes impressions favorables : on attaqua la pièce ; je la défendis mais je ne pus obtenir une réception complète, et il fut décidé qu'après corrections faites, une seconde lecture de *Christine* aurait lieu. Quand on rapporta cette décision à M. Alexandre Dumas, il demanda s'il ne pourrait s'entendre avec un membre du comité pour les corrections demandées, et, sur la réponse affirmative, il me désigna comme celui avec lequel il lui serait agréable d'entrer en rapport *à cause de la très bienveillante attention que je lui avais prêtée comme auditeur.* Ce furent là ses paroles, et c'est ainsi que commencèrent mes relations avec l'infatigable et heureux vulgarisateur. (C'est le nom qu'il s'est donné depuis peu.) Il vint chez moi et ce fut avec une grande sincérité que je lui prodiguai les éloges et les encouragements. Je l'assurai

16

qu'au moyen de légères modifications que je lui indiquai, son ouvrage serait reçu, et c'est ce qui arriva en effet. Il ne connaissait pas Mlle Mars et désirait cependant lui offrir le rôle de Christine. Un matin je le présentai à la célèbre actrice, qui le reçut fort bien.

Un de nos plus illustres écrivains, doué de trop d'imagination, a donné de ces faits bien simples que je viens de raconter, une relation qui ne pèche que par un point, l'exactitude. Selon lui, *Christine* a été reçue avec acclamation, mais (remarquez ce *mais* qui est assez curieux) il était d'usage à la Comédie-Française, à une époque qu'il est impossible de préciser, de ne recevoir les premiers ouvrages d'un auteur encore inconnu, qu'à la condition de le soumettre à l'approbation particulière d'un membre du comité. En conséquence, on désigna M. Samson pour s'entendre avec l'auteur de *Christine*. *Heureusement* il fut impossible à M. Dumas de s'entendre avec l'acteur. Pourquoi ?... L'adverbe *heureusement* le fait assez comprendre. Sans doute parce que M. Samson demandait des changements qui eussent compromis l'œuvre en question. Voilà ce que j'ai lu dans un livre qui eut un immense succès bien mérité par l'esprit d'invention qui éclate à chaque page en traits spirituels et brillants. Quoique ce livre ait été écrit depuis longtemps, les loisirs me manquant pour lire les nouveautés, je ne le connaissais pas, et c'est tout dernièrement qu'il me tomba sous les yeux et que j'eus le plaisir d'y admirer les inventions biographiques dont l'auteur l'a semé.

Pour revenir à la *vérité*, la seconde lecture de l'ouvrage de M. Dumas fut suivie d'une réception unanime. Mais, vers la même époque, on avait reçu une autre *Christine* dont l'auteur venait de mourir. Le fils, appuyé par plusieurs membres influents du comité d'administration, demandait la représentation de l'œuvre paternelle. Je défendis encore là les intérêts de M. Alexandre Dumas, ce que prouve évidemment le billet suivant que je reçus de lui. Il n'est pas daté, mais il est facile de voir qu'il a été écrit après la lecture de *Christine* et antérieurement à celle de *Henri III :*

« Je vous envoie, mon cher Samson, des billets pour le Palais-Royal.

« Je serai à mon bureau, rue St-Honoré n° 216, de une heure à trois heures. Si vous ne pouvez pas conduire Madame, je me mets à vos ordres.

« Vous avez été bien bon avec moi hier pour toutes ces affaires de comité. Cela ne m'étonne pas, mais je vous remercie toujours.

« Veuillez remettre au petit bonhomme la recette du fameux vinaigre ; je compte sur les droits de *Christine* pour en faire une feuillette.

« Joignez-y, je vous prie, les deux volumes sur cette aimable reine ; je crois les avoir laissés chez vous.

« A vous, tout à vous.

« DUMAS. »

Je le demande, y a-t-il rien là qui indique de mauvais rapports entre celui qui écrit la lettre et celui à qui elle est destinée ? Ces billets envoyés pour les appartements du Palais-Royal, cette offre si gracieuse faite à Mme Samson, ces plaisanteries sur la qualité de mon vinaigre qui prouvent que l'auteur de *Christine* était souvent reçu à ma table, tout cela parait-il s'adresser à un homme dont on a à se plaindre ? C'est sur ce ton amical que m'écrivait le jeune poëte qui, *heureusement*, n'avait pu s'entendre avec moi, mais dont, *heureusement*, j'ai conservé par hasard ce précieux autographe, regrettant beaucoup d'en avoir brûlé d'autres, tous plus affectueux les uns que les autres et qui, à eux seuls, eussent donné un démenti complet à l'auteur des mémoires. Malheureusement, quand on est jeune, on ne prévoit pas les ingratitudes. Cela dit, je continue mon récit.

M. Dumas m'apprit un jour que le duc d'Orléans prenait à lui le plus vif intérêt et paraissait fort disposé à dire en faveur de sa pièce quelques mots dont on pourrait se servir pour engager le comité à la mettre à l'étude. Le premier semainier portait, chaque lundi, le répertoire aux membres de la famille royale. Lorsque mon tour arriva, je me rendis à Neuilly qu'habitait alors le duc d'Orléans, me préparant à recueillir, pour les reporter fidèlement au comité, les précieuses paroles qui devaient hâter la représentation de *Christine* sur la scène française. Dans la voiture qui m'avait amené se trouvaient Dumas et ma femme qui, s'intéressant comme moi au jeune poëte, était impatiente de connaître le résultat de mon entrevue avec son Altesse royale. Je descendis de voiture à peu de distance du château vers lequel je me dirigeai pédestrement. On me dit qu'en ce moment le prince se promenait dans le parc et qu'il ne tarderait pas à rentrer, car son déjeuner l'attendait. Je m'éloignais donc pour revenir plus tard, lorsqu'un domestique courut après moi. Le duc d'Orléans, de retour de sa promenade, n'avait pas voulu se mettre à table avant d'avoir reçu le semainier du Théâtre-Français. Il me fit le gracieux accueil auquel il m'avait habitué, parcourut des yeux le répertoire, s'informa de la situation du Théâtre-Français, dont je lui fis un tableau assez sombre, et comme il ne lui échappait pas un seul mot qui eût rapport à l'objet essentiel de ma visite, je crus devoir prendre l'initiative en lui disant que nous comptions, pour rétablir nos affaires, sur une tragédie intitulée : *Christine à Fontainebleau*, écrite par M. Alexandre Dumas, attaché à sa maison,

16·

et que cet ouvrage paraissait destiné à un grand succès. Le prince répondit qu'en effet il avait entendu parler de ce jeune homme très avantageusement, puis il remit immédiatement la conversation sur le répertoire qu'il tenait toujours à la main. Je ne me tins pas cependant pour battu, et me mis de nouveau à faire des éloges de la pièce et de l'auteur; par trois fois je revins à la charge sans plus de bonheur, après quoi je crus devoir prendre congé du prince et je me dirigeai assez tristement vers ma voiture. Là je racontai ma fàcheuse déception et mon récit fut accueilli non moins tristement par mes deux auditeurs, car, je l'ai dit plus haut, ma femme partageait ma sympathie pour Dumas. Elle était séduite comme moi par son esprit, son talent, et par ces apparences de franchise et d'amitié auxquelles le cœur se laisse prendre aisément.

En attendant la représentation de sa tragédie, M. Dumas, dont on connaît la merveilleuse facilité, avait fait un autre ouvrage, *Henri III et sa Cour*, drame en cinq actes et en prose. Comme il s'était lié depuis peu avec Firmin, il en fit la lecture chez celui-ci à qui il destinait un des principaux personnages. Il n'y eut à cette lecture que Firmin et moi. Nous fûmes enchantés l'un et l'autre et encourageâmes beaucoup l'auteur à présenter sa pièce à notre théâtre où elle fut, en effet, reçue à l'unanimité. Menjaud avait accepté le rôle de

Joyeuse et Mme Menjaud celui du jeune page, mais
Dumas offrit plus tard ce rôle à Mlle Despréaux qui
devint Mme Allan, et Menjaud, blessé de ce procédé, refusa de jouer dans l'ouvrage. Un matin
je rencontrai sous le vestibule de notre théâtre
Firmin et M. Dumas, qui me contèrent ce fâcheux
incident. Firmin me dit en me montrant le jeune
poëte qui paraissait très découragé : « Il n'y a que
toi qui puisses le tirer d'embarras : tu es bon
garçon, charge-toi du rôle de Joyeuse. » L'auteur
joignit ses instances à celles de Firmin. La proposition ne m'était pas agréable et je ne me
souciais nullement du rôle de Joyeuse. Je n'avais
joué jusque là que l'emploi des premiers comiques,
qui ne se compose en général que de valets, et je
craignais de n'avoir pas la noblesse nécessaire au
personnage du favori de Henri III. En outre, il
fallait jouer au bilboquet et, maladroit comme je
me connaissais, je craignais de m'exposer aux
murmures du public. Cependant mon amitié pour
l'auteur l'emporta sur mes répugnances et mes
frayeurs. Je cédai et ne demandai pas même que
mon costume fût payé par le théâtre, ce que
j'avais le droit d'exiger pour un rôle qui n'était pas
de mon emploi, et, cette fois du moins, *heureusement*
peut-être, il fut possible à M. Dumas de s'entendre
avec M. Samson. Touché de mon procédé, il m'en
témoigna une reconnaissance exagérée dans la

préface de *Henri III*. Cette pièce eut un immense succès.

L'auteur, pendant les répétitions de son drame, s'était montré d'une affabilité et d'une modestie qui lui avaient gagné tous les cœurs. Je me souviens entre autres qu'une fois, les comédiens n'étant pas d'accord entre eux sur un jeu de scène qu'il s'agissait de régler, allèrent chercher l'auteur qui causait gaiment dans le foyer. « Eh! mes amis, leur dit-il, vous vous entendez mieux que moi à ces choses-là ; tout ce que vous ferez sera bien fait. »

C'est le même homme qui, plus tard, crut devoir se parer avec orgueil du titre de *metteur en scène*.

Mme Firmin, la femme du comédien qui joua Saint-Mégrin avec tant de chaleur et tant de succès, nous entendant vanter un jour la cordiale bonhomie et l'extrême modestie du jeune auteur de *Henri III*, s'écria : «Laissez-le arriver! il sera peut-être un jour pire que les autres ! » Ces paroles excitèrent notre indignation. Peu d'années après, en nous les rappelant, nous faisions d'amères réflexions sur la mobilité humaine.

On sait quelle vogue eut *Henri III*. Mlle Mars produisit beaucoup d'effet dans le rôle de la duchesse de Guise, et Firmin dans celui de Saint-Mégrin.

Les employés du bureau de M. Dumas, pour

fêter son triomphe, lui offrirent un banquet.
Comme il leur avait souvent parlé de moi comme
d'un ami qui lui était tout dévoué, ils le prièrent
de m'amener avec lui à ce repas. Je ne sais quelle
cause me priva, à mon grand regret, d'être de ce
dîner. A partir de ce moment, l'auteur de *Henri III*
ne mit plus les pieds chez moi et je me serais cru
tout à fait oublié de lui, si, de loin en loin, quelques
lignes malveillantes, dues à sa plume de journaliste,
ne m'eussent prouvé le contraire. Il l'a prouvé
encore mieux dans ses Mémoires, par l'infidélité
volontaire de ses souvenirs.

CHAPITRE XVIII

Je suis nommé professeur suppléant au Conservatoire. — Mlle Plessy. — Première représentation d'*Hernani*. — Révolution de 1830. — Notre misère. — Je quitte la Comédie Française pour le Palais-Royal.

J'avais été nommé professeur suppléant au Conservatoire en 1828. La lettre qui m'annonçait ma nomination se terminait par ces mots : « *Je vous annonce avec plaisir* que vos fonctions sont gratuites.» Je dois dire que cette nouvelle ne me fit pas tout le plaisir qu'elle avait procuré à celui qui me l'apprenait, mais néanmoins je remplis avec zèle mes fonctions qui, malgré mon titre de suppléant, étaient des fonctions à jour fixe. Une fois, à peine arrivé à ma classe, je fus entouré par plusieurs élèves qui m'apprirent qu'au dernier examen auquel je n'avais pu assister, on avait admis une petite fille qui avait enchanté le jury; ils me la montrèrent et je vis une charmante enfant dont je compris l'admission avant de l'avoir entendue. Elle avait à peine neuf ans : c'était, selon moi, commencer trop tôt des études théâtrales. Mais il y avait dans sa

physionomie une naïveté si gracieuse, si intelligente, tant de promesses de talent (qu'elle a
tenues, du reste, car je parle de Mme Arnould
Plessy, qui était alors la petite Sylvanie), que je
l'invitai à me répéter quelque chose, et elle me dit
une scène de l'*Iphigénie* de Racine dans laquelle
elle s'était fait entendre. Son organe, qui n'était pas
encore formé, ne pouvait être ce qu'il est devenu
depuis, c'est-à-dire une des plus belles voix de
femme qui aient été entendues sur la scène, réunissant la force à la douceur et parcourant tous les tons
avec une grande souplesse. Elle avait la voix de
son âge, et ses qualités n'étaient encore que des
espérances qui se sont toutes réalisées. Quand la
nouvelle écolière eut fini sa scène, je lui dis qu'elle
avait des dispositions, mais qu'elle était beaucoup
trop jeune pour étudier des rôles tels que celui
d'*Iphigénie* et que je lui conseillais, moi, d'apprendre tout bonnement des fables de Lafontaine.
Elle se trouva profondément humiliée de ce que je
me permettais de la traiter en enfant et je
ne conquis pas ses sympathies ce jour-là. Je crois
même qu'elle n'apprit pas les fables du bonhomme
et trouva toujours un prétexte pour se soustraire
à la honte publique que je lui infligeais. Cet état
de choses ne dura pas longtemps, car la classe de
déclamation fut supprimée.

Mes trois filles étaient chez moi. Je n'avais pas

voulu les mettre en pension et, aidé de quelques
professeurs, c'était moi qui faisais leur éducation.
L'aînée avait pour professeur un nommé M. Milon,
excellent homme dont je n'avais qu'à me louer sous
tous les rapports. Un jour, tout en conversant, [il
m'apprit qu'il donnait des leçons à une petite demoiselle très remarquable par sa figure et son intelligence précoce ; son père, M. Plessy, avait
exercé en province, avec beaucoup de succès, la
profession de comédien (j'en ai souvent entendu
parler depuis comme d'un homme plein de probité et
d'honneur). Il était mort laissant avec sa veuve
l'enfant en question. La mère et la fille étaient
venues se fixer à Paris, avaient été trouver Lafon,
qui était un des amis de M. Plessy, et. l'acteur tragique avait fait entrer l'enfant au Conservatoire ;
mais la classe de déclamation n'existant plus, et
Lafon n'ayant pas de temps à consacrer à la pauvre
petite, elle se désolait de ne pouvoir continuer ses
études dramatiques. Le temps avait apparemment
cicatrisé les blessures que j'avais faites à son amour-
propre en la soumettant au régime des fables, car
le brave M. Milon. m'assura qu'elle avait gardé de
moi un très bon souvenir et désirait venir me parler. Ma réponse fut favorable et je reçus bientôt la
visite de la mère et de la fille. Ce fut ainsi que je devins le professeur de cette artiste qui tient un rang si
éminent à la Comédie-Française et qui y continue ces

traditions de noblesse et de distinction transmises
par Contat à cette adorable Mars qu'on appelait le
diamant de notre première scène. Ma femme et
moi, nous nous prîmes bientôt d'amitié pour cette
enfant si digne d'intérêt; elle se logea dans notre
quartier et venait prendre ses leçons chez moi trois
fois par semaine. Mes filles se lièrent avec elle et
il n'y eut plus bientôt de bonne fête chez nous s'il
y manquait Sylvanie (c'est le nom dont on appelle
encore Mme Arnould dans notre famille dont elle
est restée la bonne et fidèle amie).

J'avais été reçu sociétaire en 1827, mais la faveur
publique abandonnait notre théâtre. Une nouvelle
école littéraire s'était élevée, et la presse, dans les
mains de ses nouveaux adeptes, battait en brèche
la Comédie-Française. Son passé, son présent, ses
auteurs, ses acteurs, rien n'échappait à l'épigramme
et parfois à l'outrage. Les classiques effrayés
voyaient les rangs de leurs adversaires se grossir
chaque jour de tous les jeunes esprits qui nais-
saient à la vie et aux combats littéraires. C'étaient de
jeunes conscrits s'élançant avec audace contre une
armée dont la vieillesse et la mort éclaircissaient
les rangs si nombreux jadis. Hugo était le chef autour duquel se ralliait la jeunesse. Ce fut dans ces
circonstances que la lecture d'*Hernani* fut demandée. Aux auditeurs ordinaires, c'est-à-dire aux sociétaires membres du comité, se joignirent d'autres

auditeurs invités par le poëte, parmi lesquels figuraient, entre autres, MM. Villemain et Alexandre
Dumas.

La salle était pleine, et ce fut pendant toute la
lecture un enthousiasme perpétuel que je ne partageais pas tout à fait, je dois le confesser. Je trouvais cet ouvrage un mélange de grandes beautés
et d'énormités; il y avait certains vers que je ne
pouvais croire acceptables. Cependant toutes les
bouches offraient un sourire admiratif. On sentait
que tous les illustres personnages renfermés dans
cette étroite enceinte étaient venus avec l'idée
d'accomplir une haute mission révolutionnaire en
imposant à l'art des doctrines toutes nouvelles et
une complète transformation. La terreur planait
sur la partie classique de l'auditoire : la réception
ne pouvait être douteuse. Corneille avait négligé
ces salutaires précautions lorsqu'il lut *le Cid*; il
réussit pourtant. Ce qu'il y a de curieux, c'est que
la tragédie classique fut censurée par l'Académie
et que l'œuvre romantique fut patronnée par quelques-uns de ses membres.

Les rôles furent créés ainsi : Dona Sol par
Mlle Mars, Charles-Quint par Michelot, Hernani
par Firmin, Ruy-Gomez par Joanny. Quant à moi,
je remplissais un personnage très subalterne, ce
qui me permettait, quand j'étais en scène, d'obser-
ver les physionomies et les incidents de la salle.

La première représentation d'*Hernani* fut une véritable bataille littéraire. Le parti romantique y était en grande majorité et le peu de classiques épars dans la salle se sentaient sous la surveillance sévère des amis de l'auteur, dont les frénétiques applaudissements et les bruyantes acclamations avaient tous les caractères de la fureur. M^mo Hugo eut une ovation dans sa loge.

Toutes les représentations d'*Hernani* ne ressemblèrent pas à la première : il y eut de véritables batailles où les sifflets classiques protestaient en de certains moments contre les applaudissements romantiques. C'étaient alors des cris, des huées, des tempêtes terribles dans la salle, et ces démonstrations fréquentes allongeaient beaucoup la durée du spectacle. Michelot était si souvent interrompu dans le monologue de Charles-Quint qu'il se voyait contraint à s'arrêter tout à fait, ne pouvant plus lutter contre les bruits de natures si diverses qui couvraient sa voix, et qu'il lui arriva de supprimer quelquefois, sans que le public s'en aperçût, les passages où la tempête avait coutume d'éclater. Rien de tout ce que je pourrais dire ne saurait donner une idée des agitations de la salle à cette époque de crise littéraire qui était aussi le temps des agitations politiques précédant une crise sociale.

J'ai dit que l'avènement de Charles X au trône

avait fait naître des espérances qu'il s'était hâté de
détruire. Son impopularité croissait de jour en
jour. Plusieurs lois proposées par le ministère
Villèle et qui semblaient destinées à préparer le
retour d'idées et d'institutions que le pays repoussait, avaient irrité l'opinion publique; le licencie-
ment de la garde nationale n'était pas propre à
l'apaiser. Des hommes qui, jusque-là, avaient été
les fidèles serviteurs de la branche aînée des Bourbons, commençaient à blâmer eux-mêmes des ten-
dances par trop réactionnaires; de toute part on
se sentait entraîné vers une révolution souhaitée
par les uns, redoutée par les autres, mais devenue
inévitable. La création du ministère Polignac acheva
le divorce de la nation et de la royauté; en vain,
comptant sur cette gloire qui semble un des premiers besoins de la France, le gouvernement crut
s'appuyer sur la conquête de l'Algérie; la conquête
de la liberté était alors la seule qui préoccupât le
pays, et c'était sur les événements de l'intérieur
que tous les regards se tournaient avec une fiévreuse anxiété.

Je n'ai pas dessein de raconter ici les sanglantes
circonstances qui placèrent le duc d'Orléans sur le
trône de France abdiqué par Charles X. Elles étaient
prévues, et je fus au nombre de ceux qui saluèrent
avec amour la dynastie nouvelle; j'aimais la liberté
et j'avais foi dans les sentiments libéraux du prince

appelé à nous gouverner. Cependant, par suite de
ces événements politiques, le Théâtre-Français eut
de bien mauvais jours à traverser ; son passif était
considérable et il s'élevait une grave question à ce
sujet : à qui, du Théâtre-Français ou du gouvernement, incombait l'obligation de le payer ? Dans
les bureaux du ministère, on nous déclarait respon-
sables de nos dettes. Nous, au contraire, nous pré-
tendions que l'immixtion incessante du pouvoir
dans toutes nos affaires, le besoin de sa sanction,
qui donnait seule de la valeur à nos actes, tout cela
constituait pour le ministère une responsabilité à
laquelle il eût été tout à la fois injuste et inhumain de
chercher à se soustraire. Il nous semblait d'ailleurs
qu'il y avait là une question de bonne foi qui devait dominer toutes les autres ; avions-nous cru, en
entrant au Théâtre-Français, que nous entrions
dans une société commerciale qui pouvait nous
créer des dettes et nous conduire à la misère ? Non.
Le décret de Moscou n'avait rien statué à cet égard,
il est vrai, mais l'Empereur eût toujours couvert les
comédiens français de sa puissante protection. On
sait quel intérêt lui inspira de tout temps le théâtre
de Molière ; il avait, en cela, suivi les traditions
de Louis XIV qui, comme on le sait, avait autrefois
payé les dettes des comédiens ordinaires du roi.

Notre position était grave. Le nouveau gouvernement, entouré d'inimitiés acharnées, d'amitiés fort

intéressées, d'ambitions menaçantes, voyant à tous
moments surgir quelque émeute, trop occupé par
conséquent de ses affaires pour songer aux nôtres,
nous laissait sans secours et sans espoir. Qu' allions-
nous devenir? Il l'ignorait ainsi que nous. Les nouveaux occupants du ministère, pleins de préventions
contre les anciennes formes administratives de notre
théâtre, voulaient qu'on supprimât la Société et
qu'elle fût remplacée par une direction particulière,
agissant à ses risques et périls ; mais nous avions un
passif considérable dont la liquidation était pleine
de difficultés ; il fallait beaucoup d'argent pour l'en-
treprendre et le gouvernement n'était guère plus
riche que nous. La misère dans le présent avec
l'incertitude de l'avenir, telle était notre position.

J'étais entré à la Comédie-Française dans de
bonnes conditions. Je n'avais plus les dix mille
francs que me donnait l'Odéon, mais j'en devais toucher 8,000 dont 4,000 payés par la maison du roi.
Devenu sociétaire, la moitié du traitement fixe s'était
convertie en une fraction de part, dont les mauvaises
affaires du théâtre avaient fait une fiction. Quant
à l'autre moitié de mes appointements, elle avait
disparu avec la maison du roi. Il me restait donc
seulement ma place de professeur au Conservatoire
dont les appointements étaient alors de quinze
cents francs ; mais la classe de déclamation, en butte
chaque jour à de violentes attaques, ne tarda pas

à être supprimée et ma démission me fut signifiée. Qu'on juge de ma position ! Comment faire vivre ma femme et quatre enfants ? C'est alors que M. Dormeuil, acteur et régisseur du théâtre du Gymnase, obtint le privilége de l'ancien théâtre Montansier au Palais-Royal. Il me fit faire des propositions auxquelles je résistai longtemps ; mais ma situation empirant chaque jour, me voyant à bout de ressources, au risque d'avoir un procès que je savais bien devoir perdre, je dus accepter l'engagement offert pour donner du pain à mes enfants.

CHAPITRE XIX

Mes camarades au Palais-Royal. — *Rabelais* et *le Philtre champenois*. — Je rentre à la Comédie-Française. — Le baron
Taylor. — Notre directeur Jouslin de la Salle, — *Les Enfants
d'Edouard*. — *Bertrand et Raton*. — Je remplace mon chef
d'emploi. — Tumulte. — Régnier me remplace à son tour.
— Débuts de Mlle Plessy. — Mlle Mars.

Le théàtre du Palais-Royal, à son ouverture,
possédait en acteurs connus, Lepeintre aîné, très
aimé du public, et Déjazet dont le talent, déjà remarquable, devait grandir encore et resta toujours
jeune en dépit des années. Je débutai dans une
assez mauvaise pièce de Scribe et j'eus tort. Mon
personnage était antipathique aux spectateurs et
écrasé complètement par le rôle de Lepeintre. La
pièce et moi nous ne réussîmes que médiocrement.
Dans les huit mois que je passai au théâtre du
Palais-Royal, je n'eus qu'un succès marquant. Ce
fut dans *Rabelais*. Une petite pièce, appelée *le
Philtre champenois*, réussit aussi beaucoup et j'y fus
fort applaudi, quoique dans un rôle secondaire. Les
personnages principaux avaient pour interprètes :
Déjazet, charmante et par son jeu et par son chant,

et Paul, qui sortait alors du théâtre de la Gaîté et
alla depuis en Russie. Il est mort dernièrement
à Meulan où il s'était retiré. C'était un excellent
camarade et un excellent homme. Du reste je dois
dire que tous les artistes qui composaient alors le
personnel du Palais-Royal étaient de bonnes natures.
Lepeintre aîné, mort si malheureusement, méritait
l'estime qu'il s'était acquise ; loyal et d'un heureux
caractère, les relations avec lui étaient charmantes ;
Sainville, Paul, plus tard Derval, Lhéritier, Mégerau,
notre souffleur, honnête et aimable homme que nous
aimions beaucoup, tout cela formait une réunion de
camarades vivant entre eux gaîment comme de bons
et vrais amis. Je perdis mon procès ; je m'y attendais et, au bout de huit mois, je rentrai au Théâtre-
Français dont la situation ne s'était guère améliorée.
Le commissaire royal, qui était alors mon ami, le
baron Taylor, avait autorisé chaque sociétaire à
donner une représentation à son bénéfice. Celle de
Menjaud eut lieu le 15 janvier, jour anniversaire de
la naissance de Molière. Il y fit jouer cette farce du
grand poète appelée *la Jalousie du Barbouillé*, où je
remplissais le principal rôle, et on y représenta *la
Fête de Molière* que j'avais donnée à l'Odéon en
1825 et dans laquelle j'intercalai, pour la circonstance, une scène nouvelle qui réussit.

A propos du baron Taylor, qui se trouvait alors
commissaire royal, depuis mon retour à Paris nous

17.

ne nous étions jamais perdus de vue complètement.
Nous fûmes donc enchantés de nous retrouver, car
malgré l'absence nous étions restés très bons amis.
Taylor fut toujours fidèle à nos souvenirs d'enfance
et de jeunesse. Il se plaisait à recevoir ses anciens
camarades et les recherchait même. Quelque position que la destinée nous ait faite à l'un et à
l'autre, nos relations n'ont jamais été interrompues.
Dès que je fus attaché au second Théâtre-Français,
ce fut lui qui accourut chez moi, et toujours, dans
toutes mes joies et dans toutes mes peines, je le
trouvai. Il devint plus tard président des sociétés de
peintres, de musiciens et d'artistes dramatiques, et
là encore nous nous trouvâmes réunis. Plus tard
enfin, quand il devint sénateur, je fus invité chez
lui avec ma femme pour fêter sa nomination. Je
me plais à lui rendre cette justice que les grandeurs
ne le changèrent pas et qu'il demeura toujours
pour moi un ami fidèle.

La Comédie-Française, après 1830, fut placée
dans les attributions de M. Thiers, ministre du
commerce et des travaux publics. Ce fut, de tous les
ministres, celui qui fit davantage pour notre théâtre.
Il commença par des témoignages de politesse
auxquels les comédiens furent d'autant plus sensi-
bles qu'ils étaient depuis quelques années en butte
à de grossiers outrages ou à d'impertinents dédains.
M. Thiers nous promit de demander pour nous une

subvention si nous consentions à nous donner un directeur-gérant. Nous lui proposâmes Jouslin de la Salle, qui était alors notre régisseur, et le ministre l'agréa.

Cette modification dans notre système administratif eut d'heureux résultats. Deux auteurs aimés, Casimir Delavigne et Scribe, nous ramenèrent la foule ; le premier avec *les Enfants d'Édouard*, le second avec *Bertrand et Raton*, dont la première représentation eut lieu le 14 novembre 1833, et fut un des plus heureux événements de ma carrière théâtrale.

Madame Menjaud, qui jouait le rôle d'Edouard dans la pièce de Delavigne, fut tout à fait remarquable, et Anaïs charmante dans celui de Richard. Mlle Mars laissa beaucoup à désirer dans le rôle de la Reine : le dramatique lui manquait. Ligier, bien stylé par le poëte, joua parfaitement lord Glocester. Il y avait dans la pièce des *Enfants d'Édouard* un personnage, sir Tyrrel, dont la distribution embarrassait l'auteur. Il hésitait, me dit-on avant la lecture, entre Joanny et moi. « Allez le voir, me conseilla un de nos bons amis, et vous le déciderez en votre faveur. » Je ne suivis pas ce conseil et restai fidèle à mon habitude de ne jamais solliciter un rôle, habitude qui, soit dit en passant, me fut plus d'une fois préjudiciable, attendu que tous les comédiens ne l'ont pas. Joanny obtint le rôle sans l'avoir demandé, je dois le dire. Il y réussit, mais des maux de gorge fréquents le forçant souvent à interrompre son service, sur la demande de Casimir Delavigne, je me tins prêt à le remplacer au besoin. Le public m'accueillit fort bien, puis, un jour que j'étais malade à mon tour, ce fut Beauvallet qui me remplaça dans Tyrrel, et il y fut fort applaudi. Comme il devait le jouer plusieurs fois, je désirai l'y voir, et, après avoir sincèrement mêlé mes applaudissements à ceux du public, je déclarai à l'administration que, trouvant mon camarade supérieur à moi dans ce rôle, je le lui abandonnais entièrement ; et, en effet, je cessai dès lors de paraître dans l'ouvrage de Delavigne.

Revenons à *Bertrand et Raton*. On avait fermé la salle pour cause de réparations et j'en profitai pour aller avec mon fils, qui avait alors sept ans, voir des parents en Normandie. A peine y arrivais-je que ma femme m'écrivit de revenir à Paris. J'étais à ce moment assez découragé : mon chef d'emploi Monrose ne me laissant jouer que fort rarement dans l'ancien répertoire, je n'avais eu que quelques créations assez médiocres depuis mon entrée au théâtre de la rue Richelieu. Quand le rôle du comte de Rantzau me fut proposé, je dois dire que je ne l'acceptai qu'en tremblant. J'avais joué quelques personnages en frac bourgeois où l'on m'avait bien accueilli ; mais de ces personnages à celui d'un grand seigneur tel que le comte de Rantzau la distance était grande. Je la franchis cependant avec bonheur et j'obtins un tel succès dès la première représentation que ce fut pour moi une de ces soirées qui comptent dans la vie d'un comédien. Le rôle de Bertrand fit faire un pas considérable à ma réputation et je dois dire que depuis cette époque, me sentant aimé du public, je pris confiance en moi et pus montrer enfin les qualités de comédien que ma grande timidité m'empêchait de mettre en lumière jusqu'à ce jour. C'était à Monrose que le personnage de Raton avait été confié, mais, pendant les répétitions de l'ouvrage, les comédiens, voyant que ce rôle ne convenait aucunement au genre de talent de leur camarade, avaient pensé que Monrose ne le garderait pas, et Jouslin, averti par eux, chargea secrètement Duparay de l'apprendre.

En effet, après l'avoir joué deux fois, Monrose se trouva indisposé et je dus même le remplacer dans *le Barbier de Séville*, annoncé pour le lendemain de la deuxième représentation de *Bertrand et Raton*; mon nom fut donc substitué à celui de mon chef d'emploi. Cependant, quand je parus, des voix du parterre appelèrent Monrose sans qu'aucune protestation s'élevât en ma faveur. Voyant cela, je quittai la scène et m'en fus me déshabiller. Le commissaire de police monta dans ma loge, m'engageant à reparaitre; mais je n'y voulus absolument point consentir. « Puis-

qu'il ne s'est pas trouvé une seule personne pour
prendre mon parti contre ceux qui me repoussaient, lui dis-je, j'en dois conclure que le public
tout entier est contre moi et je crois lui donner
une preuve de déférence en ne reparaissant plus. »
Il y eut alors beaucoup de tapage dans la salle (à ce
qu'on me dit, car ces bruits-là ne pouvaient arriver
jusqu'à ma loge), et comme j'étais bien résolu à ne
pas obéir aux voix en retard qui me rappelaient,
Régnier, qui était alors un jeune comédien de grande
espérance, vint de son chef expliquer et justifier
mon refus de reparaître. Il rappela mon succès si
récemment obtenu dans la comédie de Scribe (où
lui-même, par parenthèse, s'était fait applaudir bien
justement, je dois le dire, dans le rôle de Jean qu'il
jouait avec une verve et un naturel charmants).
Enfin il s'exprima en si bons termes et avec tant de
chaleur que le calme commença à renaître. Il en
profita pour s'offrir à me remplacer dans Figaro et
la proposition fut acceptée. J'avais connu Régnier
au théâtre du Palais-Royal où nous avions été en-
gagés en même temps. Il en sortit avant moi pour
entrer au Théâtre-Français où je le retrouvai avec
plaisir, et nous fûmes liés pendant de longues années
par une très étroite amitié. Il créa un peu plus tard
aussi plusieurs rôles qui lui firent le plus grand
honneur, entre autres Ballandard de *la Camaraderie*.
Nature intelligente et active, il s'intéressait à l'his-

toire de notre théâtre et se plaisait à me faire causer sur tous le anciens comédiens.

Il y avait à cette époque rue de Lancry un petit
théâtre où s'exerçaient des amateurs et des élèves.
Ma chère petite Plessy (que nous appelions Sylvanie) y jouait. Elle n'avait que treize ans alors et
cependant, par ses jeunes attraits et son talent nais-
sant, elle était devenue la Mars de cette petite scène.
Elle débuta au Théâtre-Français en 1834 à quatorze
ans et demi dans Jenny de *l'Hôtel garni* et dans
Emma de *la Fille d'honneur*, et fut très applaudie
dans ces deux rôles; elle le fut plus encore deux
jours après dans la première représentation de *Une
Passion secrète*, comédie en trois actes de Scribe, où
Mlle Mars, chargée du rôle principal, n'obtint pas un
de ces brillants succès dont elle avait l'habitude ;
elle représentait une femme qui joue à la Bourse, et
son personnage n'était pas sympathique. Quant à
la débutante, elle fit, dès son apparition, la conquête de l'assemblée ; sa voix était agréable, ses
intonations justes et elle avait des mots pleins
d'innocence et de gentillesse ; seule, sa démarche
avait un peu de gaucherie, mais ce défaut ajoutait
peut-être à l'intérêt qu'inspirait cette enfant, car en
témoignant de son inexpérience, il attestait son extrême jeunesse. Enfin la soirée fut excellente pour
elle.

J'étais à cette époque dans les meilleurs termes

avec M^llo Mars qui, d'ordinaire très avare d'éloges,
m'en avait adressé plusieurs fois ; un soir, entre autres, dans *les Fausses Confidences* où elle était si admirable, elle m'avait dit dans les coulisses, à propos de la scène du premier acte, que nous venions
de jouer ensemble : « Vous avez été parfait. » De tels
mots sortis d'une telle bouche ne s'oublient jamais,
et lorsqu'après 1830 j'avais eu, ainsi que les autres
sociétaires, une représentation à mon bénéfice, elle
avait consenti à jouer Betty de *la Jeunesse de Henri V*,
rôle très jeune abandonné par elle depuis longtemps, ajoutant affectueusement : « C'est pour
vous que je le fais ; je ne le ferais pas pour tout autre. » Je voulus donc profiter de mes bons rapports
avec la célèbre artiste pour placer mon intéres-
sante élève sous son patronage ; je lui demandai la
permission d'aller la lui présenter et je la condui-
sis en effet chez Mlle Mars qui nous reçut fort bien
et fut on ne peut plus aimable avec la jeune écolière.
Nous revinmes de là enchantés ; elle m'avait dit
que Sylvanie avait de la ressemblance avec Mme
Volnys, et je m'étais gardé de la contredire, quoique
je ne fusse nullement de son avis. On commença
bientôt les répétitions d'*une Passion secrète*. Ces premières répétitions ne sont que des lectures autour
d'une table. Cependant M^llo Mars complimenta
mon élève de la manière dont elle avait lu son rôle,
puis elle me dit à part : « Je me suis trompée en vous

disant que la petite ressemblait à Mme Volnys »,
et elle ajouta avec émotion : « C'est à une autre personne qu'elle ressemble.» Je ne savais ce qu'elle entendait par là lorsque Mme Menjaud m'expliqua
qu'il s'agissait de la fille de Mlle Mars, appelée
Hippolyte, morte fort jeune, et qu'en effet il y avait
quelque ressemblance entre ces deux jeunes filles.
J'espérais que cette conformité d'âge et de visage
inspirerait à la grande actrice une tendresse un
peu maternelle pour ma petite protégée ; mais, au
théâtre, l'amour-propre est le sentiment dominant,
et les blessures faites à la vanité féminine ne se
pardonnent jamais. Si Mlle Mars avait eu un germe
de bienveillante affection pour la débutante, la
première représentation de la pièce de Scribe l'é-
touffa subitement. Rien n'était plus curieux avant
le lever du rideau que l'attitude des deux actrices :
l'une, défiante d'elle-même et plus effrayée que
rassurée par sa longue gloire dramatique qu'allait
peut-être compromettre une bataille nouvelle, trahissait sa crainte par l'agitation de ses mouvements
et une manière de parler un peu fiévreuse, se rap-
prochant sans cesse du miroir placé derrière le
décor et l'interrogeant avec anxiété. L'autre, avec
ses quatorze ans et demi, avec toute la fraîcheur de
cet âge que le rouge ne parvenait pas à ternir, igno-
rant la crainte, ne la comprenait même pas, et, habituellement possédée d'une envie de rire dont bien

souvent elle ignorait la cause, était ce jour-là double-
ment joyeuse du succès qu'elle avait obtenu deux
jours auparavant et de celui qu'elle espérait. Quel
contraste entre ces deux femmes placées aux deux
extrémités de la carrière ! Dès que Plessy aperçut
Mlle Mars, elle courut gaiement à elle en lui tendant son front et celle-ci l'embrassa en lui demandant si elle avait peur. « Peur ? répondit naïvement
la jeune fille ; non, Madame, de quoi aurais-je peur?»
et elle se remit à rire. « Voyez-vous la petite effron-
tée!» dit la célèbre comédienne avec un sourire un
peu triste, et elle ajouta : « Ça lui viendra plus tard»,
tandis que la petite, toujours le sourire aux lèvres,
avec un étonnement tout gentil : semblait se dire :
« Pourquoi cela me viendrait-il plus tard ? »

La comédie terminée au milieu d'impressions
diverses, le nom de l'auteur fut demandé et livré
au public par moi, dont le personnage, peu intéressant dans la pièce, n'avait pas été accueilli avec
une grande faveur. La toile s'était baissée de nouveau et l'on entendait retentir les cris : Mars !...
Plessy !... Les premiers, poussés par la claque, par-
tirent du parterre, les autres venaient de l'orchestre
et du balcon. La petite, triomphante, me disait en
me prenant la main comme pour m'engager à la
conduire devant le public : « On me demande,
monsieur Samson, vous n'entendez donc pas?
on me demande!»—«Tout à l'heure», lui répondis-

je, moi qui, connaissant les périls de la situation, avais envoyé chercher Mars dans sa loge. Elle arriva avec un air de mauvaise humeur que le sourire de convention n'essayait même pas de déguiser, et, comme pressée de se débarrasser d'une corvée, elle me tendit la main sans dire un mot ; je pris cette main silencieusement aussi, et, tenant de l'autre côté celle de la petite héroïne de la soirée, je fis relever le rideau et j'amenai les deux artistes sur le devant de la scène ; après quoi, Mars, conservant toujours son mutisme boudeur, me quitta et marcha vers sa loge d'un pas rapide. J'appris plus tard que le lendemain elle était venue, dans le cabinet du directeur, lui faire une effroyable scène en l'accusant de vouloir se servir de Mlle Plessy pour la chasser de la Comédie-Française. Je ne répète pas tout ce que la colère lui inspira et qui me fut répété par Jouslin. Je ne dus pas être épargné par elle, bien certainement, car lorsque je la revis après la première de *Une Passion secrète*, elle détourna la tête et évita de me rendre mon salut. Je crus d'abord qu'elle ne m'avait pas vu, quoique ce fût invraisemblable ; mais la chose s'étant renouvelée plusieurs fois, il n'y eut plus moyen de douter de cette affectation d'impolitesse. Pour l'expliquer, on me conta que depuis les représentations de la nouvelle pièce, Mlle Mars avait reçu des lettres anonymes pleines de grossières injures sur son âge et qu'elle voulait bien me les attribuer. J'eus le tort, je l'avoue, de prendre trop à cœur ces propos auxquels je n'aurais dû attacher aucune importance. C'étaient de ces paroles sans valeur par lesquelles on soulage une colère qui ne sait où s'en prendre, et mon caractère bien connu repoussait assez (du moins je le crois) une si odieuse imputation pour que je ne dusse pas m'en préoccuper. Mais, me jugeant blessé dans mon honneur, je m'éloignai dès lors de Mlle Mars sans jamais chercher à m'en rapprocher, malgré quelques avances détournées que je reçus d'elle plus tard.

A propos de cette pièce de *Une Passion secrète*, il me revient en mémoire un petit fait qui s'y rattache. Un homme d'esprit, Goubaud, auteur anonyme de plusieurs ouvrages qui ont pleinement réussi au théâtre, assistait un jour à une des représentations de la pièce de Scribe. Il se trouvait à côté de ma femme qui le connaissait de vue sans être connue de lui. Comme beaucoup d'autres, il n'admettait pas que la comédie pût s'enseigner; il ne croyait qu'à l'inspiration, et sachant que Sylvanie était mon élève, il semblait l'écouter avec une prévention défavorable, quoique je fusse pourtant dans les meilleurs termes avec lui. Cependant un moment arriva où il crut devoir se départir de sa sévérité, et, mêlant ses applaudissements à ceux des autres spectateurs, il s'écria : «Ah ! on voit bien que ceci ne

lui a pas été seriné ! » Or voici ce qui était arrivé
justement pour le passage en question : à l'une des
dernières répétitions, Scribe, en me faisant de grands
éloges de la jeune artiste, avait ajouté : « Il y a cependant un effet qu'elle manque et sur lequel j'avais
compté. Je ne sais pas bien comment on devrait
dire ce passage ; mais il faudrait le dire autrement.»
— « Tenez ! lui dis-je, en répétant la phrase en
question, cette inflexion vous convient elle ? » —
« Parfaitement ! c'est cela même que je voulais.»—
«Eh bien! ne vous inquiétez pas : je vais emmener la
petite chez moi, et lui entonner mon inflexion ; et
demain vous serez content.» Je fis ce que j'avais dit
et après avoir conté ce petit incident à Mme Samson,
je commençai mon œuvre devant elle. Mais là où je
croyais réussir sans peine, je rencontrai pour la
première fois un peu de résistance dans cette voix
d'ordinaire si docile, et ce ne fut qu'après bien des
efforts qu'elle s'assimila enfin l'inflexion nouvelle
qui fit dire à Goubaud : « On voit bien que celle-ci
ne lui a pas été serinée ! » Tels sont en général les
jugements du public sur notre art. Revenons à
Mlle Mars.

Cette actrice, on l'a dit souvent, ne brillait ni par
la douceur du caractère ni par l'égalité d'humeur.
Aussi y avait-il de singulières habitudes dans son
intérieur. Parmi sa société habituelle se trouvaient
plusieurs dames reçues plus fréquemment et plus

intimement que les autres et qui se paraient dans
le monde du titre de ses amies. Mais cet honneur
était acheté par plus d'un désagrément, car la
souveraine de cette petite cour, si aimable quand
elle voulait l'être, ne le voulait pas toujours. Elle
ne gâtait pas ses intimes et allait quelquefois si
loin en fait de caprices, d'exigences et de hauteur,
que le joug devenait insupportable et que la désertion se faisait peu à peu dans les rangs des amies
opprimées. Au bout de quelques jours de solitude,
Mars, ne pouvant plus la supporter, montait dans sa
voiture et s'en allait, comme une humble solliciteuse,
supplier chacune des habituées de sa maison de
revenir à ce commun foyer, car elle tenait essentiellement à ce qu'il fût dit que les femmes du
monde la voyaient. Elle déployait alors un luxe de
séductions auxquelles le prestige de sa renommée
ajoutait un charme et une puissance irrésistibles.
Le cercle se reformait. Tout allait le mieux du
monde pendant quelque temps, puis, un beau jour,
un nouvel orage amenait une séparation nouvelle
suivie d'une nouvelle réconciliation, et les choses
allèrent ainsi, je crois, jusqu'à l'éternelle séparation.

Je renonçai avec un vif chagrin à cette idée qui
m'avait tant souri de faire de la première comédienne de notre époque la tutrice dramatique de
ma jolie petite écolière. Il y avait du reste ordi-

nairement dans la parole et dans les manières de
Mlle Mars quelque chose de hautain et quelquefois
d'aigre qui nous tenait à distance. Elle se plaisait à
supposer que notre jalouse inimitié nous faisait
désirer sa retraite. Or, soit dit en passant, la jalousie et l'envie sont peut-être, malgré ce qu'on en
dit, moins communes au théâtre qu'on ne le pense.
J'ai presque toujours vu les comédiens applaudir
aux succès légitimes et aux renommées conquises
par un véritable talent. Seulement ils se permettent
de n'être pas toujours de l'avis du public et de l'autorité, et, en cela, ils ont plus d'une fois fait preuve
de bon sens et d'indépendance. S'ils manquaient
pour l'illustre artiste de cette sorte d'affection qui
naît de la confraternité, ils avaient au contraire
une espèce de culte pour cette enchanteresse, et ne
demandaient qu'à l'aimer si elle avait voulu ; mais
elle n'y tenait pas. On sait que Napoléon Ier disant
un jour à un de ses aides de camp, M. de Narbonne :
« On m'assure que votre mère ne m'aime pas »,
celui-ci lui répondit avec une ingénieuse franchise :
« Il est vrai, sire : elle en est restée à l'admiration. »
Eh bien ! c'est là aussi que le personnel du Théâtre-
Français (artistes et employés) en était resté à l'é-
gard de Mlle Mars. Je dois dire cependant, pour
être juste, que la grande comédienne était meilleure
qu'elle ne le paraissait, car j'ai su qu'elle secourait,
sans en rien dire, quelques anciens artistes tombés

dans la misère. Mais quand on la priait de s'inscrire
sur une liste de souscription, elle semblait affecter
une certaine dureté de cœur et accompagnait généralement son refus d'un mot désobligeant pour la
personne chargée de cette délicate mission. Aussi
se souciait-on peu de la remplir auprès d'elle. Il
est louable de cacher ses bienfaits ; mais doit-on,
pour atteindre ce but, faire croire à son inhuma-
nité? Quoi qu'il en soit, j'ai été heureux d'apprendre
plus tard les actes de bienfaisance de Mlle Mars
et c'est avec plaisir que je les constate ici.

Rien ne pouvait décider l'illustre comédienne à
quitter le théâtre, ni les avertissements de l'âge,
ni les conseils de la raison. Cependant il fallut enfin
qu'elle se résignât à cette soirée d'adieu si longtemps différée. Le matin de ce grand jour, en assemblée générale, je proposai à mes camarades
d'entourer tous la grande artiste qui allait nous
quitter, quand le public la rappellerait à la fin du
spectacle. Un silence glacial accueillit ma proposition. Je ne me tins pas pour battu; je dis que, dans
de telles circonstances, les torts du caractère devaient être oubliés, que la question de talent devait
tout dominer, que Mlle Mars ayant été une des plus
belles gloires de notre scène, il y allait de l'honneur de la Comédie-Française de ne pas se séparer
d'elle sans lui donner un témoignage public d'admiration et de regret. On se rendit à mes raisons

et le soir nous parûmes tous pour l'entourer. Elle n'eut pas même l'air de nous apercevoir et remonta dans sa loge sans avoir laissé paraître la moindre trace d'émotion.

CHAPITRE XX.

La Camaraderie. — Védel.— Alexandre Dumas et Mlle Ida. — Première représentation de *Caligula.* — Le roi Louis-Philippe et les émeutes. — Monrose. — Sa fin. — Rachel. — La Reine de Castille sautant à cloche pied. — Les débuts de Rachel. — Nos leçons. — Son portrait.

L'Ambitieux, comédie en cinq actes, de Scribe, avait suivi *Bertrand et Raton*. J'y jouais un rôle très important; mais ni moi ni la pièce, nous ne fûmes heureux cette fois; plus tard, *la Camara-derie,* du même auteur, obtint un brillant succès. Le rôle du comte de Claremont, qui me fut offert, tenait si peu de place dans l'ouvrage que Scribe me priait de le jouer seulement une dizaine de fois, après quoi Duparay devait m'y remplacer. J'acceptai ces conditions; mais mon rôle produisit un si grand effet, il me valut de tels applaudissements, en un mot il me fit tant d'honneur, que je ne pensai plus à le céder. Je fus, au contraire, heureux de le gar-der, car, jusqu'à la fin, j'y reçus toujours le même accueil et la pièce mit beaucoup d'argent dans notre caisse. Régnier eut un grand succès dans le rôle de Ballandard où il déploya la plus grande verve.

A cette époque, Jouslin de la Salle fut révoqué de ses fonctions, à l'occasion d'une vente illicite de billets de faveur. Il y avait, dans l'administration, une vacance à laquelle il fallut pourvoir. C'était sur notre présentation que Jouslin avait été nommé par le ministre, et nous lui cherchions un remplaçant. Desmousseaux me parla de M. Védel, notre caissier, estimé et aimé de tout le Théâtre-Français. Comme il surgissait de tous côtés des prétendants au sceptre de la direction, nous pensâmes qu'il était urgent de couper court à toutes les ambitions qui s'agitaient en présentant notre candidat à l'autorité. Les Sociétaires, réunis en assemblée générale, nommèrent donc M. Védel à l'unanimité. Seulement, comme les pouvoirs mal définis de Jouslin de la Salle avaient donné lieu à des abus que nous voulions prévenir, nous convînmes, avec M. Védel, d'arrêter, de concert avec lui, la limitation de ses pouvoirs, et il accepta d'avance toutes les conditions indiquées par nous. Pleins de confiance dans sa loyauté, nous ajournâmes jusqu'à l'époque de la solution ministérielle le travail que nous devions faire à ce sujet et qui ne se fit jamais; ce qui devint, par la suite, une cause de troubles dans le sein de notre Société.

Le ministre de l'intérieur, qui était alors M. Gasparin, nous fit des objections à propos du choix que

nous avions fait; mais, cependant, il finit par con-
firmer la nomination de M. Védel.

L'Odéon nous fut aussi donné par le ministre.
Présent funeste! Nous y allions jouer devant des
banquettes et des loges vides.

Un drame en cinq actes et en vers, d'un auteur
qui portait le nom de Dumas, fut représenté à ce
théâtre. Il s'appelait *le Camp des Croisés*. Sa chute
fut éclatante; les décors et les frais de mise en
scène nous créèrent un chapitre de dépenses considérables qu'aucune nouveauté fructueuse ne venait
couvrir.

On avait foi dans l'autre Dumas qui, après avoir,
dans des journaux, des préfaces, attaqué, raillé,
éreinté ses anciens amis de la Comédie-Française,
était revenu à eux avec un *Caligula* dont la mise en
scène fut des plus coûteuses, quoi qu'on eût dû ré-
sisterà certaines exigences de l'auteur qui, entre autres choses, voulait introduire des chevaux sur notre
scène. Nous demander des chevaux, à nous, qui, dans
notre indigence classique, pouvions à peine jouer
à pied! Depuis *Henri III*, M. Alexandre Dumas
n'avait plus de rapports avec moi, sans que je susse
pourquoi; mais il était resté l'ami de Régnier qui
affirma au comité que l'auteur de *Caligula* déclarait renoncer à la prime de 5,000 francs accordée à
quelques auteurs en renom, si le théâtre engageait
Mlle Ida. Je reçus alors de M. Dumas le billet sui-

vant qu'il me fit l'honneur de m'adresser après la
réception de *Caligula* :

« Mon cher Samson,

« Nous avons une grande grâce à vous demander,
Ida et moi, et comme le plus hardi des deux, c'est
moi qui porte la parole. Elle désire vivement vous
avoir pour professeur : or, vous reste-t-il le temps
et la volonté ? C'est ce que vous me direz en ami,
je l'espère.

« Mille et mille compliments empressés.

« A. DUMAS. »

Je ne m'abusai point sur ces leçons demandées.
M. Alexandre Dumas qui, comme il a pris soin de
le dire, forme si bien les pompiers à la déclamation
théâtrale, ne se souciait guère de mes leçons pour
la personne qui s'est appelée depuis Mme Dumas.
Sa petite lettre n'était qu'une flatterie diplomatique
ayant pour but de s'assurer ma boule blanche pour
l'engagement sollicité. Je compris cette ruse assez
grossière et déclinai l'honneur qu'on me voulait
faire, m'excusant sur le peu de temps que me laissaient mes occupations.

Mlle Ida fut engagée, mais M. Alexandre Dumas
n'en toucha pas moins la prime de 5,000 francs.
La délibération du comité ne contenait pas la condition dont j'ai parlé. M. Loreaux, notre secrétaire,
l'avait omise *volontairement*, trouvant honteux

d'insérer une clause pareille. Il avait peut-être raison. « D'ailleurs, est-ce que la parole de M. Dumas
n'est pas suffisante ? » disait-il. Il avait encore
raison : elle eût dû l'être

Il se passa à la première représentation de
Caligula un fait qui n'avait aucun précédent dans
l'histoire du théâtre. Des médailles furent vendues
sous le vestibule, offrant d'un côté la tête de Caligula
et de l'autre la date de cette représentation : on
n'avait encore rien vu de pareil et peut-être cela ne
se reverra-t-il jamais ; c'est pourquoi il est bon d'en
consacrer le souvenir. Rien ne sert mieux à peindre une époque et un caractère.

Le public se montra sévère à la première représentation de *Caligula*. Mlle Ida avait une fort jolie
tête sur un corps gros et court. Son embonpoint
monstrueux nuisait à l'aisance de sa démarche ;
elle tomba deux ou trois fois, ce qui ne contribua
pas à soutenir l'ouvrage ; il y eut des rires et
des murmures. Combien je m'applaudis alors de
n'avoir pas donné à cette espérance de l'art tragique les leçons hypocritement sollicitées! On n'eût
pas manqué de rejeter sur l'ignorance ou la méchanceté du professeur tous les défauts de l'actrice.
Cette fois, du moins, il n'y eut pas moyen d'accuser
l'école et la tradition (ces objets de l'implacable
haine du vulgarisateur) des faux pas dramatiques
de l'apprentie tragédienne.

On sait que M. Alexandre Dumas, non content
de se croire un grand metteur en scène, s'est proclamé aussi un habile maître de déclamation, disant : « Qu'on me donne un pompier, j'en ferai
un comédien, et je n'ai jamais pu rien faire
des élèves du Conservatoire. » On comprend qu'il
ne parle des élèves que pour dénigrer les professeurs. Mais qu'ont à faire ici les pompiers ?

> On ne s'attendait guère
> A voir pompiers en cette affaire.

Préférer, comme artistes dramatiques, messieurs
les sapeurs-pompiers à des jeunes gens qu'on re-
présente comme étant dénués de toute intelligence
théâtrale, ce n'est pas en faire un grand éloge. Il y
a là pour cet honorable corps une intention épigrammatique qui ne me semble pas justifiée ; les
pompiers ne sont pas aussi étrangers à l'art du comédien que le grand romancier dramaturge semble
le croire. Obligés par leur service d'assister aux spectacles du soir et aux répétitions du matin, ils s'ini-
tient, sans le vouloir, aux mystères de l'art ; ils le
voient sans cesse étudier et pratiquer ; ils entendent
les observations des auteurs, des acteurs, des régis-
seurs, des directeurs, sur l'exécution des rôles et sur
la mise en scène ; aussi il est évident que leur goût
doit être plus développé qu'on ne le pense. Voyez
à quelles fâcheuses conséquences peut conduire la
fougue d'une imagination poétique ! Pour le plaisir

de faire une pointe contre un malheureux comédien qui s'était pris d'une stupide affection pour l'auteur de *Christine* et de *Henri III*, et à qui l'on ne pouvait reprocher que de n'avoir pas été aussi utile qu'il eût voulu l'être, voilà la vérité altérée, les pompiers raillés et le Conservatoire conspué.

Je sais qu'il ne faut pas attacher trop d'importance aux fictions moqueuses ou injurieuses de M. Alexandre Dumas. A ceux qui s'avisent de s'en plaindre on a coutume de répondre : « Êtes-vous fou de vous inquiéter des attaques de cette plume intempérante ! qui est-ce qui croit aux caquets de ce grand enfant ? personne, pas même lui : il a trop d'esprit pour cela ; du reste, il ne vous garde jamais rancune du mal qu'il a dit de vous ; à peine vient-il d'écrire quelques lignes offensantes à votre sujet que, s'il vient à vous rencontrer, il arrive à vous, la figure riante et les bras ouverts, vous tendant une main prête à serrer la vôtre et vous criant, en prenant congé de vous : « Au revoir, cher ami. »

Outre les lettres que j'ai citées, j'ai encore deux insignifiantes missives de l'auteur de *Monte-Christo*; par l'une, il me prie de passer au Théâtre-Français, où il aurait à me parler ; l'autre me demande une audition pour une aspirante dramatique, et dans aucune on n'aperçoit la trace de cette espèce d'hostilité dont semble m'accuser l'illustre romancier ; il ne peut même, sans trahir la vérité, me taxer de froideur pour ses intérêts, car, comme je l'ai déjà dit, j'ai été un de ses plus chauds défenseurs et un de ses meilleurs appuis à son entrée dans la carrière. Mais c'est assez m'étendre là-dessus. Si je l'ai fait, c'est que cette ingratitude, ayant été une des premières que j'aie rencontrées sur mon chemin, m'avait atteint profondément. Depuis que je ne les compte plus, elles glissent sans laisser de trace dans ma vie.

La classe de déclamation fut rétablie au Conservatoire en 1836. Les premiers professeurs nommés furent Michelot, moi et Provost. Plus tard Beauvallet nous fut adjoint.

Je n'ai pas la prétention d'écrire la fin du règne de Louis-Philippe : une pareille tâche serait au-dessus de mes forces ; mais il me semble que j'en dois dire quelques mots. Pour en esquisser les commencements je suis forcé de retourner en arrière.

On sait qu'à peine monté sur le trône, le roi fut en butte aux attaques des républicains et des carlistes. La presse était alors d'une violence qui rappelait celle de nos plus mauvais jours. Les ministres de Charles X avaient été enfermés au château de Vincennes. Une multitude, avide de vengeance, demandait leurs têtes; mais elles étaient protégées par cette partie saine de la nation qui abhorre les représailles sanglantes et les échafauds politiques. Le roi Louis-Philippe s'associait à cette généreuse pensée avec d'autant plus d'ardeur qu'il fut toujours ennemi de la peine de mort. L'émeute s'agitait donc dans les rues, refoulée par la garde nationale qu'elle poursuivait de ses insultes. L'émeute fut pendant plusieurs années une des habitudes de la population parisienne. Le régicide lui succéda ; mais on le niait, et ces tentatives d'assassinat sur le roi n'étaient, disait-on, que de pures inventions de la police pour attirer l'intérêt sur la personne de Louis-Philippe et autoriser des restrictions à la liberté. Pourtant, devant l'horrible attentat de Fieschi, il n'y eut plus moyen de renouveler cette banale et stupide accusation.

Un éditeur de lithographies nouvelles semblait s'être chargé d'entretenir et d'exalter les passions politiques. Je ne sais quel artiste s'était avisé de remarquer la ressemblance qui existait entre la tête du roi et une poire. Cette découverte fit fortune et bientôt toutes les murailles de Paris et de la banlieue furent couvertes de poires esquissées au crayon ou au charbon, et qui excitaient au plus haut point l'hilarité des ennemis du gouvernement de Juillet. L'éditeur dont je parle fut un des premiers à exhiber aussi des poires de ce genre. Quelquefois on les représentait coupées par le milieu, allusion charmante au sort futur que quelques-uns souhaitaient à la royauté nouvelle. Le général Bugeaud, ayant eu un duel au pistolet avec le député républicain Dulong, l'avait tué, et le brave éditeur des gentillesses dont je parle s'était empressé de mettre à sa montre une lithographie où l'on voyait Bugeaud et Dulong armés chacun d'un pistolet et le roi Louis-Philippe, dans le fond désignant du doigt au général la poitrine du député. D'où il résultait pour les spectateurs la conviction que le roi avait été le principal auteur du meurtre. Malheur à ceux que de telles choses amusent! honte à ceux qui nous les osent offrir!

Monrose mourut en 1843, à l'âge de soixante ans. Il avait débuté à la Comédie-Française pendant les Cent-Jours avec beaucoup d'éclat. L'emploi des premiers comiques y était alors tenu par Thénard et Cartigny; mais le nouvel acteur leur fut préféré dès le premier jour et, malgré les préoccupations politiques de l'époque, ses débuts firent sensation. Le public ne se borna pas à l'applaudir; il accueillit avec défaveur ses deux concurrents, qu'il avait applaudis jusque là. Selon les anciens usages du Théâtre-Français, Monrose ne pouvait jouer les rôles de l'ancien répertoire qu'après eux et à leur refus; mais quand ils paraissaient, des murmures improbateurs se faisaient entendre et les spectateurs appelaient Monrose. Il fallut bien que la Comédie accordât au nouveau venu le droit de remplir à son tour les rôles dont ses anciens étaient en possession. Thénard se retira avant les vingt ans de service imposés à chaque sociétaire pour obtenir la pension.

Un mal de jambe fut la cause réelle ou feinte de sa
retraite prématurée. Cartigny acheva son temps,
mais son service fut peu actif à cause de longues
et fréquentes maladies qui l'éloignèrent souvent du
théâtre. Quant à Monrose, l'altération de ses facultés
intellectuelles l'obligea à se retirer à Montmartre
dans la maison du docteur Blanche, père du médecin de ce nom qui a un établissement du même
genre à Passy-Paris. Au bout d'un an de traitement, le comédien remonta sur la scène, où les plus
chaleureux applaudissements saluèrent sa rentrée.
Sa verve était la même, mais cependant la maladie
reparut bientôt et il dut renoncer définitivement
au théâtre. C'était dans Figaro du *Barbier de
Séville* que Monrose avait fait sa dernière rentrée
et c'est dans ce rôle aussi qu'il fit ses adieux au
public. Blanche disait que c'était le seul rôle qui
fût resté tout entier dans sa mémoire, jadis imper-
turbable, mais qui, à la fin de sa carrière, le trahissait dans les autres personnages de son emploi.

Monrose était un fort honnête homme, bon
mari et bon père ; si j'eus parfois à souffrir de ses
procédés comme camarade, si son caractère iras-
cible et fantasque rendit souvent ses rapports avec
la société impossibles, cela tenait sans doute à la
maladie hypocondriaque qui troubla son intelligence
et le conduisit au tombeau. Souvent la mort d'un
homme explique toute sa vie.

Après sa retraite, Monrose quittait souvent la maison du docteur Blanche et venait s'asseoir à l'orchestre de notre théâtre, où il semblait prendre beaucoup d'intérêt au spectacle. La pièce finie, il montait sur le théâtre et venait nous complimenter.

Il fut, après sa mort, conduit au cimetière Montmartre. Quand son corps, déposé dans la tombe, eut reçu l'eau bénite, la plus grande partie des assistants se remettait en chemin vers Paris et je faisais comme eux. Mais un petit groupe accourut, blâmant le silence qui se faisait autour de ce cercueil; et on me pria de dire quelques mots d'éternel adieu à cet artiste qui avait compté vingt-huit ans de succès dans la vieille maison de Molière. N'étant nullement préparé à rien dire pour cette funèbre circonstance, car je m'y croyais appelé moins que tout autre, ayant eu avec Monrose de violentes altercations en vertu de cette loi du théâtre qui interdit l'amitié entre deux comédiens jouant le même emploi, je m'en défendis d'abord, mais bientôt je cédai et, retournant avec ceux qui m'entouraient vers le lieu de la sépulture de mon ancien camarade, je prononçai là quelques paroles qui furent trouvées convenables et vraies et dont on vint me féliciter.

Talma, mort en 1826, semblait avoir emporté

19

avec lui la tragédie classique. Les vieillards s'en affligeaient, mais leurs regrets n'étaient pas partagés par la génération nouvelle, qui ne souhaitait que la ruine du passé. Au moment où grondaient les tempêtes politiques, une révolution littéraire s'accomplissait. Ce qu'on a appelé les batailles d'*Hernani* passionnait tous les esprits, et le théâtre avait eu aussi son 1830. Corneille, Racine et Voltaire n'étaient joués que de loin en loin, dans une salle déserte, et ces représentations solitaires ne servaient qu'à mieux constater l'indifférence publique pour ce genre qui, après deux siècles de triomphe et de gloire, se voyait relégué désormais dans le silence et la poudre des bibliothèques. Mais voilà qu'en 1838, douze ans après la perte de notre grand tragédien, un événement inattendu se produit ; une réaction, qui étonne ceux mêmes par qui elle était souhaitée, ramène vers les grandes œuvres classiques une foule que ne peut plus contenir cette salle de la rue Richelieu, hier encore si dépeuplée. Déjà vous avez nommé la jeune et grande artiste à laquelle était dû ce miracle : c'était Rachel.

Cette jeune fille s'essayait depuis quelque temps dans la tragédie, sur un obscur théâtre bourgeois de la rue Saint-Martin où l'on donnait des représentations le dimanche à certaines heures de la journée. Le directeur en était Saint-Aulaire qui,

quoique sociétaire de la Comédie-Française, n'y
occupait qu'une modeste place. Il faisait répéter ses
acteurs et leur donnait des billets que ceux-ci
se chargeaient de placer contre argent. C'est ainsi
que se formait la recette. Les spectacles où Rachel
se montrait étaient les plus lucratifs ; aussi l'offrait-
on souvent aux habitants du quartier , et était-elle
applaudie et fêtée par ce public populaire ; sa petite
renommée avait franchi l'enceinte où elle préludait
à de plus sérieux succès. Quelques-uns de mes élèves, émerveillés de ses dispositions, m'en parlèrent
et m'inspirèrent aussi le désir de la juger par moi-
même. J'allai l'entendre un jour qu'elle jouait dans
le *Don Sanche* de Corneille ; j'avoue qu'elle m'étonna
dans le personnage d'Isabelle, reine de Castille ; je
fus frappé du sentiment tragique qui se révélait en
elle. Le feu sacré brûlait dans cette jeune et faible
poitrine. Elle était alors très petite, et cependant,
chargée du personnage d'une reine, elle rapetissait,
par son air de grandeur, les acteurs qui l'entouraient. C'étaient de grands garçons sans habitude
du théâtre et dont son aisance faisait encore mieux
ressortir la gaucherie. Quoique forcée par sa taille de
lever la tête pour leur parler, la jeune artiste semblait leur parler de haut. Il y avait cependant çà et là,
si je puis parler ainsi, des *lacunes* d'intelligence ; le
rôle n'était pas parfaitement compris, sans aucun
doute, mais partout on y sentait l'accent tragique ;

partout la vocation éclatait, et les belles destinées
théâtrales de cette merveilleuse enfant se faisaient
déjà pressentir. J'allai dans l'entr'acte sur le théâtre
pour la féliciter. Elle avait revêtu alors un costume
d'homme pour la comédie d'Andrieux, *le Manteau*,
qui devait suivre : elle jouait en ce moment à je ne
sais plus quel jeu où il fallait sauter à cloche-pied,
et c'est dans cette attitude que je surpris l'ex-reine
d'Espagne. Elle écouta mon compliment une jambe
en l'air, me remercia avec beaucoup de gentillesse
et reprit son exercice.

Quelque temps après, elle se présentait au Conservatoire où les professeurs rassemblés éprouvè-
rent en l'écoutant cette impression heureuse qu'elle
était habituée à produire sur d'autres auditeurs
moins compétents, mais elle quitta bientôt le Conservatoire pour le Gymnase. Elle y débuta dans
une pièce appelée *la Vendéenne* dont elle remplissait le principal personnage, et réussit. Cependant
le directeur reconnut bientôt que ses qualités n'é-
taient point appropriées au genre de son théâtre ;
il lui conseilla de faire des études pour la Comédie-
Française, et c'est alors que je la revis chez moi
où elle était venue une première fois me faire ses
adieux.

J'avais conservé d'elle un souvenir plein de regrets et fus très heureux de la revoir. Je devins son

professeur, et, huit mois après, elle débutait au Théâtre-Français dans *les Horaces* par le rôle de Camille[1].

C'était dans la saison d'été, et il s'agissait d'un début tragique. Donc la jeune tragédienne dut débuter au milieu de la solitude habituelle. Il n'y avait de monde qu'à l'orchestre, où se trouvaient les abonnés et tous ceux qui jouissaient d'entrées gratuites, soit habituellement, soit accidentellement. Il faut ajouter à cette sorte de spectateurs les habitants perpétuels du foyer et des coulisses. Cette population peu nombreuse se compose, pour la plupart, des acteurs qui ne jouent pas et de quelques

[1] Extrait d'un journal de Samson.

6 février 1838.

J'ai fait engager par Védel Mlle Rachel Félix : elle a 4,000 francs. Comme elle est d'une extrême ignorance, vu la pauvreté de ses parents, j'ai dit à son père de lui donner pour maîtresse de langue et d'histoire madame Bronzet, professeur de mes enfants, qui veut bien ne lui prendre que vingt francs par mois. Quant à moi, j'ai déclaré que je continuerais à lui donner mes leçons gratis.

En même temps que ces lignes, nous trouvons dans le même journal les notes suivantes que nous croyons devoir intéresser le public :

12 février 1838.

Nous avons joué hier à l'Odéon le *Barbier de Séville*. Menjaud et moi avons été redemandés. Menjaud avait fort bien joué surtout la scène du soldat ivre, où il a beaucoup de grâce. Provost a de très bonnes choses dans Bartholo, encore un peu trop de jeunesse en quelques endroits.

amis du théâtre qui, n'ayant pas de travaux dans la
soirée, viennent goûter derrière le rideau le plaisir
de la causerie et du *far niente*.

Dans les trois premiers actes, le rôle de Camille
n'offre rien de remarquable, excepté une scène
entre elle et Julie. La jeune tragédienne fut écoutée
avec intérêt. On remarqua la justesse de son débit,
la netteté de son articulation et, dans son action
comme dans sa parole, une noble simplicité à laquelle on n'était plus accoutumé. Au quatrième
acte le succès fut éclatant, et, à la fin des impré-
cations, elle fut couverte d'applaudissements tels
qu'on eût pu croire à la présence de 2,000 spectateurs. Elle rejoua le rôle plusieurs fois et le succès

Ses progrès sont visibles; sa voix surtout s'améliore beaucoup : il commence à en posséder le *medium*. J'ai été mécontent de mon couplet du premier acte; il est difficile.
Au risque de manquer de vérité et d'avoir l'air de réciter
une chose apprise, on le débite avec rapidité, et, privé de
cette rapidité, il peut manquer son effet. Si je jouais plus
souvent le rôle, je tâcherais de trouver une manière qui
pût concilier la vérité et l'effet: c'est toujours là le point
important de l'art, de tous les arts.

23 février 1838.

A l'Odéon, *la Mère coupable* et *le Légataire*. J'ai obtenu
un très grand succès dans Figaro et Crispin, que je n'avais
pas joués depuis longtemps. Je n'ai pas été assez plaisant
dans *la Veuve du Légataire;* j'ai encore à étudier le rôle de
Figaro. Il m'a semblé, du reste, que je méritais en partie les
applaudissements dont la jeunesse du quartier latin n'est

alla toujours en augmentant. La recette seule n'aug-
mentait pas. L'enthousiasme suppléait au nombre.
Son second début eut lieu dans Emilie de Cinna. Je
me rappelle l'étonnement des spectateurs, je vois
tous ces regards dirigés sur la jeune fille, toutes ces
oreilles tendues pour mieux jouir de cette diction
qui semblait si nouvelle et dont l'originalité consistait à être tout à la fois naturelle et grandiose. Hermione fut son troisième rôle de début, puis Eriphile,
puis Aménaïde de Tancrède. Toujours mêmes succès,
mais succès sans retentissement, puisque toute la
haute société parisienne était encore aux eaux et
que le peu de journalistes restés à Paris, effrayés

pas assez avare et qu'elle distribue souvent sans discernement, ce qui leur ôte du prix.

25 février 1838.

Ce soir aux Français, *Hamlet* et *le Bourgeois gentilhomme*.
Mlle Mars a eu le tort de jouer Lucile, qu'elle devrait abandonner à de plus jeunes actrices; le rôle n'offre d'ailleurs
point de pâture à son talent. J'ai fait beaucoup d'effet dans
Jourdain, mais je crains cependant de n'avoir pas bien
joué : il me semble que j'ai manqué de gaîté. La cérémonie
était honteuse; peu d'acteurs y figuraient. La recette a
dépassé 4,000 francs.

27 février.

On donnait ce soir *la Suite d'un bal* et *le Bourgeois*. La
recette a dépassé 5,000 francs. J'ai eu un grand succès dans
Jourdain, que je crois avoir mieux joué ce soir.

Firmin, qui m'a vu jouer, m'a fait de grands compliments qui m'ont beaucoup flatté, parce qu'il a vu Dugazon
dans le rôle et que je le sais sincère.

par le mot tragédie, osaient à peine franchir le
seuil du Théâtre-Français. Enfin le mois d'octobre
arriva, le nombre des spectateurs s'accrut, et ce fut
devant une salle splendide que ma jeune élève con-
tinua ses représentations. Oh! les magnifiques
soirées! je ne les oublierai jamais, non plus que ces
matinées consacrées à l'enseignement dramatique
de ma merveilleuse écolière. Je les compte parmi
les plus belles heures de ma vie. Quelle promptitude
de perception! quelle justesse dans la note! Pensez
que cette enfant ne savait rien; que je devais lui
expliquer le caractère du personnage qu'elle représentait et lui faire un petit cours d'histoire, en quelque sorte, avant notre leçon de déclamation; mais
une fois qu'elle m'avait compris, elle entrait tout
entière dans l'esprit du rôle. Rien n'était vague,
rien livré au hasard. Nous notions tout ensemble.

6 mars 1838.

La ville de Paris fait construire une fontaine monumen-
tale à l'angle des rues Traversière et Saint-Honoré. Comme
c'est en face de la maison où Molière est mort, Regnier a pensé
que cette fontaine pourrait être surmontée de la statue du
grand homme; il a adressé, sur ce sujet, au préfet de la
Seine, une lettre fort bien écrite qu'il m'a montrée. Le
préfet lui a répondu fort obligeamment, l'a invité à venir
et l'a très bien accueilli, ainsi que son projet. Regnier est
venu au Comité d'administration avec ses deux lettres, disant qu'il priait la Comédie-Française de s'associer à ce projet. La séance a été curieuse. Le Comité, Taylor et Desmousseaux en tête, voulait que la Comédie s'emparât de l'affaire,

C'était une diseuse de premier ordre et digne, dès ses débuts, de servir de modèle. Car Mlle Mars qui, fille de Monvel, renommé par la vérité et la correction de son débit, était un juge excellent, vint, après avoir entendu Rachel, m'en faire les plus grands compliments et ajouta ceci : « Voilà comment la tragédie doit être dite : c'est ainsi que mon père la comprenait. »

La taille de Rachel était au-dessus de la moyenne ; elle avait le front bombé, les yeux enfoncés et, sans être grands, très expressifs, le nez droit avec une légère courbe, cependant. Sa bouche, garnie de petites dents blanches et bien rangées, avait une expression railleuse et fière tout à la fois. Son cou était parfaitement attaché et sa tête, petite, au front bas, s'y reposait gracieusement. Elle était fort maigre mais s'habillait avec un art extrême qui faisait de cette maigreur presque une beauté. Sa démarche

---

qu'elle fût censée avoir conçu le projet du monument et qu'il ne fût pas fait mention de la lettre de Regnier. L'amour-propre de celui-ci s'est révolté ; il demandait au contraire que les deux lettres fussent publiées dans les jours naux : comme ces deux lettres sont sa propriété, et que c'est bien lui qui a eu l'idée du monument, j'ai appuyé sa demande : c'est une satisfaction que la Comédie-Française ne doit pas lui enlever. Il a donc fait imprimer les lettres et Desmousseaux lui a dit qu'il serait désavoué de la Société et qu'autrefois il eût été réprimandé. Ce qu'il y a d'amusant, c'est le grand sérieux avec lequel Desmousseaux dit ces choses-là.

et son geste étaient aisés, tous ses mouvements sou-
ples, enfin toute sa personne remplie de distinction.
Elle avait, pour me servir d'une expression en
usage, des mains et des pieds de duchesse. Sa voix,
qui était un contralto, avait peu d'étendue, mais
grâce à l'extrême justesse de son oreille, elle s'en
servait avec une extrême habileté et arrivait aux
inflexions les plus fines et les plus délicates. Quand
elle commençait à parler, son organe avait un peu
d'enrouement qui se dissipait bientôt.

Lorsqu'elle parut pour la première fois sur la
scène française, sa taille n'avait pas encore reçu le
développement qu'elle atteignit plus tard ; il y avait
dans ses traits petits, dans ses yeux rapprochés une
sorte de confusion, s'il est permis de s'exprimer
ainsi, et on la déclara laide. Plus tard, on la déclara
belle. Elle n'était cependant ni l'un ni l'autre tout à
fait, mais tous deux, selon l'heure, le jour, l'expression qui dominait son visage.

Comment donner une idée de cet admirable
talent à ceux qui ne l'ont pas entendu ? moi qui lui
enseignai pendant tant d'années les secrets de l'art,
je ne me dissimule pas l'impuissance de mes efforts
pour essayer de la faire connaître. Les arts d'exécution ne laissent rien après la mort de ceux qui les
ont exercés. Le talent du comédien entre au tombeau avec lui et les souvenirs qu'il a laissés à ses
admirateurs (souvenirs toujours imparfaits) s'ef-

facent peu à peu de la mémoire de chacun et meurent enfin avec la génération qui l'a aimé et applaudi. Je le sais. Mais faut-il qu'un éternel silence soit le partage de ces talents d'élite qui ont été l'honneur de leur époque et de leur pays? Il est juste qu'on en parle, ne dût-on en donner qu'une imparfaite idée, pour ne pas laisser périr leur mémoire.

FIN DES MÉMOIRES DE SAMSON

APPENDICE

Ici se terminent malheureusement les *Mémoires de Samson*. La mort est venue les interrompre alors qu'il arrivait à nous retracer l'époque la plus brillante de sa carrière, où, comme acteur et comme auteur, il obtenait ses plus beaux succès, et où, comme conférencier, il était acclamé par la jeunesse des Écoles qui l'accompagnait en criant : « La croix d'honneur à Samson ! »

Essayons de combler cette lacune en esquissant à grands traits les principales créations de l'éminent artiste et les dernières années de ses succès, à l'aide de quelques notes laissées par lui et des souvenirs de sa femme qui, âgée de quatre-vingt-quatre ans, et ayant gardé toute la lucidité de son intelligence, veut bien nous communiquer quelques détails curieux concernant les dernières re-

présentations du grand comédien. Ce qu'elle dé-
plore surtout, c'est que son mari n'ait pu laisser,
sur ses camarades de la Comédie-Française, les
appréciations qu'il se proposait de faire du talent
de chacun d'eux. Il est évident que, tracée par une
plume si autorisée et si impartiale, c'eût été là en
quelque sorte un monument élevé à l'histoire artistique de son époque et légué par Samson aux comédiens de l'avenir. Beaucoup de ses camarades
vont s'étonner, à juste titre, de ne pas voir leurs
noms figurer dans ces *Mémoires*. Nous savons, par
le sommaire écrit de sa main, qu'on a bien voulu
nous confier, que tous y devaient prendre place au
fur et à mesure qu'une création importante de l'un
d'eux y aurait été signalée. La mort a laissé l'œuvre
inachevée, mais, telle qu'elle est, elle peint bien
l'homme et ne peut manquer d'intéresser vivement
le public parisien.

Samson nous laisse à l'année **1840**. Voici, depuis
cette époque, la liste de ses créations :

1840.

20 février, Coquenet (*La Calomnie*).
20 juillet, Plumcake (*Japhet*).
26 septembre, Claudius (*Latréaumont*).

1841.

3 avril, Jollivet (*Le Second Mari*).
17 avril, Labranche (*Le Conseiller rapporteur*).

22 mai, DE BERCOURT (*La Protectrice*).

3 août, JACQUES (*La Prétendante*).

26 novembre, CLÉREMBEAU (*Une Chaîne*).

Cette pièce eut un grand succès. Samson s'y fit
applaudir dans un assez mauvais rôle. Il avait, dans
une scène qu'il jouait admirablement, une manière
de dire « *Personne* », qui soulevait toujours les applaudissements.

1842.

9 juin, MÉNARS (*Un Veuvage*).

Cette comédie, qui eut beaucoup de succès, était
due à la plume de Samson.

17 octobre, LE MARQUIS DE PONS (*Le Portrait
vivant*).

1843.

23 mai, DELLA PORTA (*Les Grands et les Petits*).

29 septembre, BOURDEUIL (*Les Deux Ménages*).

Ce fut là encore un des beaux rôles de Samson.

1844.

4 septembre, SAINT-LAURENT (*L'Héritière*).

1845.

4 janvier, DOM LOPEZ (*Guerrero*).

27 janvier, JULIEN (*Une bonne Réputation*).

25 février, THOMASSIN (*Le Gendre d'un Million-
naire*).

19 juin, BARDOLPH (*La Tour de Babel*).

A propos de cette pièce, voici l'anecdote que nous raconte Mme Samson :

« Le manuscrit de *la Tour de Babel,* dit-elle, fut confié à mon mari par un auteur qui le pria de vouloir bien en faire lecture à la Comédie-Française et, si la pièce était reçue, d'en diriger toutes les répétitions, car, à cause de sa nuance politique, peu en rapport avec les idées d'alors, l'auteur, redoutant des orages, désirait conserver l'anonyme. Cela fut fait comme il le désirait. Le secret fut religieusement gardé par Samson, et la pièce n'eut qu'un succès très contesté malgré l'esprit qui y était semé, parceque les idées anti-républicaines déplurent. La presse en fit un complet éreintement et, devant ce mystère du nom de l'auteur, ne manqua pas d'attribuer l'ouvrage à mon mari. Force quolibets tombèrent alors sur l'artiste qui endura tout; il avait promis le secret et se tut courageusement malgré toutes les attaques auxquelles il fut en butte. Ce n'est que dix ans plus tard qu'il déclara enfin à sa famille que la pièce était de Liadière et que celui-ci, pour le remercier, tâchait de l'éviter quand il le rencontrait. »

1845.

15 décembre, PAUL (*La Famille Poisson*).

Cette comédie de Samson obtint un très grand succès, surtout prodigieux succès de rire. Elle est écrite de verve et d'un comique de bon aloi. Le public l'a toujours applaudie. Pourquoi donc a-t-elle été retirée du répertoire? Provost y jouait à la création le grand-père Poisson : il y fut très remarquable et Regnier charmant de gaîté dans Armand.

1846.

27 février, Samson crée SIMON (*La Chasse aux Fripons*).

22 septembre, L'ALCADE (*Don Gusman*).

1847.

15 janvier, SGANARELLE (*Don Juan*).

28 mai, PASCARIEL (*Pascariel et Scaramouche*).

8 juin, RANDEL (*Pour arriver*).

1848.

1er janvier, GUILLAUME (*La Marinette*).

23 mars, MUCARADE (*L'Aventurière*).

Samson a, dès le début d'Emile Augier, apprécié son grand talent et a toujours prêté son concours au poète. Il l'aimait aussi comme homme et l'on voit dans ses notes qu'il se promettait d'analyser son talent et ses œuvres.

6 avril, MOLIÈRE (*Le Roi attend.*)

1849.

6 janvier, CAILLARD (*La Corruption*).

10 février, CHAPOUSARD (*L'Amitié des Femmes*).

19 mars, DUPUIS (*La Paix à tout prix*).

14 avril, LE PRINCE DE BOUILLON (*Adrienne Lecou-
vreur*).

A propos de cette pièce, M. Legouvé a déjà très
spirituellement conté, dans une conférence sur Samson, la scène qui eut lieu à la première répétition
de l'ouvrage ; la femme de l'éminent comédien, dans
une petite brochure qu'elle doit publier sur Rachel,
en parle à son tour en ces termes :

« Mon mari était brouillé pour la seconde ou
troisième fois avec son illustre élève lorsqu'on s'occupa de monter la pièce de M. Legouvé. Rachel, à
ce qu'il paraît, avait parlé à l'auteur de Samson
pour le prince de Bouillon, mais Legouvé craignait
que celui-ci ne le refusât à cause de la brouille
survenue entre le professeur et l'élève. Cependant
Samson accepta, et voici l'incident qui eut lieu à la
première répétition : au moment où Adrienne s'a-
dresse à Michonnet pour dire : « Voilà mon véritable
ami, celui à qui je dois tout », on fut bien étonné de
voir Rachel, au lieu de se tourner vers Regnier qui
jouait Michonnet, s'avancer vers Samson en pronon-
çant ces mots et lui tendre la main. Le professeur
ne put résister, comme on pense, et lui tendit la
sienne ; alors Rachel se précipita dans ses bras, ce
qui causa un attendrissement général. »

1849.

15 décembre, TAMPONNET (*Gabrielle*).

Encore un succès de Samson.

1850.

5 janvier, DUBREUIL (*Les Deux Célibats*).

29 juin, MAITRE ANDRÉ (*Le Chandelier*).

Samson était charmant de bêtise dans ce rôle.

15 octobre, CHARLES-QUINT (*Les Contes de la Reine de Navarre*).

Dans cette pièce Samson présentait une nouvelle élève, Madeleine Brohan, qui obtint un grand succès de femme et d'artiste et devint la fine comédienne que l'on sait.

19 décembre, PSAUMIS (*Le Joueur de Flûte*).

1851.

4 novembre, LE MARQUIS (*Mlle de la Seiglière*).

C'est dans ce rôle que Samson fit courir tout Paris. Il s'y montra d'une distinction si exquise que, dans le grand monde, où il lui arrivait d'aller quelquefois, on ne le saluait plus que de ce nom : Monsieur le marquis.

1853.

4 février, M^al D'ESTIGNY (*Lady Tartuffe*).

Nous laissons encore Mme Samson raconter, à propos de *Lady Tartufe*, une scène qui eut lieu un soir entre Rachel et son professeur :

« Samson, dit-elle, allait, après vingt-sept ans de

service, donner sa représentation de retraite dans laquelle Rachel lui avait promis de jouer Cléopâtre de *Rodogune;* mais elle changeait chaque jour d'avis pour ce rôle, demandait tel artiste pour tel person- nage et, le lendemain, en désirait un autre; enfin c'étaient des caprices incessants qui commençaient à fatiguer mon mari. Elle avait manqué plusieurs rendez-vous qu'il lui avait assignés pour lui faire étu- dier le rôle, s'excusant sur sa santé et demandant à son professeur de vouloir bien venir chez elle (ce qui était contre son habitude). Samson y consent et, le jour convenu, se rend à l'hôtel de sa capricieuse élève. Sa voiture attelée l'attendait à la porte. Le professeur en conclut qu'elle s'apprêtait à sortir. Il entre néanmoins, mais un valet vient lui dire que Madame n'y est pas. Peu habitué à être traité de la sorte, surtout par une femme qui lui devait le res- pect à tous égards, Samson se jura en sortant que jamais la maison de Rachel ne le reverrait.

« Or, le soir même, on donnait *Lady Tartuffe*, pièce dans laquelle le professeur avait plusieurs scènes avec son élève, où celle-ci devait déployer toutes ses sé- ductions pour se faire épouser d'un vieillard amou- reux. N'ayant pu parler à Samson dans les cou- lisses, la comédienne se trouvait fort embarrassée pour jouer avec lui une scène muette, toute de phy- sionomie, dans laquelle tous deux sont censés se parler bas amoureusement pour faire pressentir au

public, par l'attitude des personnages, d'un côté la
coquetterie féminine et, de l'autre, l'amour aveugle
d'un vieillard. Voici donc ce qui se passa pendant
qu'ils échangeaient de tendres regards.

RACHEL (*souriant coquettement*)

Vous m'en voulez de ce matin, Monsieur Samson?

SAMSON (*la regardant amoureusement*)

Comment donc! pas du tout: le procédé est on ne
peut plus gracieux.

RACHEL (*feignant le trouble*)

J'étais forcée de sortir et j'avais tout à fait oublié
notre rendez-vous.

SAMSON (*d'un air tendre*)

Comment ne serais-je pas flatté d'un tel oubli!

RACHEL (*attachant son regard sur le sien*)

Croyez bien qu'il a fallu une chose sérieuse... Je
vois que vous ne me croyez pas.

SAMSON (*d'un air charmé*)

Moi! ne pas vous croire! Comment donc!

RACHEL (*baissant les yeux*)

Eh bien! venez demain: je vous dirai toute la
vérité.

SAMSON (*souriant doucement*)

Ah! ce n'était donc pas *la vraie?* Impossible
d'aller chez vous, tout à fait impossible.

RACHEL (*ayant l'air de laisser échapper un aveu*)
Alors c'est moi qui viendrai.

SAMSON (*d'un air vainqueur*)
Vous ne me trouveriez pas.

RACHEL (*toujours tendre*)
Vous ne voulez donc plus me faire étudier mon rôle?

SAMSON (*d'un air tout à fait subjugué*)
Je n'aime pas les caprices et les impertinences..

« Le lendemain Samson écrivait à la grande tragédienne pour lui dire qu'il renonçait à lui demander *Rodogune* pour sa représentation de retraite et se contenterait de celui de ses rôles qu'elle voudrait bien jouer. Rachel fut on ne peut plus blessée dans son orgueil, car elle s'imaginait que sur elle seule était basé le grand succès d'argent de la représentation, et plus blessée′ encore lorsqu'elle apprit que Mᵐᵉ Arnould Plessy quittait Pétersbourg pour venir apporter l'appui de son talent et de son nom à la représentation de son professeur. Il y avait dix ans que cette dernière était en Russie et le public parisien était curieux de revoir l'artiste qu'il avait tant applaudie à ses débuts. La représentation fut composée de cette façon :

« *Andromaque* (Rachel et Beauvallet).
« Un intermède musical par Roger et Godefroi.

« *Les Fausses Confidences* (Samson et Mme Arnould).

«Dans cette dernière pièce, Mme Desmousseaux,
femme d'un grand talent et retraitée depuis quelques années, avait voulu venir jouer encore pour
son camarade, ce qui fait que *Les Fausses Confidences* furent interprétées admirablement.

« La représentation eut lieu le 12 avril 1853, et
l'on n'avait pas vu jusque là de représentation plus
brillante et plus lucrative. Bien longtemps à l'a-
vance toutes les places étaient retenues, bien que les
prix eussent été fort élevés. On se disputait des qua-
trièmes loges. Aussi la salle offrait-elle le plus beau
coup d'œil : des fleurs et des diamants partout.

« La tragédie fut écoutée assez froidement parce
que ce n'était pas ce jour-là la grande *attraction*.
On attendait Plessy. On voulait savoir si la femme
avait conservé sa beauté ; on attendait aussi le
bénéficiaire auquel le public parisien venait apporter sa preuve de sympathie. Donc Rachel, à notre
grand regret, n'eut pas son succès habituel. Roger
et Godefroi furent très applaudis ; mais on sentait
que tous étaient impatients de voir le rideau se lever
sur *les Fausses Confidences*. En effet, lorsque Mme Arnould parut, toutes les lorgnettes furent braquées
sur elle. Sa beauté était alors dans tout son éclat,
et Mme Allan, cette charmante comédienne et cette

excellente amie, qui lui cédait son rôle pour cette
fois, avait pris soin de présider à la toilette de sa
rivale : cette toilette était ravissante. Les applaudissements éclatèrent donc à son entrée et tout le
long de son rôle, qu'elle joua admirablement. Lorsque Samson parut à son tour, il fut salué par quatre
salves d'applaudissements tellement unanimes qu'un
des amis de mon fils, le cherchant à l'orchestre, ne
put le reconnaître que par ce détail qu'il était le
seul qui n'applaudit pas. En effet c'était bien lui qui,
très ému, baissait la tête pour cacher les larmes qui
brillaient dans ses yeux. La pièce fut un long
triomphe pour le professeur et l'élève. Après la
chute du rideau, cris, rappels, tonnerre d'applaudissements et pluie de bouquets.

On devait souper le soir chez nous et nos invités
étaient Rachel, M. et Mᵐᵉ Allan, M. et Mᵐᵉ Arnould.
Mais Rachel s'excusa par ce billet :

« Chère Madame Samson,

« En vous promettant de venir souper ce soir avec
vous, j'avais oublié que j'avais promis à ma mère
de souper avec elle et je ne puis lui faire ce chagrin-
là. Tous mes compliments à Mᵐᵉ Arnould, qui a fort
bien joué. »

« Votre dévouée,

« RACHEL. »

« Comme on la sent froissée dans son orgueil par

le succès de Plessy ! Elle a promis de souper avec sa mère ! Voilà quelque chose d'imprévu, un devoir auquel elle ne peut manquer ! »

Ce mot de représentation de retraite avait fait craindre au public de ne pouvoir plus applaudir Samson. On se trompait. Il est d'usage, à la Comédie-Française, de donner à chaque sociétaire, au bout de vingt ans de service, qu'il se retire ou non, une représentation à bénéfice. Samson ne l'avait prise qu'après vingt-sept ans de service. Peut-être bien avait-il craint à cette époque de ne pouvoir continuer sa carrière, car de fréquentes bronchites l'avaient forcé souvent à s'éloigner du théâtre et à aller demander aux Eaux-Bonnes et au séjour dans les montagnes le rétablissement de sa santé. Il resta cependant encore dix ans à la Comédie-Française.

Voici la liste de ses dernières créations :

1853.

1er avril, DUVERDIER (*Les Lundis de Madame*).

1854.

5 avril, DE FERRIOL (*M*ᶩˡᵉ *Aïssé*).

10 novembre, GOICHOT (*La Niaise*).

13 décembre, VARNER (*La Dot de ma fille*).

Cette comédie, écrite par lui, obtint un joli succès : il y a dedans de charmants détails, et la note du cœur s'y trouve. Auteur et comédien y furent très applaudis.

1856.

2 juin, Dupuis (*Le Village*).

Octave Feuillet n'osait proposer ce rôle à Samson, parce qu'il était moins important et moins à effet que celui qu'il destinait à Regnier. Mais Samson, qui faisait grand cas du talent de l'auteur et sut, toute sa vie, accepter des rôles en seconde ligne, agit cette fois comme toujours. Il en fut récompensé par un si grand succès que le rôle de Dupuis ne parut pas inférieur à l'autre et que *le Village* devint une des pièces où le public allait applaudir le consciencieux et modeste artiste.

1857

1er août, de Chamarande (*Philiberte*).

1858.

4 juin, Duhamel (*Les Deux Frontins*).

1861.

10 janvier, Marquis d'Auberive (*Les Effrontés*).

1862.

21 janvier, Mercier (*L'Honneur et l'Argent*).

1er décembre, Marquis d'Auberive (*Le Fils de Giboyer*).

Dans *Philiberte*, *les Effrontés* et *le Fils de Giboyer*,

20

dernières créations du grand comédien, celui-ci se montra à la hauteur de sa tâche, car son talent, basé sur le naturel et le vrai, ne pouvait que grandir toujours.

Ce ne fut qu'en 1863 que Samson, âgé de soixante-dix ans, prit sa retraite. Il voulut, dans son dernier mois de théâtre, repasser devant le public ses principaux rôles de l'ancien répertoire et les deux créations dans lesquelles il s'était personnifié, pour ainsi dire.

On afficha donc :

POUR LES DERNIÈRES REPRÈSENTATIONS

DE

M. SAMSON

Le 1ᵉʳ mars, *Bertrand et Raton.*

   3   *Le Joueur* et *Sganarelle.*

   6   *L'Étourdi.*

   8   *Don Juan.*

 10   *Amphitryon. La Belle-Mère et le Gendre.*

12 et 15   *Le Bourgeois Gentilhomme.*

 17   *Les Fausses Confidences. La Femme juge et partie.*

 20.   *Le Menteur* et *les Fourberies de Scapin.*

Le 22 mars, *Le Mariage de Figaro* (Brid'oison).

24 *La Camaraderie* et *le Dépit Amoureux*.

27 *Le Vieux Célibataire* et *le Jeu de
l'Amour*.

29 *Le Village* et *le Menteur*

31 Enfin, *Mlle de la Seiglière* et *La Belle
Mère et le Gendre*.

POUR SES ADIEUX AU PUBLIC.

A propos de cette représentation nous laisserons
encore la parole à la veuve de Samson :

« La salle, dit-elle, était louée à l'avance et les cor-
ridors bondés de monde. Lorsque mon mari entra
en scène, ce furent de telles salves d'applaudissements qui l'accueillirent, que l'émotion lui coupa
la parole pendant quelques secondes. Il se remit
enfin, et joua le marquis de la Seiglière mieux
qu'il ne l'avait jamais fait. Les bravos éclataient
de toutes parts aux moindres mots. Dans son rôle
de Duchemin aussi, il eut un immense succès.
On sentait le public aussi ému du départ du
comédien que le comédien lui-même. Des femmes
pleuraient. A la fin du spectacle, une pluie de
couronnes et de bouquets inondait la scène et,
parmi les couronnes, toutes plus belles les unes que
les autres, il y en eut une qui me toucha plus que
les autres. Elle était de laurier et, au milieu, une

croix comme celle de la Légion d'honneur y était
formée avec des fleurs tricolores. A cette couronne
s'attachait un grand ruban de satin blanc sur lequel
on lisait en lettres d'or :

AU GRAND ARTISTE,
AU POÈTE,
SURTOUT A L'HOMME !

« Nous n'avons jamais su d'où venait cette couronne, mais nous avons pensé qu'elle était adressée
par la jeunesse des écoles qui accueillait les con-
férences du comédien à l'École de médecine avec
tant d'enthousiasme et le saluait au départ de ces
cris répétés :

« La croix d'honneur à Samson ! »

« Quand le rideau fut baissé, la salle entière rede-
manda Samson ; mais il se passait une autre scène
derrière la toile. Tous ses camarades, dont il était
aimé et estimé pour la loyauté de son caractère, s'é-
taient réunis sur la scène, les hommes en habit noir,
les femmes en toilette de bal, tous un bouquet à la
main. On avait écarté un peu mon mari pour laisser
se placer sur deux rangs toute la Comédie-Française,
les hommes d'un côté, les femmes de l'autre, et
quand la toile se releva aux cris mille fois répétés
de : « Samson ! Samson ! » on le vit reparaître entouré
de tous ses camarades qui, mêlaient leurs applaudissements à ceux du public, celui-ci les prolongeant

indéfiniment comme pour jouir plus longtemps de ce spectacle. Enfin la toile baissa; mais alors une scène encore plus touchante eut lieu. Tous les camarades de Samson, dont la plupart étaient ses élèves, Mmes Arnould, Brohan, Favart, Dubois, Jouassain, Guyon, Bouval, Nathalie, se jettent au cou du vieux comédien en pleurant. Les hommes lui prennent les mains et lui font la conduite jusqu'à sa loge, trop petite pour recevoir tous ceux qui s'y présentent.

«On s'échelonnait sur l'escalier pour attendre son tour. Les amis qui venaient de la salle se joignaient aux artistes, et ce fut pendant une heure une telle foule que Samson ne savait à qui entendre et ne pouvait arriver à se déshabiller. Il était donc fort tard quand tout ce monde se retira, et je pressai mon mari de se hâter, car il me tardait de le voir enfin se reposer après tant de fatigues et d'émotions. Nous n'étions pas au bout. Notre ami Duvernoy (père du jeune compositeur déjà célèbre) venait de partir le dernier, lorsque nous le voyons remonter: « Mon ami, dépêche-toi de t'habiller, dit-il; il y a une foule immense qui t'attend à l'entrée des artistes et qui envahit toute la place du Palais-Royal. Ne pourrais-tu sortir par une autre porte ? »

— « Ce serait bien mal reconnaître la patience, qu'ils ont mise à m'attendre, répondit Samson, et je braverai la foule pour gagner ma voiture. »

« Là-dessus il acheva sa toilette sans se presser,

car il était très fatigué et, enfin, nous descendîmes.
Notre domestique était partie la première, chargée
des bouquets et des couronnes. Aussitôt qu'on l'a-
perçut, la foule cria : « Faites place, Messieurs, et
chapeau bas ! voilà Samson ! » Alors tout le monde
s'écarta pour faire passage à l'artiste, en criant :
« Vive Samson ! » Des mains se tendaient vers lui,
désirant toucher la sienne. Lui, ému jusqu'aux
larmes, serrait les mains de ces amis d'un jour
et nous avancions lentement. Il y eut un moment de confusion, chacun désirant s'avancer et
toucher la main de l'artiste qu'on ne devait plus
applaudir ; je me trouvai séparée de mon mari, cherchant en vain à gagner notre voiture. Sandeau, que
je rencontrai, me demanda où était Samson : je le
lui indiquai à peu près, et, pour me débarrasser de
cette foule compacte qui m'entourait, je m'empressai
de dire : « Voilà l'auteur de *Mlle de la Seiglière*,
criez : Vive Sandeau ! » Ils suivirent en effet l'auteur et nous pûmes enfin, grâce à cela, arriver à
notre voiture qui fut encore escortée pendant quelque temps par d'enthousiastes jeunes gens. Ainsi
se termina cette dernière représentation, une des
plus touchantes et des plus belles que l'on ait vues. »

Ces représentations firent courir tout Paris. Tous
les chefs d'emploi tinrent à honneur d'entourer
le grand artiste, et les plus petits rôles y furent
joués par un acteur d'élite.

Citons parmi ceux-ci M. Delaunay qui ne dédaigna pas les plus petits rôles de son emploi pour jouer dans toutes les représentations de Samson. Il faut dire que celui-ci faisait un cas extrème de l'excellente diction, de la finesse exquise et du ton parfait de ce jeune comédien d'alors qui a tenu tout ce qu'il promettait. Dans *l'Etourdi*, *le Menteur*, Valère de *l'Ecole des Maris*, Horace de *l'École des Femmes*, Samson disait qu'il n'avait jamais vu jouer ces rôles avec cette perfection, même aux beaux temps de la Comédie-Française et qu'il laissait loin ses devanciers.

Ceux qui ne jouaient pas, allaient pour la plupart dans la salle entendre leur vieux camarade et graver dans leur mémoire sa diction et ses inflexions toujours si justes et si vraies. Ce fut là le dernier enseignement de Samson. L'autre, il l'avait légué aux comédiens dans ce magnifique poème sur leur art qui s'appelle *l'Art théâtral*.

TABLE DES MATIÈRES

IMPRIMERIE DE CH. HÉRISSEY, A ÉVREUX.

www.ingramcontent.com/pod-product-compliance
Lightning Source LLC
Chambersburg PA
CBHW071615220526
45469CB00002B/345